뷰티풀 광야

강해지고
깊어지는
광야의 시간

뷰티풀
광야

한홍

BEAUTIFUL
WILDERNESS

규장

아름다운 도약은
광야에서 일어난다

"대단하군요. 너무나 멋있네요. 사해(死海, Dead Sea)가 이렇게 아름다
운 곳일 줄은 정말 몰랐습니다."

제가 눈 앞에 펼쳐진 장관에 넋이 나간 듯한 황홀한 표정으로 말하자
가이드를 해주시던 목사님이 씩 웃었습니다.

"그렇죠? 한국에서 이스라엘로 성지순례 오는 분들이 가장 놀라는 것
이 사해가 너무나 아름답다는 사실입니다. 특히 목사님들은 자기가 이
스라엘에 와보지도 않고 그동안 성도들에게 잘못 설교했던 것 같다고
부끄러워하는 분들도 많습니다."

하긴 저도 그랬습니다. 갈릴리 호수는 끊임없이 밖으로 물을 흘려보
내기 때문에 물이 맑고 풍성하지만, 사해는 물을 받아들이기만 하고 흘
려보내지 않기 때문에 문자 그대로 죽은 바다가 되었다고 수도 없이 설
교해왔습니다. 그것이 사실이라면 사해는 그야말로 썩은 냄새가 진동하

는 오염된 하천 같은 몰골이어야 마땅했습니다. 물론 염분의 함유량이 보통 해수의 여섯 배에 달하여 생물이 살 수 없는 것은 사실이지만, 실제로 가서 보니 비취색 수면의 사해는 너무나 아름다운 모습을 하고 있었습니다. 그뿐 아니라 미네랄이 풍부한 사해 해변의 머드(mud, 진흙)로 만든 아하바(AHAVA) 화장품은 피부 미용에 좋아서 세계적으로 큰 사랑을 받고 있습니다.

또 한 가지, 현지에 가서야 알게 된 것은 다윗이 사울에게 쫓겨 다니며 광야 생활을 했던 엔게디 광야가 바로 사해 근처에 인접해 있다는 사실입니다. 사해는 호면이 지표에서 가장 낮은 호수입니다. 그래서 엔게디 광야 지역에서 내려다보면 사해가 한참 밑으로 펼쳐지는데, 너무나 넓고 아름다워서 장엄하기까지 했습니다. 게다가 사방이 산도 없이 탁 트인 지형이라 조용하고 은은하게 불어오는 사막바람과 함께 온 천하가 가슴에 안기는 것 같았습니다. 그 절경에 말을 잃고 서 있는 제 옆에서 가이드 목사님이 이런 말을 했습니다.

"저는 다윗이 엔게디 광야 생활하면서 어떻게 '주는 하늘 위에 높이 들리시며 주의 영광이 온 세계 위에 높아지기를 원하나이다'(시 57:5) 같은 장엄한 묵상 시를 남길 수 있었을까 했거든요. 그런데 바로 이런 곳에 서서 사해를 비롯한 이 장엄한 장관을 내려다보며 예배하면 가능하지 않았을까요?"

저는 그 말을 들으며 정신이 번뜩 들었습니다. 설교자인 저부터 그동안 광야를 너무 부정적인 시각으로만 보고 있었다는 깨달음이 왔습니다. 광야는 무조건 힘들고 나쁜 곳, 그러니까 최대한 빨리 통과해야 하는 곳으로 생각했지, 광야 여정 가운데서 얻을 수 있는 보배로운 영적 경험과 교훈들에 대해서는 깊이 생각하지 못했습니다.

'다윗도 광야에서 생고생만 한 것은 아니었고, 광야 생활을 통해 오히려 축복의 미래를 감당할 수 있는 공부를 하고 있었구나'라는 확신이 들었습니다. 광야를 거쳐서 왕이 된 사람이었기 때문에 왕관의 무게를 감당할 수 있었던 것입니다. 저는 그곳에서 한국에 다시 돌아가게 되면 광야에 담긴 영적 의미에 대해 새로운 묵상과 설교를 해야겠다고 결심하게 되었습니다.

하나님이 광야로 이끄신다

성경에 나오는 팔레스타인의 광야는 넓게 펼쳐진 광활한 사막 지대입니다. 매우 건조하고 뜨거워 때로는 기온이 섭씨 40도에 육박합니다. 성지순례를 다닐 때 낮에는 밖에서 제대로 서 있을 수조차 없을 정도였습니다. 낮에는 그렇게 더운데 또 밤에는 얼음장처럼 춥습니다. 발이 모래에 푹푹 빠져서 몇 시간만 걸어도 목이 마르고 힘이 빠져서 탈진됩니다.

그런데다가 모래 폭풍이라도 조금 불면, 어디가 남이고 북인지 방향 잡기가 어렵습니다.

나무도, 풀도, 채소밭도, 과수원도, 잡아먹을 물고기도 없습니다. 무엇보다 물을 마시려면 오아시스를 찾아야 하는데 당최 어디 있는지도 모르게 드문드문 숨어 있습니다. 뿐만 아니라 독뱀과 전갈 같은 온갖 무서운 것들이 가득합니다. 한마디로 광야는 목마르고 배고프고 지치고 외롭고 위험한 곳이었습니다.

이런 거칠고 힘든 땅이 광야인데, 놀랍게도 구약성경 대부분이 광야를 무대로 전개되었고, 수많은 믿음의 영웅들이 빚어진 곳 또한 이 광야입니다. 그래서 성경에서 광야는 엄청난 영적 의미가 있는 땅입니다.

이스라엘은 하나님이 선택하시고 하나님이 특별히 사랑하신 백성입니다. 하나님의 사랑을 받는 백성이면 하나님께서 더 편하게 살게 해주시고, 복 받게 해주셔야 할 것 같습니다. 그런데 신명기 8장 2절을 보면 '하나님께서 이스라엘 백성에게 40년간 광야 길을 걷게 하셨다'라고 되어 있습니다. 하나님께서 자기 백성이 광야 길로 들어가는 것을 막아주신 것이 아니라, 오히려 광야를 지나가게끔 주도하셨다는 것입니다. 아니, 4백 년 넘게 애굽에서 노예 생활을 하면서 그렇게 고생했는데, 출애굽 했으면 바로 약속의 땅으로 들여보내 주시지 왜 굳이 광야라는 힘든 중간 과정을 거치게 하셨을까요?

광야가 지름길이어서도 아닙니다. 오히려 그 반대입니다. 하나님께서는 몇 달 만에 통과할 수 있는 길을 무려 40년이나 빙글빙글 돌아가게 하셨습니다. 물론, 그들이 하나님의 말씀에 불순종했기 때문이기도 했지만, 하나님이 그들을 광야로 몰아넣으신 것은 그들을 꼭 벌하시기 위해서만은 아닙니다. 약속의 땅을 감당할 수 있는 그릇으로 연단하여 준비시키기 위함이었습니다.

영적 도약은 광야에서 일어난다

30년 넘게 목회해오면서 확실하게 깨달은 사실 하나는 푸른 초원을 평안히 걸어갈 때는 성도의 신앙이 잘 성장하지 않는다는 것입니다. 성장하지 않는 정도가 아니라 오히려 소리 없이 타락하고 퇴보하는 경우가 많았습니다. 그러나 자신도 놀라고 주위 사람도 감지할 수 있을 정도로 놀라운 영적 도약을 하는 때는 대부분 너무나 힘든 광야를 지날 때였습니다. 백이면 백, 예외가 없었습니다. 물론 광야의 고통을 견디지 못하고 넘어지는 경우도 많지만, 대부분은 신실하신 하나님의 도우심으로 광야의 아픔을 믿음의 도약으로 연결하였습니다. 가장 뜨거운 기도, 가장 은혜로운 예배, 가장 감동적인 헌신을 하는 성도는 다 광야의 풀무불 속에서 만들어지곤 했습니다. 참으로 미스터리한 일입니다.

광야는 하나님께서 우리를 위해 예비하신 특별한 영성훈련학교입니다. 그러므로 광야가 힘들다고 무조건 빨리 통과할 것만 생각한다면, 그것은 고통을 낭비하는 것이 될 것입니다. 광야는 빨리 통과하는 것보다 중요한 것은 광야의 여정 속에 담긴 영적 레슨을 제대로 배우고 통과하는 것입니다. 그렇게만 된다면 우리는 광야 학교를 통해 약속의 땅을 정복할 수 있는 위대한 챔피언이 될 것입니다. 광야에 담긴 하나님의 특별한 뜻을 이해한다면, 그래서 영의 눈으로 광야를 본다면 우리는 이렇게 고백할 수 있을 것입니다.

"광야는 아름답다! 뷰티풀 광야!"

다시 한번 부족한 저의 책을 최선을 다해 작품으로 만들어준 규장과 늘 저의 목회와 집필을 위해 기도해주는 새로운교회 성도들에게 감사드립니다. 무엇보다 전 세계에 유목민으로 흩어져 살면서도 어디서든지 하나님을 찾고 예배하는 수많은 재외 동포 디아스포라 교회 성도들에게 이 책을 헌정하고 싶습니다.

한홍 목사

프롤로그

BEAUTIFUL
WILDERNESS

광야에 들어서다

1

광야를 건너는 유목민으로 살라

* 신명기 8장 1-3절

1 내가 오늘 명하는 모든 명령을 너희는 지켜 행하라 그리하면 너희가 살고 번성하고 여호와께서 너희의 조상들에게 맹세하신 땅에 들어가서 그것을 차지하리라 2 네 하나님 여호와께서 이 사십 년 동안에 네게 광야 길을 걷게 하신 것을 기억하라 이는 너를 낮추시며 너를 시험하사 네 마음이 어떠한지 그 명령을 지키는지 지키지 않는지 알려 하심이라 3 너를 낮추시며 너를 주리게 하시며 또 너도 알지 못하며 네 조상들도 알지 못하던 만나를 네게 먹이신 것은 사람이 떡으로만 사는 것이 아니요 여호와의 입에서 나오는 모든 말씀으로 사는 줄을 네가 알게 하려 하심이니라

농경 문화 vs. 유목 문화

인류 역사를 살펴보면 문명은 크게 두 가지 물줄기로 갈라진다. 하나는 성을 쌓고 한곳에 정착하는 농경 문화(farming culture)이고, 또 하나는 항상 광야에서 거주지를 이동하는 유목 문화(nomad culture)이다. 농경 문화는 후에 도시 문명으로 이어지며, 유목 문화는 광야 생활과 상통한다.

농경 문화의 경우는 농사를 지어야 하기 때문에 공간, 즉 땅이 중요하다. 그러나 항상 가축 떼를 데리고 이동해야 하는 유목 문화에서는 땅보다 중요한 것이 시간과 때이다. 시간과 계절을 생각해서 하루하루 그에 맞게 대비하고 적응해야 한다.

농경 문화에서는 인간의 힘으로 자연의 한계를 조금이나마 극복할 수 있다. 댐이나 저수지를 만들고 수로를 만들어 가뭄에 대비할 수 있다. 대표적인 예가 애굽 문명이다. 애굽인들은 풍부한 나일강의 물을 수로로 끌어들여 비옥한 농경지를 만들어 농사짓는 농경 문화로 성공했다. 그래서 구약의 족장시대에는 흉년이 오면 모두 다 애굽으로 피난을 갔다. 그래서 그런지 애굽인들은 다른 이방 민족을 무시하는 경향이 있었다. 특히 목축업에 종사하는 히브리인 같은 유목민들을 더 무시했다. 그러나 하나님께서는 잘난 농경 문화의 애굽인들이 아닌 볼품없는 유목민 히브리 민족을 자기 백성으로 선택하셨다.

애굽 같은 발달된 농경 문화에 사는 사람들은 인간의 힘으로 어려움을 극복할 수 있다고 생각하기에 보이지 않는 신에게 간절히 매달리지 않았다. 그래서 농경 문화에서는 무신론이나 인본주의가 사람들을 사로잡는다.

그러나 유목민들은 자연 앞에서 인간이 얼마나 무력한 존재인가를 깨닫는다. 하늘에서 비가 내리지 않으면 아무것도 할 수 없기에 항상 하늘을 바라본다. 또 인간이 만든 화려하고 시끄러운 소일거리들이 없고, 조용한 사막에 홀로 있는 경우가 많다. 특히 그들은 밤에 별을 보며 조용히 묵상하고 하나님을 생각할 여유가 있었다. 그래서 유목 문화는 신본주의다.

농경 문화에서는 주변을 계산할 줄 아는 영악함이 있어야 한다. 그러나 유목 문화는 하나님을 먼저 바라본다. 유목 문화는 내 생각, 내 지혜로 해보려는 생각을 포기하고 먼저 하나님을 바라보고 갈망한다. 그래서 농경 문화에서는 유능한 사람이 만들어지지만, 유목 문화에서는 깊이 있는 사람이 만들어진다.

성을 쌓은 사람들 vs. 예배했던 사람들

농경 문화가 발전하여 이룬 것이 도시 문명이다. 도시 문명의 특징은 성을 쌓는 것이다. 창세기 4장에 죄를 짓고 하나님을 떠난 가인이 '성을 쌓고 자기 아들의 이름으로 성의 이름을 붙였다'는 내용이 나온다. 죄를 지어 하나님을 떠나 하나님의 보호를 잃었기 때문에 성을 쌓은 것이다. 하나님의 보호가 없으니 스스로 자기 자신을 다른 이들로부터 보호해야 했기 때문이었다.

농경 문화에 기초한 도시 문명은 소유에 집착한다. 내가 얼마나 많이 가졌는가가 힘의 근원이 되기 때문에 어떻게든 많이 모으고 쌓아두려고 한다. 또 쌓아둔 것을 다른 사람들에게 빼앗기진 않을까 항상 걱정한다. 소유에 집착하기 때문에 폐쇄적이다. 담을 세우고 성을 쌓는다. 땅에 금을 긋고 소유와 권리를 주장한다.

그렇기에 도시 문명은 평화로운 나눔이 아니라 경쟁과 전쟁이다. 성을 쌓은 인간은 네 것과 내 것을 구분하고, 누군가 이것을 침범하면 바로 전쟁이다. 방어하기 위해 공격하고, 공격해서 얻고 나면 다시 방어해야 한다. 성을 쌓는 인간의 역사는 끝없는 전쟁의 연속이다. 결코 안정과 평안이 없다. 항상 불안하고 의심하고 두려워하며 산다. 행복을 위해 성을 쌓았는데 마음은 행복하지 않다. 자기를 지키기 위해 만든 성이 곧 자기를 가두는 감옥이 되어버린다.

이에 반해 유목 문화에서는 소유에 대한 집착이 상대적으로 적다. 항상 이동해야 하기 때문에 많이 가지고 있으면 그것을 운반하고 지키느라 정작 자기 목숨이 위태로워질 수 있기 때문이다. 소유를 최대한 단순하게 하고 필요 이상의 것은 다른 사람들과 나눠야 한다. 할 수 있는 한 간편하고 가벼운 것, 실용적인 것들만으로 살아야 한다. 또한 유목민들은 개방적이고 누구에게나 열려 있다.

농경 문화의 가인의 후예들은 세상적 능력이 뛰어나서 악기를 만들고 무기를 개발했다. 시날 땅에 정착한 그들은 벽돌과 역청을 사용해서 크고 견고한 집들을 한군데에 많이 지을 수 있게 되었다. 그들은 곧 점토를 사용해서 벽돌뿐 아니라 그릇과 항아리도 만들어 쓰게 되었다. 농경 문화에서 한 단계 업그레이드한 도시 문명이 시작된 것이다. 도시 문명은 겉으로는 화려해 보였지만, 속내에는 돈이면 다 된다는 황금만능주의 문화와 기존의 가족 질서를 무너뜨리는 음란 문화, 그리고 서로 경쟁하고 싸우는 폭력의 문화로 물들어 있었다.

도시 문명의 극치는 바벨탑이다. 바벨탑은 하나님에 대한 반역이고, 정면 도전이었다. 하나님께서는 인간을 창조하셨을 때 분명히 "생육하고 번성하라"라고 하셨고, 흩어져서 땅을 정복하고 다스리라고 하셨다. 그런데 이들은 바벨탑을 쌓고 한 지역에 뭉쳐서 흩어질 것을 거부했다. 자기들끼리만 잘 먹고 잘살면 된다고 생각했다. 이렇게 살면 죄의 늪에서 빠져나올 수가 없게 된다.

바벨탑을 쌓는 인간은 하나님을 믿는 게 아니고, 자신의 기술과 능력만을 믿게 된다. 그 눈에는 돈과 쾌락과 기술밖에 안 보인다. 육의 눈만 발달하니 영의 눈이 어두워져서 하나님을 볼 수가 없다. 그래서 하나님은 바벨에 운집한 사람들을 천하 사방으로 흩어버리신 것이다.

그러나 인류의 역사에 가인의 후예가 전부는 아니다. 하나님은 아벨의 영적 후손인 셋을 통해 새로운 역사를 시작하셨다. 창세기 4장 26절을 보면, 셋의 아들 에노스 때부터 "사람들이 비로소 여호와의 이름을 불렀더라"라고 했다. 이는 창조주 하나님께 기도와 찬양, 감사와 간구가 담긴 예배를 드리기 시작했다는 말이다.

가인의 후예들이 성을 쌓고, 악기를 만들고, 무기를 개발하며 세속 문명을 발전시킴으로써 세상 왕국의 기초를 다져가는 동안, 유목민 에노스의 후예들은 하나님께 감사와 찬양의 예배를 드리는 하나님나라의 틀을 세우기 시작했던 것이다. 에노스는 훗날 하나님의 아들 예수 그리스도의 족보에 오르게 된다. 하나님의 역사는 하나님을 예배하는 사람들을 통해서 시작되고 계승된다. 예배하는 하나님의 백성들은 세상 사람들과는 다른 은혜의 역사를 살아간다.

믿음의 조상 유목민 아브라함

에노스의 뒤를 잇는, 성경 속의 대표적인 유목민은 믿음의 조상 아브라함이다. 그는 처음부터 유목민은 아니었다. 그가 나고 자란 곳은 당시 대표적인 도시 문화였던 갈대아 우르였다. 화려한 도시였지만, 우상숭배와 음란과 폭력이 가득한 그의 고향 갈대아 우르에 계속 있다가는 결코 하나님의 축복을 받고 그 축복을 열방으로 흘려보내는 믿음의 조상이 될 수는 없을 것이었다. 그래서 하나님이 터를 옮겨버리신 것이다.

대표적인 성경적 유목민이었던 아브라함의 삶을 보면 특이한 점이 있다.

> 이에 아브람이 장막을 옮겨 헤브론에 있는 마므레 상수리 수풀에 이르러 거주하
> 며 거기서 여호와를 위하여 제단을 쌓았더라 창 13:18

유목민 아브라함의 삶이 여기서 두 가지로 표현되는데, 하나는 '장막을 치는 것' 또 하나는 '제단을 쌓는 것'이다. 유목민들이 치는 장막은 영구한 집이 아니다. 며칠 밤 자고 또 걷어서 움직여야 하는 '모바일 홈'이다. 어디로 가든지 장막을 쳤다는 것은 우리가 이 땅에서는 '나그네' 같은 인생임을 뜻한다. 우리가 이사 가서 새로운 집에 들어갈 때 장막을 치는 것이고, 새로운 학교에 전학 가는 것도, 새로운 비즈니스를 여는 것도 장막을 치는 것이다. 우리는 이 땅에 살면서 수없이 많은 장막을 치고 걷는다. 장막을 치고 걷을 때마다 믿음으로 기도하며 담대함을 가져라. 거기에 하나님의 축복이 있다.

아브라함은 장막을 치는 동시에 제단을 쌓고 여호와의 이름을 불렀다. 이것은 하나님을 예배함을 말한다. 아브라함 일행이 움직였던 지역은 이스라엘 남부의 황량한 광야 중에서도 광야 지역, 그것도 토박이 원주민들의 텃세가 심한 곳이었다. 이민자 아브라함은 항상 토박이들에게 눈칫밥을 먹으면서 장막을 여러 번 옮겨야 했다. 그러나 이런 악조건 속에서도 아브라함은 제단을 쌓고 예배를 드렸다.

낯설고 물설은 땅에 이민 와서 나그네로 살면서 얼마나 크고 작은 어려움이 많았을까. 그러나 아브라함은 불평하지 않고 예배드리며 하나님께 감사했다. 세상이 아무리 우리를 힘들게 해도 우리는 늘 하나님의 이름을 부르며 예배해야 한다. 예배의 힘으로 광야 같은 세상에서 견뎌내는 것, 그것이 성경적 유목민 정신이다.

하나님은 광야에서 겸손을 가르치신다

본문인 신명기 8장 2,3절을 보면 연거푸 '하나님이 광야에서 너를 낮추셨다'라는 말이 나온다. 하나님께서 이스라엘 백성들로 하여금 광야 40년을 통과하게 한 이유는 무엇보다 그들을 겸손하게 하기 위함이었다. 광야의 시련은 우리를 절망하게 하면서, 우리를 겸손하게 한다. 그때 비로소 우리는 땅에서 눈을 들어 하늘을 보게 된다.

내 힘으로 해결할 수 있었다면 벌써 해결했을 것이다. 그러나 광야에서는 내 모든 자원을 다 동원해도 해결이 안 된다. 자신의 한계를 절감하게 되면 그토록 자신만만하던 사람의 입에서 "저는 모르겠습니다. 제힘으로 안 됩니다. 살려주십시오. 항복합니다"라는 고백이 절로 나온다. 자신이 너무나 무기력하게 느껴진다. 그런 고백을 하면서 스스로가 너무 불쌍하고 비참하게 느껴진다. 그러나 그렇게 생각할 필요 없다. 내가 아무것도 못 하게 되는 그 절망적인 상황에서, 우리는 어쩌면 가장 간절하고 목마르게 예수님을 맞을 준비가 되어 있는지 모른다.

인생의 광야는 반드시 하나님의 손을 거쳐서 우리에게 온다. 고통에는 하나님의 뜻이 있다. 하나님은 우리가 억울하게 욕먹는 것도 허락하시고, 사업이 안 되는 것도 허락하시고, 건강을 잃게도 하시고, 자식이 속을 썩이게도 하시고, 믿었던 사람에게 청천벽력 같은 말을 듣고 주저앉게도 하신다. 도저히 정상적으로는 우리의 교만이 꺾이지 않을 때 하나님께서 우리를 다루시는 손길을 경험한다. 그때 절망하거나 낙심하지 말자. 하나님께서 우리에게 겸손을 가르치고 계신다.

"제가 부족했습니다. 제가 잘 모르니 좀 가르쳐주시겠습니까? 제가 틀렸었군요. 제가 잘못했군요. 제가 회개할 점이네요. 용서하십시오."

겸손한 유목민은 이런 말들을 자존심 상하지 않고 진심으로 할 수 있다. 이런 말들을 해본 적이 없다면 완벽한 인생을 살아서가 아니라 교만해서 그렇다. 세상에서는 이런 말을 하는 것이 자신의 약함을 드러내는 것이라고 생각하지만, 겸손한 사람은 자신의 약함을 인정하는 것을 부끄러워하지 않는다. 이것이 광야에서 겸손을 배운 성경적 유목민의 자세다.

하나님은 광야에서 하나님 의지하는 법을 가르치신다

광야는 우리에게 겸손을 가르치면서 동시에 우리를 하나님께 바짝 붙어서게 한다. 시편에 보면 "여호와는 마음이 상한 자를 가까이 하시고"(시 34:18)라고 했다. 우리가 경험한 가장 뜨겁고 친밀한 예배는 아마 우리가 가장 힘들 때, 광야에서 드린 예배일 것이다. 마음이 무너져내리고, 세상에 홀로 버려진 것처럼 느껴졌을 때, 아무것도 선택할 수 없고, 심한 고통으로 신음조차 할 수 없을 때였을 것이다. 하나님밖에 의지할 데가 없도록 인생이 곤핍해졌을 바로 그때가 진짜 믿음이 생기는 때이다.

광야는 모든 것이 불편하다. 그리고 내가 모르는 위험 요소들이 사방에 있으니 항상 불안하다. 그러나 그런 불편함과 불안함이 단점이 아니라 오히려 유목민의 장점이 된다. 불편하고 불안하기 때문에 나태해질 겨를이 없이 항상 깨어 있게 된다. 한시라도 하나님의 손을 놓고서는 살 수 없기 때문에 쉬지 않고 기도하게 된다. 광야의 고통이 깨어 있는 영성을 만들어준 것이다.

한번은 지방의 꽤 큰 교회의 목사님과 스태프들이 우리 교회에 탐방을 온 적이 있다. 주일 예배와 주일학교, 새가족 과정 등 하루 종일 교회를 돌아보고 난 뒤, 내게 와서 이렇게 말했다.

"목사님, 새로운교회 목회자와 평신도 스태프들은 정말 부지런하고 기민합니다. 어떻게 이렇게 하나같이 빠릿빠릿하고 민첩한지 모르겠습니다. 같은 장소인데 시간마다 사용 용도가 바뀌네요. 주일학교 공간이 금방 새가족 환영 공간이 되고, 또 소그룹 세미나 장소가 되고. 여기에 비하니 우리 교회 스태프들이 게으르게 느껴질 정도네요. 도대체 비결이 무엇입니까?"

나는 농담 반 진담 반으로 이렇게 대답했다.

"우리는 건물이 없어서 그렇습니다."

정말 그렇다. 개척 초기부터 지금까지 세 번째 장소를 옮겨온 우리 교회는 출석 인원 5천 명이 넘어가는 지금도 교회 건물이 없어서 장소를 임대해 쓰고 있다. 어제까지 일반 용도로 쓰던 공간을 주일 아침에는 예배 장소로 준비해야 하니까, 우리가 얼마나 민첩하고 빨라지겠는가. 조명이든 뭐든 우리는 모든 장비를 살 때 언제든지 이동 설치가 가능한 것으로 산다. 성경적 유목민 마인드가 장착될 수밖에 없는 환경이다.

코로나 시국이 되면서 온라인 방송 콘텐츠 제작에도 신경을 많이 썼는데, 건물도 있고 고가의 방송 장비를 갖춘 교회 분들이 우리 교회의 장비와 시설을 보고 혀를 내두른다. 생각보다 장비가 단순하기 때문이다. 어떻게 이런 시설과 장비를 가지고 뛰어난 콘텐츠 제작이 가능하냐는 것이다.

교회는 건물이 아니라 사람이다. 교회 건물이 없다는 것이 불편하고 불안한 점들은 물론 있지만, 성경적 유목민으로서 항상 겸손하고 긴장하고 깨어 있게 한다.

광야에서 하나님이 만나로 먹이신다

아이는 뭔가 아쉬워야 부모에게 달려온다. 광야에서는 인간의 가장 현실적 필요인 의식주 문제가 절박하게 아쉽다. 그래서 이스라엘 백성은 항상 하나님께 의지하는 법을 배우게 됐다. 과거에 4백 년 동안 애굽에서 살 때는 자신들의 노동으로 농사를 지어서 먹고사는 문제를 해결했다. 그러나 아무것도 없는 광야에서는 문제가 달랐다. 농사짓기가 불가능한 환경인 데다가 아무리 많은 식량을 싸간들 며칠을 버티기 어려웠다. 음식과 물이 있다고 해도 그것을 항상 신선하게 보관하고 수송하는 것도 문제였다.

그런데 하나님께서는 '만나'라는 상상을 초월하는 방법으로 그들을 먹이셨다. 본문 3절을 다시 보자.

또 너도 알지 못하며 네 조상들도 알지 못하던 만나를 네게 먹이신 것은 신 8:3

만나는 아직껏 지구상의 그 어떤 인간도 한 번도 경험해보지 못한, 신비한 하늘의 음식이었다. 이스라엘이 애굽에서 나올 때 가져온 식량도 아니고, 땅에서 농사하거나 요리해서 만든 음식도 아니다. 처음엔 "이게 식량이 될까?" 반신반의하면서 먹는 사람들도 많았을 것이다. 그러나 이후 40년 간 광야 생활을 하면서 그것만 먹고살아도 아무 문제 없이 모두가 튼튼했다. 그 말은 만나가 사람이 사는 데 필요한 모든 영양소가 골고루 충분히 담긴, 최고 품질의 음식이었다는 이야기다.

'너도 알지 못하고 네 조상들도 알지 못하는 만나를 네게 먹이셨다'는 말은 하나님이 주시는 신비한 은혜를 네가 굳이 이해하고 분석하려 하지 말라는 것이다. 그저 감사히 먹으면서 하나님은 우리가 이해할 수 없는 방법으로 우리를 항상 신실하게 먹이신다는 것을 믿어야 했다.

만나는 광야에서 내린 기적의 음식이었다. 광야는 사람이 살지 못하는 곳, 절망의 땅이다. 모든 것이 부족하고 불편하고 힘들다. 인간이 노력한다 해도, 인간의 힘으로 음식을 구할 수 없는 척박한 곳이었다. 만나를 이해하려면 만나가 이런 광야에 내렸다는 것을 기억해야 한다. 하늘의 만나는 먹을 게 지천으로 널린 화려한 도시 문명에서 내리지 않았다. 자기 힘으로 노동해서 먹을 수 있는 농경 문화 마인드로는 절대 이해 못 하고, 하나님을 바라보는 유목민 마인드로만 이해할 수 있는 게 만나다. 먹고사는 문제는 당장 눈앞에 닥친 현실일진대, 이런 광야에서 믿음을 지키는 것이 쉽지 않다. 그러나 절망 속에서도 믿음을 가지면 소망이 열린다. 광야의 만나가 그 증거다.

만나는 하나님의 자녀들에게만 주시는 아버지 하나님의 선물이다. 애굽을 비롯한 다른 어떤 민족들에게도 만나가 내리지 않았다. 세상에 어떤 민족이 자기가 아무 수고도 하지 않고 하늘에서 내리는 음식으로 먹고살았다는 이야기를 들어본 적이 있는가? 그것도 40년 동안이나? 만나는 광야에서 하나님의 백성들에게만 주어진 특별 선물이었다.

인생의 광야 속에서 하나님이 차려주시는 은혜의 식탁을 맛본 경험이 있는 사람들은 안다. 감사의 눈물 없이는 결코 그 식탁에 앉아 밥을 먹을 수 없다는 사실을. 내가 잘 나갈 때는 너무나 당연시했던 것들이 이제는 감사할 뿐이다. 그때 우리가 비로소 영적으로 철이 든다. 우리는 광야 같은 세상에서 살아가지만, 늘 하나님이 주시는 은혜의 만나로 인해 굶주리지 않는다.

만약 만나가 없었다면 이스라엘 백성들은 요즘 시리아나 아프간 난민들같이 주변 이방 민족들에게 구걸하는 비참한 처지가 됐을 것이다. 그러나 그들은 누구에게도 비굴할 필요 없이 당당할 수 있었다. 세상적인 방법으로 세상 사람들에게 아부하며 살지 않아도 하나님의 백성은 하나님께서 먹이고 입히셨다.

지금도 마찬가지다. 험한 세상에서 살려면 우리도 세상과 타협해야 한다고 하는 사람들이 있는데, 그건 잘못된 생각이다. 하나님의 백성은 하나님의 말씀대로 순종하기만 하면, 반드시 하나님이 하나님의 만나로 먹이실 것이다. 그 사실을 믿고, 절대 세상의 눈치 보며 살지 말라. 강하고 담대하라.

우리는 매일 만나를 먹어야 한다

하나님께서는 만나를 주시면서 "사람이 떡으로만 사는 것이 아니요 여호와의 입에서 나오는 모든 말씀으로 사는 줄을 네가 알게 하려 하심이니라"(신 8:3)라고 하셨다. 만나는 물질이지만 물질주의로 사는 사람들에게 주시는 것이 아니다. 눈에 보이는 만나는 영의 양식, 하나님의 말씀을 상징한다. 말씀을 통해 주시는 은혜를 상징한다.

영성은 매일 먹는 생명의 양식인 만나를 통해서 생겨난다. 우리의 육체가 음식을 먹지 못하면 영양실조에 걸려 쓰러지듯이, 우리의 영혼도 말씀을 계속 먹지 못하면 병들고 쓰러질 수 있다.

히브리어로 '광야'는 '미드바르'이다. 그리고 '하나님의 말씀'은 히브리어로 '다바르'이다. 둘 다 같은 히브리어 어근에서 파생했다. 광야는 하나님의 말씀을 듣는 곳이다. 인간의 소리가 너무 많은 도시 문명에서 들리지 않던 말씀이 조용한 광야에서는 선명하게 들린다. 모든 사람이 읽을 수 있는 기록된 말씀이, 광야에서는 하나님이 내게만 특별히 주시는 능력의 말씀으로 임한다.

인생은 산에 올라가는 등산이 아닌, 사막과 같은 광야를 걸어가는 것이다. 산에는 그래도 정해진 지형과 길이 있으니, 이를 기초로 지도를 따라가면 된다. 그러나 광야의 지형은 끊임없이 변한다. 모래 폭풍이 한 번 몰아치고 나면 하룻밤 새에 있던 언덕이 사라지고 없던 골짜기가 새로 생긴다. 과거의 경험이나 다른 사람의 조언이 무용지물이 된다. 우리 인생길이 그렇지 않은가. 이제까지 옳았던 답이 더 이상 통하지 않고, 새로운 도전은 새로운 답을 요구한다. 그러므로 광야 길에서 필수품은 지도가 아니라 나침반이다. 하나님의 말씀이 바로 인생의 광야 길을 가는 우리에게 꼭 필요한 나침반이다.

성경적 유목민은 하나님의 말씀 없인 결코 하루도 살 수 없다. 광야에서 만나가 매일 내렸듯이, 우리가 날마다 주님과 교제하며 하늘의 양식인 말씀을 매일 먹을 때 우리의 믿음은 더욱 강해지고 깊어지는 것이다. 우리가 어제 아무리 좋은 음식을 많이 먹었다 해도 오늘 굶으면 건강해질 수 없다. 영적 만나도 그렇다. 한 번 크게 은혜받은 것으로 평생 버틸 수는 없다. 매일매일 새로운 하나님 은혜의 말씀을 받아먹어야 우리의 영이 건강하게 살아 있을 수 있다.

하나님은 광야에서 순종을 가르치신다

광야에서 겸손해지고, 하나님만 의지하는 법을 배운 성경적 유목민은 순종하는 삶을 산다. 말씀은 지식으로 머물러 있을 때가 아니라, 삶으로 실천할 때 능력을 발한다. 말씀의 능력을 확인하고 싶으면 말씀대로 살아보면 된다. 본문 1절 말씀을 보자.

> 내가 오늘 명하는 모든 명령을 너희는 지켜 행하라 그리하면 너희가 살고 번성하
> 고 여호와께서 너희의 조상들에게 맹세하신 땅에 들어가서 그것을 차지하리라
> 신 8:1

광야에서 살아남고 승리하는 비결은 하나님의 말씀에 순종하는 것이다. 성경적 유목민은 삶이 단순해야 한다. 복잡한 자기 생각을 접고 하나님의 말씀대로 순종하며 나가면 된다.

말씀의 나침반을 따라서 순종했기 때문에 복 받은 사람이 바로 앞에서 언급한 믿음의 조상 아브라함이다.

> 여호와께서 아브람에게 이르시되 너는 너의 고향과 친척과 아버지의 집을 떠나
> 내가 네게 보여줄 땅으로 가라 창 12:1

하나님께서는 도시 문화에서 잘살고 있는 아브라함에게 "내가 네게 보여줄 땅으로 가라"라고 하셨다. 참으로 황당한 명령이다. '보여준 땅'

도 아니고 '보여줄 땅'으로 가라니! '정확한 목적지는 지금 가르쳐줄 수 없다. 그러나 내 말대로 떠나면 가면서 내가 가르쳐줄 것이다'라니 정말 황당한 명령 아닌가?

요즘처럼 내비게이션도 없고, 최첨단 지도도 없다. 히브리서 11장 8절에 보면 아브라함은 "갈 바를 알지 못하고 나아갔으며"라고 했다. 모든 것을 버리고 떠나라면서 도대체 목적지가 어딘지, 가는 길이 얼마나 험한지, 얼마나 긴 여정이 될지에 대해 전혀 설명이 없다. 그저 하나님의 말씀만 믿고 가라는 것이다. 먼저 순종하고 가면 한 걸음 한 걸음 하나님이 인도해주실 것이라는 거다.

우리는 길을 보여주시면 순종하겠다고 하는데, 하나님께서는 순종하면 길을 보여줄 것이라고 하신다. 우리의 일 진행 순서와 하나님의 일 진행 순서가 완전히 거꾸로다. 상식적으로 이해가 잘 안 되지만, 이것이 진정한 성경적 유목민의 정신이다. 하나님은 친절하고 장황하게 이유를 설명하거나 지침을 하달하지 않으셨다. 그저 '하나님을 믿고 가라, 그러면 복을 받을 것이다'라는 약속을 주셨을 뿐이다. 그런데도 아브라함은 순종했다. 언제, 어디로, 왜, 어떻게 가야 하는지 아무것도 모르는 상태에서 아브라함은 하나님의 명령에 순종했다. 믿음은 모든 것이 불투명한 상태에서도 하나님 말씀만 의지하여 가는 것이다.

또한 순종은 현재진행형이어야 한다.

내가 오늘 명하는 모든 명령을 너희는 지켜 행하라 신 8:1

하나님의 말씀에 항상 순종하는 사람은 삶의 순간순간마다 올바른 선택을 한다. 많은 사람이 항상 지나가 버린 과거에 대한 후회를 가슴에 품고 산다.

'그때 그런 결정을 내리지 말았어야 했는데…. 그때 그 사람을 만나지 말았어야 했는데…. 그때 그 직장을 그만두지 말았어야 했는데….'

항상 안타까운 과거의 기억을 재생하면서 그때로 다시 돌아갈 수만 있다면 얼마나 좋을까 생각한다. 그러나 과거는 결코 다시 돌이킬 수 없다. 우리가 확실하게 바꿀 수 있는 것은 오늘 현재 이 순간뿐이다.

과거에 대한 후회 못지않게 사람들을 괴롭히는 것이 미래에 대한 불안감이다.

'코로나는 언제쯤 끝날 것인가? 부동산 시세는 앞으로 어떻게 될까? 직장을 구할 수 있을까? 제때 결혼을 할 수 있을까?'

그러나 예수님이 우리에게 분명히 말씀하지 않으셨던가.

내일 일을 위하여 염려하지 말라 내일 일은 내일이 염려할 것이요 한 날의 괴로움은 그날로 족하니라 마 6:34

그러므로 '앞으로 어떻게 될 것인가'보다 중요한 것은 오늘 이 순간을 말씀대로 살기로 선택하는 것이다. 미래는 순종하는 오늘이 차곡차곡 쌓여서 만들어내는 결과이기 때문이다.

그래서 성경에서 순종을 말할 때는 항상 '오늘'이라는 말과 붙여서 나오는 경우가 많다. '내가 오늘 네게 말하고 있다. 네가 오늘 순종하면' 같은 경우다. 하나님께서는 우리가 오늘 이 순간 올바른 선택을 하기를 원하신다. 오늘 주신 말씀은 오늘의 결단을 우리에게 요구한다. 그 말씀을 오늘 순종하면 우리는 축복의 미래를 선물로 받을 것이다. 그것이 성경적 유목민의 믿음이다.

죄 많은 이 세상은 우리의 집이 아니다. 우리의 최종 목적지는 영원한 본향 천국이다. 우리는 광야 같은 인생길을 가는 성경적 유목민이다. 한시도 그 사실을 잊어선 안 된다.

성경적 유목민의 완성, 예수 그리스도

아브라함이 성경적 유목민의 선두 주자였다면 성경적 유목민의 완성은 예수 그리스도시다. 예수님의 삶과 말씀들을 제대로 이해하려면 성경적 유목민의 시각에서 봐야 한다.

"세상에서는 너희가 환난을 당하나 담대하라"(요 16:33).

"누구든지 자기 십자가를 지고 나를 따르지 않는 자도 능히 내 제자가 되지 못하리라"(눅 14:27).

"너희는 무엇을 먹을까 무엇을 마실까 하여 구하지 말며 근심하지도 말라 … 너희 아버지께서는 이런 것이 너희에게 있어야 할 것을 아시느니라"(눅 12:29,30).

"내가 세상에 속하지 아니함 같이 그들도 세상에 속하지 아니하였사

옵나이다"(요 17:16).

그러므로 예수님의 제자 된 우리도 광야 같은 인생길을 성경적 유목민의 마인드로 살아야 한다.

우리는 성경적 유목민으로서 첫째로, 세상에서 성공하고 세상에서 즐거워도 세상에 대해 너무 환상을 갖지 말아야 한다. 이 세상의 부귀영화에 너무 집착하지 말라. 이 세상은 잠시 지나가는 것이다.

또한 둘째, 세상 사는 게 너무 힘들어도 절망하지 말라. 이 세상은 잠시 지나가는 것이다. 같은 인생을 살아도 우리와 세상 사람들은 가는 길이 다르다. 우리는 하나님의 자녀이기 때문에 그 광야 가운데로 하나님이 만들어주신 거룩한 길을 간다. 그 길을 가려면 늘 겸손해야 한다. 늘 영적으로 깨어 있으며, 하나님의 말씀에 순종하며 살아야 한다.

그렇게 하면 광야를 지나는 가운데서도 하나님의 보호하심을 받고, 하나님의 풍성한 복을 누릴 것이다. 하나님은 우리와 동행하시며 우리에게 힘주시는 분이시다. 하나님이 함께하시기에 광야 길도 은혜의 길이 된다. 우리 모두 그런 믿음으로 승리하는 인생을 살자.

chapter 2

광야의 시작

✦ 출애굽기 15장 22-27절

22 모세가 홍해에서 이스라엘을 인도하매 그들이 나와서 수르 광야로 들어가서 거기서 사흘길을 걸었으나 물을 얻지 못하고 23 마라에 이르렀더니 그곳 물이 써서 마시지 못하겠으므로 그 이름을 마라라 하였더라 24 백성이 모세에게 원망하여 이르되 우리가 무엇을 마실까 하매 25 모세가 여호와께 부르짖었더니 여호와께서 그에게 한 나무를 가리키시니 그가 물에 던지니 물이 달게 되었더라 거기서 여호와께서 그들을 위하여 법도와 율례를 정하시고 그들을 시험하실새 26 이르시되 너희가 너희 하나님 나 여호와의 말을 들어 순종하고 내가 보기에 의를 행하며 내 계명에 귀를 기울이며 내 모든 규례를 지키면 내가 애굽 사람에게 내린 모든 질병 중 하나도 너희에게 내리지 아니하리니 나는 너희를 치료하는 여호와임이라 27 그들이 엘림에 이르니 거기에 물샘 열둘과 종려나무 일흔 그루가 있는지라 거기서 그들이 그 물 곁에 장막을 치니라

출애굽과 광야의 첫 시작

이스라엘 백성의 광야 여정의 시작은 하나님의 은혜로 홍해를 건너는 기적에서부터였다. 이 사건은 이스라엘이 4백 년 넘게 살던 애굽과 영원히 결별하는 계기가 되었다. 이스라엘 백성들이 홍해 바다 한가운데로 난 길을 걸어 바다를 건너자 그들의 뒤로 홍해 바닷길이 다시 닫혔다. 이 사실이 중요하다. 이제 자신들을 노예로 부리던 애굽 사람을 다시는 보지 못하고, 다시는 애굽으로 돌아갈 수 없게 되었다.

신약성경 고린도전서에서는 홍해를 건너 출애굽하는 사건을 예수 믿고 세례받는 사건의 상징으로 해석한다. 세례란 우리의 옛사람이 십자가에서 죽었다는 사실을 선포하는 것이다. 다시는 세상으로 되돌아가지 못하고, 다시는 세상의 지배를 받지 않게 되었다. 이스라엘 백성이 홍해를 통과한 뒤의 기쁨은 우리가 예수 십자가의 보혈로 구원받고 기뻐하는 것과 같다.

자, 홍해를 건너고 나서 그들은 하나님을 찬양하며 잔뜩 흥분했다. 이제 약속의 땅으로 바로 들어갈 것 같았다. 그러나 행군이 시작되면서 그들이 전혀 예상치 못했던 상황이 전개되었다.

모세가 홍해에서 이스라엘을 인도하매 그들이 나와서 수르 광야로 들어가서 거기서 사흘길을 걸었으나 물을 얻지 못하고 출 15:22

여기에 나오는 수르 광야는 애굽과 가나안 중간 지대에 펼쳐진 넓은 광야지대로, 지중해로부터 홍해까지 펼쳐져 있는 곳이다. 그 당시 애굽에서 가나안 땅으로 가는 사람은 대부분 '해변 길'로 불리던 블레셋을 통과하는 지름길을 택했다. 그러나 하나님께서는 출애굽한 이스라엘 백성을 그 길로 인도하지 않으셨다. 그 길에서 블레셋 같은 강한 민족들과 부딪쳐 전쟁하게 되면 애굽으로 다시 돌아갈까 염려하신 것이다. 대신 남쪽으로 돌아가는 홍해 길로 인도하셨다.

또한 숙곳에서는 해변 길과 함께 곧장 가데스 바네아로 가는 수르길이 있는데, 이 길은 아브라함이 네게브에 거할 때 흉년을 만나 애굽으로 내려갈 때 사용한 길이다. 야곱이 아들들을 보내 애굽으로 가서 식량을 사 오게 할 때 사용한 길이기도 하다. 수르길은 해변 길에 비해 좋지는 않지만 그래도 많은 사람이 이용하는 지름길이었다.

그러나 하나님께서는 이 길도 허락하지 않으시고 더 남쪽으로 방향을 돌리게 하셨다. 민수기 33장 6절에 이스라엘 백성이 광야 끝 에담에 진을 쳤다고 말하는데, 이는 동쪽으로 펼쳐지는 광야의 시작을 말한다. 에담 광야는 히브리 이름으로 '수르 광야'이다. 수르는 '바위'라는 뜻인데, 큰 바위와 수풀이 우거지고 들짐승들이 우글거리는 거친 땅이다. 이 길은 당시 사람들이 거의 이용하지 않았고, 광산에서 캐낸 광물들을 애굽으로 옮겨가던 길이었다. 하나님께서는 남쪽으로 한참 돌아가는 그 험한 길로 이스라엘 백성이 가게 하셨다.

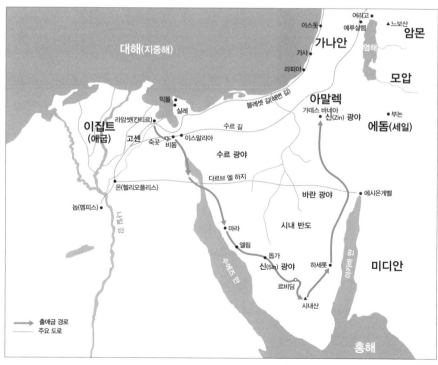

이스라엘 백성의 출애굽 경로와 이동이 가능했던 다양한 길들

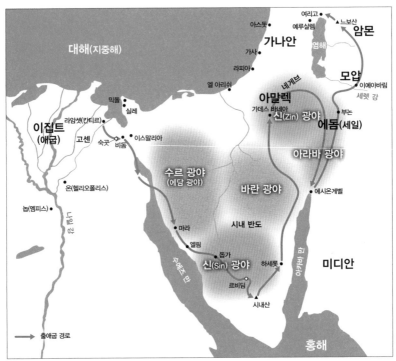

여리고
느보산
아스돗
예루살렘
암몬
가나안
대해(지중해)
염해
가사
라피아
모압
이예아바림
엘 아리쉬
네게브
세렛 강
믹돌
아말렉
실레
가데스 바네아
신(Zin) 광야
부논
라암셋(칸티르)
에돔(세일)
이스마일리아
이집트
고센
숙곳
(애굽)
비돔
아라바 광야
온(헬리오폴리스)
수르 광야
(에담 광야)
에시온게벨
놉(멤피스)
바란 광야
나일 강
마라
시내 반도
미디안
엘림
돕가
신(Sin) 광야
하세롯
수에즈 만
르비딤
아카바 만
시내산
출애굽 경로
홍해

이스라엘이 거쳐간 광야들

그리고 이 길로 가다가 만난 첫 광야가 에담 광야 혹은 수르 광야다.
참고로 출애굽한 이스라엘 백성이 약속의 땅에 이르기까지 거쳐 간 광야
는 여러 개가 있다. 수르 광야(에담 광야)가 첫 번째고, 그 후로도 신(Sin)
광야, 바란 광야, 아라바 광야 등이 있다.

광야 학교 첫 번째 시험

출애굽한 이스라엘 백성들은 수르 광야를 약 53킬로미터 정도 걸어서 사흘 만에 첫 번째 기착지인 마라에 도착할 수 있었다. 개인적으로 이스라엘 백성의 광야 여정에서 가장 힘든 순간 중 하나였을 것으로 본다. 못살다가 잘살기는 쉬워도, 잘살다가 갑자기 못살게 되면 적응하기가 쉽지 않다.

4백 년이 넘는 시간 동안 이스라엘 백성들은 당시 세계 최강대국 애굽의 풍요로운 농경 문화에 익숙해져 있었다. 그런데 생전 처음으로 아무것도 할 수 없는 광야에 부딪힌 것이다. 비유하자면, 강남의 넓고 좋은 아파트에서 잘 살다가 어느 날 갑자기 달동네 반지하 방으로 들어가게 되는 것과 비슷했을 것이다.

행군 첫날은 홍해 기적의 감격으로 다들 힘든 줄도 모르고 기뻐 희희낙락했을 것이다. 그러나 둘째날에도 셋째 날에도 하루 종일 걸어가도 끝없는 광야뿐이니까 다들 불안해지기 시작했다. 공포와 두려움에 사로잡혀 웅성웅성대기 시작했다. 그들의 불안감과 공포에 결정타를 가한 것이 물이 떨어져 버린 일이다.

2백만 민족이 가축 떼와 함께 뜨거운 광야를 사흘간 이동하다 보니, 애굽에서 가지고 나온 가죽 부대의 물이 다 바닥나 버렸다. 우리가 살아가는 데 정말 중요한 것이 물이다. 우리 몸의 3분의 2를 차지하고 있는 게 물이며, 밥은 굶어도 얼마간 버틸 수 있지만 물을 충분히 마시지 않아서 탈수 증상이 일어나면 생명을 잃을 수도 있다. 보통 성인은 하루에 2리터 이상의 물을 마셔야 한다고 한다.

성경은 "물을 얻지 못하고"라고 간단히 말하고 있지만, 뙤약볕 광야의 이스라엘 백성들에게는 생명이 왔다 갔다 하는 너무나 중대한 위기였다.

초신자들은 처음 예수님을 영접한 뒤에는 너무 좋아서, 이제 예수 믿었으니 인생 전부가 축복의 연속일 것으로 착각한다. 그래서 조금만 어려움이 닥치면 좌절해버린다. 이스라엘 백성의 홍해를 건넌 기쁨과 감격이 불안과 원망으로 바뀌기까지 딱 사흘 걸렸다.

그런데 여기서 우리가 확실히 하고 넘어가야 할 것은 그들이 실수로 길을 잃어 광야 길로 빠져든 게 아니라는 사실이다. 22절에 보면, 모세가 홍해에서 이스라엘을 인도했다고 나온다. 앞에서 말했듯이 더 빠르고 편한 지름길들이 있었는데, 하나님께서는 의도적으로 돌아가는 광야 길로 인도하셨다. 다 뜻이 있으셨기 때문이다.

누구든 홍해를 건너오면, 즉 예수님의 보혈로 구원받으면 하나님의 자녀가 된다. 그런데 하나님은 자녀 된 우리를 자기 맘대로 아무렇게나 자라도록 내버려두지 않으신다. 이전까지 죄의 노예가 되어 세상의 나쁜 물이 들어 있던 우리가 하루아침에 변하여 새사람이 되기는 어렵다. 그래서 광야 학교에서 연단하시는 것이다.

새끼 사자가 한 마리 있었다. 태어날 때부터 에어컨 나오는 유리 동물원에서 가만히 앉아 있어도 사람들이 때마다 가져다주는 좋은 먹이를 먹고 컸다. 그러다가 어른 사자가 되어 아프리카 초원에 풀어주었다. 그랬더니 사냥도 제대로 못 하고, 비실비실하다가 결국은 죽고 말았다고 한다. 말이 사자지, 어릴 때부터 사람이 모든 어려움으로부터 보호해 주며 애완동물처럼 키웠기 때문이다.

하나님은 결코 하나님의 자녀들을 그렇게 키우지 않으신다. '금보다 귀한 믿음의 시련'이 있는 광야에서 우리를 약속의 땅을 차지할 만한 그릇으로 준비시키신 뒤에야 약속의 땅으로 들어가게 하신다.

본문의 사건은 이스라엘 백성에게 닥친 하나님의 광야 학교 첫 번째 시험이었다.

마라의 쓴 물과 백성들의 분노

사흘 동안 생전 처음 경험해보는 뜨거운 광야에서 '우리가 다 이렇게 죽나 보다' 했는데, 먼발치에 사막 한가운데 숲이 우거진 오아시스가 보였다. 물이 가득한 것을 본 그들은 아마 환호성을 지르면서 달려갔을 것이다. 누가 보아도 그곳은 그들의 첫 번째 기착지가 될 만했다. 그곳이 마라였다. 이제 살았다 싶었는데 전혀 예상치 못한 상황이 또 벌어졌다.

> 마라에 이르렀더니 그곳 물이 써서 마시지 못하겠으므로 그 이름을 마라라 하였더라 출 15:23

제일 먼저 물가로 달려간 사람들이 물에 고개를 박고 벌컥벌컥 마시기 시작했다. 그러다가 모두 얼굴을 찡그리며 마신 물을 퉤퉤 뱉으면서 일어났다. 물맛이 너무 써서 아무리 목마르다고 해도 도저히 마실 수가 없었던 것이다. 마라는 히브리어로 '쓰다'라는 뜻이다. 물이 도저히 못 먹을 정도로 써서 그렇게 이름이 붙여졌다.

자, 이 일을 어찌할꼬. 천신만고 끝에 물을 찾긴 찾았는데 너무 써서 마시지 못하는 물이다. 이건 물이 없는 것보다 어쩌면 더 고통스럽다.

우리에게도 이런 일들이 있다. 천신만고 끝에 결혼했는데, 잘못된 만남이었다. 서로 사랑해야 할 부부가 날마다 싸우고 갈등하니 얼마나 괴로운지 모른다. 취업난을 뚫고 천신만고 끝에 취직했는데, 회사 조직 문화가 나를 너무 고통스럽게 한다. 꿈을 안고 자식 교육 때문에 이민 갔는데, 오히려 자식들이 현지에서 나쁜 물이 들어서 공부도 팽개치고 타락한다.

이처럼 천신만고 끝에 찾은 물이 마시지 못하는 쓴 물이 되는 상황들이 우리 주위에 얼마나 많은가? 그럴 때 우리가 믿음의 눈으로 상황을 바라보지 않으면 시험 든다.

엉뚱한 곳으로 튄 백성의 분노

이스라엘 백성들은 아직 믿음이 어려서 시험이 들고 말았다. 절망감에 사로잡힌 그들의 분노가 폭발하면서 불똥이 엉뚱한 데로 튀었다.

백성이 모세에게 원망하여 이르되 우리가 무엇을 마실까 하매 출 15:24

마라의 쓴 물을 만났을 때, 백성들의 첫 번째 반응은 놀랍게도 지도자 모세를 원망하는 것이었다. 영어성경(ESV)에 보니 'grumbled against'라고 되어 있다. 즉 적대적인 태도로 불만을 토로하고 수군댔다는 뜻이다. "우리가 무엇을 마실까 하매"를 다시 말하면, "이것도 물이라고…. 이건 다 당신 때문이다. 당신 때문에 우리가 다 목말라 죽게 생겼다. 마실 물을 구해내라"라는 뜻이다.

모세는 기가 막혔을 것이다. 불과 사흘 전 출애굽과 홍해 도하의 기적 같은 승리를 체험했을 때만 해도, 그들은 모세를 향해 열광했던 사람들이었다. 광야에서 물이 떨어진 것도, 오아시스의 물이 쓴 것도 모세 잘못이 아닌데, 그들은 다짜고짜 모세를 원망했다. 이걸 보면 참 민심이란 것이 얼마나 변덕스러운가를 알 수 있다. 광야는 군중을 폭도로 바꿀 수 있는 곳이다.

모세는 어제의 은혜는 까맣게 잊어버리고, 금방 자신을 원망하는 백성들이 원망스러웠을 것이다. 억울하게 욕먹는 것이 분하기도 했을 것이다. 영적 지도자가 되어 하나님의 일을 하다 보면 이렇게 은혜를 모르는 사람들에게 욕먹는 일이 많다.

모세의 기도와 마라의 기적

"이 은혜를 모르는 사람들아! 물이 쓴 것이 내 잘못이냐? 사흘 전에 누가 너희들을 저 죽음의 바다 홍해에서 구해 살려냈는지 벌써 잊어버렸느냐?"

모세도 그렇게 화내면서 맞받아칠 수도 있었을 것이다. 그러나 모세는 억울하고 분한 마음에 사람들과 싸우지 않았다. 하나님의 사람은 사람들에게 억울한 원망을 들을 때도 인간적으로 반격하지 않는다.

> 모세가 여호와께 부르짖었더니 여호와께서 그에게 한 나무를 가리키시니 그가 물에 던지니 물이 달게 되었더라 거기서 여호와께서 그들을 위하여 법도와 율례를 정하시고 그들을 시험하실새 출 15:25

모세는 상한 마음을 추스르면서, 오직 여호와께 부르짖는다. 간절히 하나님께 기도하는 것이 먼저다. 인간을 설득하거나, 인간에게 변명하거나 설명하거나 화내지 않는다. 이것이 가장 빠르고 정확한 문제 해결 방법이다. 하나님의 일을 할 때, 사람들에게 억울한 원망을 들을 때, 하나님 앞에 엎드려 기도하라. 하나님이 모든 상황을 아시고 응답해주실 것이다.

모세의 기도에 대한 하나님의 응답은 옆에 있던 나무였다. 하나님은 모세에게 그 나무를 마라의 쓴 물에 던지게 하셨다. 나뭇가지가 물에 던져지면서 모두가 한참을 침묵했다. 그리고 누군가가 다시 한번 물을 떠서 맛보았다. 순간 그가 환호성을 질렀다.

"물이 쓰지 않아! 물이 너무 달다!"

그렇게 외치며 물을 벌컥벌컥 들이켜기 시작하자, 모든 백성이 앞다투어 오아시스 샘으로 달려들었다.

이들이 마실 수 없었던 마라의 쓴 물은 바로 이 세상이 주는 것들을 상징한다. 멀리서 보니까 그럴듯한 물 같아서 달려와 마셨지만, 마시고 보니 써서 아무 도움이 되질 않았다. 돈과 명예와 권력과 쾌락 같은 세상의 물은 그럴듯해 보이지만, 마시고 나면 영혼을 오히려 죽인다.

그러나 하나님의 나무가 던져져서 물이 달게 되었다. 이 나무는 예수님의 십자가 은혜이다. 보혈의 능력이다. 이 나무는 바로 그들 곁에 있었다. 예수님의 십자가 은혜는 항상 우리 옆에 있다. 다만, 내가 편하고 잘나갈 때는 그 능력을 제대로 알지 못했다. 하지만 내 인생이 광야에서 목말라 죽어갈 때 십자가 은혜는 나를 살리는 능력으로 다가온다. 결혼도, 직장도 예수님의 은혜라는 나무를 통하지 않고서는 마시지 못하는 쓴 물일 뿐일 것이다.

너무나 놀랍지 않은가? 2백만 백성들의 물 문제를 해결하는 축복의 도구가 바로 한 그루 나무였다. 하나님께서는 그 광야 한가운데에 나무 한 그루를 준비하셔서 결정적 타이밍에 이스라엘 백성들을 살리셨다. 이 나무는 어쩌면 수십, 수백 년 전부터 거기에 있었는지 모른다. 그러나 그 나무가 축복의 도구가 될 것이라고 하나님이 알려주시기 전까지는 그 나무의 효력을 아무도 알지 못했다.

한데, 모세가 기도하니까 하나님께서 영의 눈을 뜨게 해주셔서 나무를 보게 하셨다.

너는 내게 부르짖으라 내가 네게 응답하겠고 네가 알지 못하는 크고 은밀한 일을 네게 보이리라 렘 33:3

위기의 때에 기도하면 십자가 은혜가 보인다. 예수님의 손길이 보인다. 하나님의 돌파구가 보일 것이다. 하나님의 십자가 은혜를 흘려보내 주는 교회가, 하나님의 사람들이 보인다. 그 은혜를 붙잡아라. 마라의 쓴 물이 단물이 될 것이다.

하나님의 시험에 담긴 의미

더 흥미로운 것은 25절의 하반부 내용이다. 물이 달게 되었다는 말이 있고 나서 바로 뭐라고 되어 있는가?

"여호와께서 그들을 위하여 법도와 율례를 정하시고 그들을 시험하실새."

앞에서도 언급했듯이 하나님께서는 이스라엘 백성을 의도적으로 광야로 인도하셨다. 그렇다면 그들이 식수가 떨어져서 목말라 괴롭게 된 것도, 마라의 쓴 물이 단물로 변하는 기적도 다 하나님의 계획에 들어 있었을 것이다. 그 모든 일 뒤에는 '이들을 시험하고자' 하신 하나님의 의도가 있었다.

마귀의 시험은 우리를 유혹하고 파멸시키기 위한 것이지만, 하나님의 시험은 우리를 성숙하고 거룩하게 만들기 위한 연단이다. 성경은 이스라엘 백성이 애굽에서 나올 때, '여호와의 군대가 나왔다'라고 표현했다(출 12:41).

입대할 때, 논산훈련소에 들어갈 때부터 '군대 갔다'라고 이야기하지만, 실은 아직은 완전한 군인이 아니다. 훈련소에서 훈련을 마쳐야 군인인 것이다. 마찬가지로 이스라엘 백성은 광야의 훈련 과정을 통해 다듬어져야 진정한 하나님의 군인이 될 것이었다.

일주일 전까지만 해도 이스라엘 백성은 애굽의 노예였다. 앞 장에서 우리는 고대 인류 역사는 한곳에 정착하는 농경 문화와 끊임없이 이동해야 하는 유목 문화로 나뉜다는 것을 배웠고, 애굽 문명이 대표적인 농경 문화임도 배웠다.

농경 문화는 인간의 힘으로 수로를 만들고, 댐이나 저수지를 만들어 물을 관리하고 가뭄에 대비한다. 바벨탑을 쌓고 피라미드를 만들며, 인간의 능력으로 모든 어려움을 극복할 수 있다고 믿는다. 농경 문화는 농사를 지어야 하기 때문에 땅이 중요하고, 소유에 집착한다. 자기 것을 지켜야 하기에 폐쇄적이다. 농사를 짓고 도시를 만든 다음에는 금을 긋고, 성을 쌓아서 외부인들이 들어오지 못하게 한다. 이스라엘 백성들은 수백 년간 그런 애굽식 사고방식에 길들어 있었다.

애굽에서 살기 전에 이스라엘 사람들은 결코 그렇지 않았다. 그들의 조상 아브라함은 유목민이었을 때 하나님의 선택을 받았다. 그런 이스라엘 백성이 야곱 일가가 요셉을 따라 애굽으로 이주해서 사는 수백 년 동안 변해버렸다. 유목민 마인드에서 농경 문화 마인드로 변해 있었다. 그들이 출애굽할 때 하나님께서는 추격해오던 애굽 군대를 홍해에서 전멸시키셨다. 하지만 그들 안에 있는 애굽의 옛사람은 여전히 살아 있었다.

한곳에 정착하고 자기 소유를 주장하려는 습관, 풍요로운 물질문명 속에서 쾌락을 누리며 살아가려는 습관, 인간의 힘으로 모든 어려움을 예측하고 극복할 수 있다는 생각. 그래서 하나님이 아닌, 자기 능력과 인맥을 믿는 그 애굽식 사고방식을 깨버려야 했다. 그 훈련을 받도록 하나님께서 그들을 광야 학교에 데려가셔야만 했다.

모든 것이 부족한 광야에서 그들은 날마다 자기가 얼마나 무기력한지를 느껴야 했다. 그래서 광야 생활을 시작하자마자, 하나님은 마라의 쓴 물이 단물 되는 현장에서 '그들을 시험하셨다'라고 했다. 시험의 좋은 점은 우리의 부족한 점을 확실히 알게 해준다는 사실이다. 훈련의 시작은 시험이다. 입대한 군인들은 초반부 체력시험에서 벌써 코에 단내가 나고 몸이 파김치가 되어 쓰러진다. 그래야 이제껏 자기 잘난 맛에 살던 '도련님'들이 완전히 기가 꺾인다. 하나님의 연단도 그렇다. 먼저 우리를 한계 상황으로 몰고 가서 바닥을 드러내게 하신다.

마라의 쓴 물의 시련이 그랬다. 마실 물은 광야에서 인간이 생존하기 위해 가장 기본적으로 필요한 것이다. 가장 기본적인 필요가 위협받을 때 사람들은 화를 내고, 원망하게 된다. 그런데 바로 그것이, 바로 그때가 하나님의 백성이 되는 첫 번째 시험이었다.

진짜 신앙은 평온할 때 드러나는 게 아니라, 현실의 장벽에 부딪힐 때 드러난다. 고난과 역경, 그리고 시험이 닥칠 때 비로소 누가 진짜 믿는 자인가를 알 수 있다. 광야의 궁핍함 속에서 하나님을 굳게 붙잡을 수 있어야, 훗날 젖과 꿀이 흐르는 약속의 땅에 들어가서도 믿음이 흔들리지 않을 수 있다.

전에 애굽에 있을 때 그들은 풍성한 나일강의 물을 늘 공급받아 살았기 때문에 물 걱정할 일이 없었다. 그러나 광야에서는 하나님이 잠시라도 물을 주시지 않으면 금방 목말라 죽는다. 이제껏 당연시 여겨오던 것이 더 이상 당연하지 않다.

물이 떨어졌다. 그리고 내가 아무리 노력해도 물을 구할 수 없다. 인생에서 뭔가 부족해진다는 것은 우리를 향한 하나님의 은혜의 징검다리다. 왜냐하면 부족함을 통해 하나님을 신뢰하게 되기 때문이다. 부족한 것은 저주가 아니라 변장된 축복이다. 광야 행군 사흘 만에 물이 떨어진 것은 바로 변장된 축복이었다.

하나님의 법 순종하기

또 한 가지 흥미로운 사실은 25절에 보니까, 하나님께서 그들을 시험하시면서 '그들을 위하여 법도와 율례를 만들어주셨다'라는 것이다. '법도와 율례'는 하나님의 백성들이 지켜야 할 하나님의 법이다. 하나님은 우리를 죽음에서 구원하셨고, 죄의 권세로부터 자유케 해주셨다. 그러나 하나님이 주시는 자유는 자기 욕심대로 막 사는 방종이 아니다. 이제 그들은 그들을 구원하신 하나님의 법대로 살아야 했다.

보통 우리는 '법'이라고 하면 딱딱하고 부담스러운 것으로 생각한다. 그러나 하나님의 법은 그들의 자유를 속박하기 위한 것이 아니다. 비행기가 자유롭게 하늘을 날지만, 조종사가 조종'법'대로 조종하지 않으면 금방 추락하고 만다. 하나님의 법은 이스라엘이 광야 같은 세상에서 살아남기 위해 주신 하나님의 비책이다. 반드시 가슴에 새기고 그대로 실천해야 산다.

항상 지형이 변하는 광야에서는 지도보다는 나침반이 필요하다. 광야 사막에서 절대 하지 말아야 할 것은 초보자가 감으로 방향을 정하고 가는 것이다. 그러면 헤매기만 하다가 탈진해서 쓰러져 죽는다. 오직 변하지 않는 나침반을 손에 들고, 방향을 잡고 가야 무사히 광야를 건널 수 있다. 광야에서 절대 길을 잃지 않는 나침반은 바로 하나님의 법이다.

그래서 하나님은 이스라엘 백성에게 법을 주시면서 동시에 순종을 명령하셨다.

이르시되 너희가 너희 하나님 나 여호와의 말을 들어 순종하고 내가 보기에 의를 행하며 내 계명에 귀를 기울이며 내 모든 규례를 지키면 내가 애굽 사람에게 내

린 모든 질병 중 하나도 너희에게 내리지 아니하리니 나는 너희를 치료하는 여호와임이라 출 15:26

하나님께서는 이스라엘이 항상 하나님의 음성을 듣고 순종하기를 명하셨다. 여기서 중요한 것은 "나 여호와의 말을 들어 순종하고"이다. 여기서 '말'은 매일 계속해서 주어질 살아 있는 말씀이다. 하나님께서 항상 이스라엘과 동행하시면서 말씀하시겠다는 것이다.

하나님은 날마다 우리와 교제하기를 원하신다. 화려한 애굽에 살 때는 하나님 음성을 잘 들을 수 없었지만, 광야에서는 하나님께 집중할 수 있다. 하나님은 그래서 광야에서 계속 말씀하시기 원하시고, 우리가 그 말씀에 순종하기를 원하신다. 그러면 매일매일의 변화무쌍한 상황에 잘 대처할 수 있을 거라고 하신다. 성경적 유목민은 늘 영적 안테나로 하나님의 말씀을 잡아야 한다.

이스라엘 백성들은 모세가 하나님 말씀에 순종하여 나뭇가지를 던지니, 마라의 쓴 물이 단물로 변하는 것을 목격했다. 하나님께서는 '보았느냐. 앞으로 어떤 예기치 못한 상황을 만나도 당황하지 마라. 불평하지 마라. 대신 항상 나의 음성에 귀를 기울이고 내 말에 순종하라. 그러면 마라의 기적을 체험할 것이다. 세상 사람들이 겪는 질병으로부터 자유케 될 것이라'고 하셨다.

하나님께서 마라의 쓴 물을 달게 하신 것은 물을 치료하신 것이다. 마라의 쓴 물을 치료하신 하나님은 우리 인생의 병든 몸을 치료하는 분이시며, 우리의 병든 생각, 병든 마음, 병든 사업, 병든 관계들을 치료하는 분이시다.

앞으로도 광야 길은 계속될 것이고, 목마름도 계속될 것이다. 단물이라고 생각했던 것이 쓴 물이 되어 고통을 주는 마라의 경험도 반복될 것이다. 산다는 것은 끊임없는 문제의 연속이다. 그러나 어떤 문제도 이겨낼 수 있는 은혜와 능력을 하나님이 주실 것이다.

조건은 단 하나. 우리 자신을 의지하지 말고 항상 하나님께 모든 문제를 맡기는 것이다. 항상 하나님과 동행하며 하나님의 말씀에 항상 귀기울이고 순종하는 것이다.

하나님의 말씀을 순종해야 진짜 하나님의 백성이다. 순종하는 하나님의 백성만이 하나님의 치료하심을 누리게 된다. 불순종하면 계속해서 쓴 물을 마시면서 절망하고 있어야 한다.

레슨의 타이밍

여기서 중요한 것은 하나님께서 하나님의 법을 이스라엘 백성들에게 주신 타이밍이다.

하나님께서는 그들이 애굽에 있을 때 하나님의 법을 언급하지 않으셨다. 홍해를 건넌 직후, 기쁨과 활력에 가득 차서 약속의 땅으로 행군하기 직전도 아니다. 만약 그때 하나님께서 말씀 순종을 가르치셨으면 다들 귓등으로 들었을 것이다.

그러나 그 후 3일 동안의 광야 생활로 인한 목마름으로 불만이 극에 달했을 때, 그러다 찾은 오아시스의 물이 마실 수 없는 쓴 물이라는 시련에 부딪혔을 때, 그러다 하나님의 은혜의 나무를 던져 쓴 물이 단물로 변하는 기적을 체험한 직후가 하나님이 택하신 때다. 바로 그 시점에, 그들이 지켜야 할 하나님의 법을 주셨다.

가장 확실한 배움의 동기 부여는 고통이다. 배고프지 않은 사람에게 헝그리 정신 가르칠 수 없다. 내가 신학교에서 목회 리더십 강의를 할 때는 조는 학생도 있고, 건성으로 듣는 학생도 있었다. 그러나 개척교회 목사님들에게 목회 리더십에 대해 강의할 때는 한 명도 졸지 않는다. 다들 눈에 불을 켜고 듣는다. 현장 목회에서 수없이 많이 실패하고 고생해 보면서, 영적 절박함이 생긴 것이다.

아마 하나님께서도 이런 이유로 마라의 쓴 물이 단물이 되는 기적의 현장에서 이스라엘 백성들에게 첫 번째 수업을 시작하신 게 아닐까? 목마름의 고통이 극에 달하여 집중력이 확연히 높아졌던 그 타이밍에 하나님의 원 포인트 레슨이 주어지자, 다들 가슴에 그것을 새겼다.

마라 뒤에 오는 엘림의 축복

그들이 엘림에 이르니 거기에 물 샘 열둘과 종려나무 일흔 그루가 있는지라 거기서 그들이 그 물 곁에 장막을 치니라 출 15:27

이스라엘 백성들이 마라를 떠나 남쪽으로 약 10킬로미터를행군하여 엘림에 도착했다. 엘림은 열둘 물 샘과 일흔 그루의 큰 종려나무가 있는 거대한 오아시스였다. 골짜기 아래로 시냇물이 넘쳐흐르는 곳이며, 울창한 나무로 숲이 무성하고 비옥한 토지로 여러 종류의 과일나무들이 있었던 곳이었다.

그곳의 물은 달고 시원하고 풍성해서 2백만 이스라엘 백성들이 충분히 안식할 만했다. 열둘 물 샘은 이스라엘 열두 지파에게 각각 하나씩 돌아갔으며, 종려나무 일흔 그루는 이스라엘 칠십 장로들의 장막에 하나씩 돌아갈 수 있었다. 따라서 엘림은 분명 이스라엘 백성 전체를 위해 맞춤형으로 예비된 안식처다.

이런 풍성한 엘림이 마라에서 불과 10킬로미터만 더 가면 있었다. 그런데 우리에게는 엘림이 보이지 않고 마라의 쓴 물만 보인다. 불신앙은 근시안적이다. 당장의 고통만 보인다. 그러니까 입에서 나오는 게 원망과 불평밖에 없다.

마라의 시험을 잘 통과하고 나면 얼마 가지 않아 엘림이 기다리고 있다. 어리석게도 우리는 그걸 못 참고 지도자에게 달려들고 하나님을 원망한다.

시험을 믿음으로 직면하면, 시험을 통과하는 과정에서 쓴 물이 달게 변하는 축복이 있고, 그 뒤에는 더 놀라운 엘림의 축복이 기다리고 있다. 그러니까 믿음을 가지고 시험의 시간을 잘 인내하자. 시험 가운데 십자가의 주님을 더 간절히 붙잡고, 서로 격려하며 기도로 인내해보자. 마라의 쓴 물이 변하여 단물이 되는 기적을 체험할 것이다. 그리고 조금만 있으면 풍성한 안식처 엘림의 축복이 기다릴 것이다.

이것이 광야 초입에 성경적 유목민이 되기 위해 배워야 할 첫 번째 수업이었다.

chapter 3

하나님께서 돌보아주시는 땅

*신명기 11장 8-17절

8 그러므로 너희는 내가 오늘 너희에게 명하는 모든 명령을 지키라 그리하면 너희가 강성할 것이요 너희가 건너가 차지할 땅에 들어가서 그것을 차지할 것이며 9 또 여호와께서 너희의 조상들에게 맹세하여 그들과 그들의 후손에게 주리라고 하신 땅 곧 젖과 꿀이 흐르는 땅에서 너희의 날이 장구하리라 10 네가 들어가 차지하려 하는 땅은 네가 나온 애굽 땅과 같지 아니하니 거기에서는 너희가 파종한 후에 발로 물 대기를 채소밭에 댐과 같이 하였거니와 11 너희가 건너가서 차지할 땅은 산과 골짜기가 있어서 하늘에서 내리는 비를 흡수하는 땅이요 12 네 하나님 여호와께서 돌보아 주시는 땅이라 연초부터 연말까지 네 하나님 여호와의 눈이 항상 그 위에 있느니라 13 내가 오늘 너희에게 명하는 내 명령을 너희가 만일 청종하고 너희의 하나님 여호와를 사랑하여 마음을 다하고 뜻을 다하여 섬기면 14 여호와께서 너희의 땅에 이른 비, 늦은 비를 적당한 때에 내리시리니 너희가 곡식과 포도주와 기름을 얻을 것이요 15 또 가축을 위하여 들에 풀이 나게 하시리니 네가 먹고 배부를 것이라 16 너희는 스스로 삼가라 두렵건대 마음에 미혹하여 돌이켜 다른 신들을 섬기며 그것에게 절하므로 17 여호와께서 너희에게 진노하사 하늘을 닫아 비를 내리지 아니하여 땅이 소산을 내지 않게 하시므로 너희가 여호와께서 주신 아름다운 땅에서 속히 멸망할까 하노라

광야는 통과하는 곳

이 책의 제목을 《뷰티풀 광야》라고 붙이긴 했지만, 그것은 광야의 시간에 담긴 영적 은혜와 교훈이 풍성하다는 것이지 결코 광야가 힘들지 않다는 이야기는 아니다. 그래서 우리가 분명하게 기억해야 할 사실은 광야는 통과하는 곳이지, 머무르는 곳이 아니라는 사실이다.

출애굽한 이스라엘 백성이 약속의 땅으로 가기 전까지 통과하는 곳이 광야였고, 따라서 광야를 지나는 모든 백성의 시선은 그들이 장차 들어갈 약속의 땅에 꽂혀 있어야 했다. 이것이 필요했던 것은, 약속의 땅에 대한 강렬한 열정이 있어야 광야의 고통을 견뎌낼 수 있기 때문이었다.

시편 23편 4절에도 보면 "내가 사망의 음침한 골짜기로 다닐지라도(walk through)"라고 했다. 아무리 영적으로 연단되고 성장하는 곳이라 해도 광야는 광야다. 하루하루 버티는 것조차 힘들다. 그러므로 계속 광야에 있어야 한다고 생각하면 낙심되어 주저앉고 말 것이다. 그러나 광야는 지나는 곳이고, 언젠가는 반드시 약속의 땅으로 들어간다는 희망이 있기에 우리는 용기를 내서 이 하루를 살아낼 수 있다.

본문인 신명기 말씀은 40년 광야 생활을 끝내고, 마침내 약속의 땅 진입을 눈앞에 두고 있던 이스라엘 백성에게 주신 말씀이다. 광야 생활 40년 동안 이스라엘을 이끌었던 모세는 약속의 땅에 들어가지 못하고 죽는데, 모세가 죽기 전 마지막 유언으로써, 하나님께서 이들에게 주시는 말씀을 전한 것이 바로 신명기다.

광야 생활이 너무 힘들었기 때문에 이스라엘 백성들은 아마 약속의 땅에만 들어가면 '고생 끝 행복 시작'일 줄 알았을 것이다. 물론 약속의 땅은 광야와는 비교도 할 수 없을 만큼 좋은 곳임은 분명했다. 광야에 없던 안식과 식량과 물과 성읍이 있는 곳이었다. 하지만 그렇다고 그곳이 천국은 아니었다. 그곳에 들어가서도 영적으로 정신을 바짝 차리지 않으면 광야에서 경험해보지 못한 새로운 위험에 봉착할 수 있다.

우리가 목표를 가지고 꿈을 꾸는 것은 중요하지만, 그 목표에 대한 비현실적인 핑크빛 환상을 가져선 곤란하다. 무엇보다도 중요한 것은 약속의 땅에 들어가서도 광야 시절에 배웠던 거룩한 삶의 습관을 버리지 않는 것이었다.

환경이 바뀌었다고 사람이 바뀌면 안 된다. 그래서 하나님께서는 그들이 광야 생활을 끝내기 전에, 그들이 들어가게 될 약속의 땅에서 어떤 자세로 살아야 하는지를 알려주셨다.

하나님의 경고 - 우상숭배를 삼가라

약속의 땅에 들어가서 그들이 싸워 이겨야 할 가장 무서운 적은 우상 숭배의 유혹이다.

너희는 스스로 삼가라 두렵건대 마음에 미혹하여 돌이켜 다른 신들을 섬기며 그 것에게 절하므로 여호와께서 너희에게 진노하사 하늘을 닫아 비를 내리지 아니 하여 땅이 소산을 내지 않게 하시므로 너희가 여호와께서 주신 아름다운 땅에서 속히 멸망할까 하노라 신 11:16,17

하나님은 가나안 족속과의 전투를 걱정하시는 게 아니라, 가나안 우상 문화의 유혹을 걱정하고 계신다. 눈에 보이는 문제가 진짜 문제가 아니다. 진짜 문제는 눈에 보이지 않는 것이다. 괜찮아 보이지만 실은 우리 영을 죽이는 음란 문화와 물질만능주의 문화를 경계해야 한다. 이스라엘 백성들은 바로 그 유혹을 이기지 못하고 약속의 땅에 들어가서 무너지고 말았다.

"너희는 스스로 삼가라"라는 말씀은 우상숭배와의 싸움은 누가 대신 해줄 수 없으니 너희들 각자가 영적으로 깨어서 자신을 다스리라는 뜻이다. 우리는 일 년 내내 하나님께 우리의 영혼을 지켜달라고 기도해야 할 것이다.

"너희는 스스로 삼가라"라는 경고가 아주 무섭다. 아무리 인간이 노력해도 하나님이 하늘을 닫아 비를 내리지 않게 하시면 땅이 소산을 내지 못한다. 내가 아무리 똑똑하고, 인간관계가 좋고, 열심히 노력한다고 되는 게 아니란 이야기다. 하늘 문이 닫히면 약속의 땅에서는 소산이 나지 않는다. 어떻게든 하늘 문이 열려야 한다. 하늘에서 풀려야 한다. 하늘에서 풀려면 내가 땅에서 풀어야 할 것이 있다. 하나님과의 관계가 바르게 회복되어야 한다. 그래야 하늘 문이 열린다. 우상숭배는 하나님과의 관계를 파괴해 하늘 문을 닫아버리기 때문에 무섭다.

"너희가 여호와께서 주신 아름다운 땅에서 속히 멸망할까 하노라"라는 말씀은 속히 멸망할 수도 있다는 말이다. "아름다운 땅에서 속히 망할 수 있다." 너무 무서운 말이 아닌가? 우리는 영적 위기의식이 있어야 한다.

70년대에 미국으로 이민 간 어떤 가정이 있었다. 가난을 면해 보겠다고 한국을 떠난 그 가족은 빈손으로 이민 가서 가족 모두가 투잡, 쓰리잡으로 육체노동을 하면서 초기에 정착할 때 많은 고생을 했다. 고생 끝에 낙이 온다고 세월이 지나자 그들은 그토록 원하던 부자가 되었다. 소위 '아메리칸 드림'을 이룬 것인데 그다음부터가 문제였다. 경제적으로 여유가 생긴 남편이 불륜을 저지르고, 자녀들은 고급 스포츠카를 몰면서 마약을 하고 불량한 친구들과 어울려 다니다가 감옥에 가게 되었다. 그렇게 가정이 완전히 파괴되고 말았다.

어떤 교회는 그토록 꿈꾸던 교회 건축을 해놓고, 그 좋은 건물에 들어가서 두 파로 나뉘어 교회가 분열되고 말았다. 하나님께서 주신 아름다운 땅에서 망해버린 것이다. 약속의 땅은 천국이 아니다. 영적 경계심을 늦추고 나태해져선 안 된다.

약속의 땅에 들어가서 오히려 더 조심해야 한다. 높은 자리 올랐을 때, 사업이 성공했을 때, 유명해졌을 때 더 겸손히 조심해야 한다. 교회가 부흥할 때 더 조심해야 한다. 아이들이 명문 대학에 들어가면 더 겸손히 기도해야 한다. 사탄은 우리의 교만과 안일함의 빈틈을 타고 무섭게 치고 들어와 우리 영혼을 공략한다.

광야에서도 우상숭배의 유혹은 있었다. 하지만 광야가 워낙 고통스럽고 모든 것이 부족하기 때문에 이스라엘 백성들은 하나님께 늘 간절히 의지함으로써 영적 긴장 상태를 유지했다. 그러나 모든 것이 풍족한 약속의 땅에 들어가서는 성공이 주는 안일함으로 이 긴장감이 흐트러질 것이고, 그러면 매력적인 우상들의 유혹에 취약해질 것이다. 하나님은 이점을 미리 경고하신 것이다.

약속의 땅은 애굽과는 다른 땅임을 명심하라

약속의 땅에 대한 그림을 그릴 때 이스라엘 백성들이 먼저 알아야 할 사실이 하나 있었다.

네가 들어가 차지하려 하는 땅은 네가 나온 애굽 땅과 같지 아니하니 신 11:10

애굽에서 4백 년 넘게 살았던 이스라엘 백성에게 최고의 땅은 애굽이었다. 노예로 살았기 때문에 힘들었지, 그래도 그들에게 지상 최고의 나라는 애굽이었다. 그래서 곧 들어갈 약속의 땅도 애굽 같을 것이라고 나름 꿈에 부풀었을 것이다.

그나마 애굽을 기억하던 1세대는 광야에서 40년을 지나는 동안 다 죽고, 광야에서 태어난 2세대가 가나안 땅에 들어가게 되어 다행이었다. 그러나 그 2세대도 아마 부모들로부터 "우리가 살았던 애굽은 이런 곳이었어"라는 이야기를 많이 들었을 것이다.

앞으로 들어가게 될 약속의 땅이 좋은 곳이라는 말만 들었지, 정확히 어떤 곳인지 감이 없던 그들에게 유일한 비교 대상은 그들 부모 세대가 살았던 애굽이었다. 당시 고대 근동의 가장 부유한 나라 애굽이 그들 뇌리에 있는 가장 좋은 땅이었기 때문에 어렴풋이 약속의 땅도 그런 곳이 아닌가 하는 생각들이 있었을 것이다.

이렇게 우리의 꿈은 우리가 보고 들은 것 혹은 경험한 것 이상을 벗어나기 어렵다. 미국에서 살다 온 사람은 미국이 최고 기준이고, 유럽에서 살다 온 사람은 유럽이 최고 기준인 것처럼 당시 이스라엘 백성에게는 애굽이 최고 기준이었다.

그래서 하나님께서는 "너희들이 들어갈 땅은 애굽 땅과 같지 않다"라고 하시면서 그들의 잘못된 환상을 초장에 깨버리셨다. 평지로만 이루어진 애굽과 달리 대부분이 산악 지대인 가나안은 농경 조건도 다를 수밖에 없다. 사실 환경 조건으로 보자면 오히려 가나안에서 농사짓는 것이 훨씬 더 힘들 것이다.

애굽에서는 "파종한 후에 발로 물 대기를 채소밭에 댐과 같이 하였거니와"라고 했는데, 이것은 농업용수를 얻기 위해 애굽인들이 흔히 사용하던 방법이다. 그들은 발로 돌리는 수차를 이용하여 강물이나 웅덩이의 물을 농경지에 공급했다. 고대 애굽은 당시 그런 고급 농경 기술로 수로를 트는 데 뛰어난 과학기술 문명을 보유했다. 나일강물을 거미줄처럼 연결된 수로를 통해서 끌어들여 와 농사를 지었기에 아주 비옥한 농토를 만들어 살 수가 있었다. 가뭄이나 홍수가 들어도 이 수로를 통해서 비교적 잘 버텨냈다. 그들은 자신들의 노력과 기술로 물을 얻어냈다.

그러나 이스라엘 백성이 들어가게 될 약속의 땅 가나안은 달랐다. 그곳은 하늘에서 하나님이 비를 주시지 않으면 농지에 물을 댈 방도가 없었다. 그래서 이스라엘 사람들은 열심히 일해야 했고, 하늘의 하나님도 철저히 의지해야 했다. 하나님이 비를 주시지 않으면 아무리 열심히 해도 아무것도 이룰 수 없으니, 철저하게 하나님만 의지하며 살도록 해두신 세팅이다. 하지만 산과 골짜기가 있어서 일단 하나님이 비를 주시면 그것을 쉽게 밭고랑까지 이동시켜주는 그런 땅이었다.

하나님의 임재가 있는 땅

인간적인 시각에서 보면 이 이야기를 듣고 크게 실망할 수도 있었을 것이다. 그 힘든 광야 생활을 40년이나 했는데, 그들이 떠나왔던 애굽보다 못한 곳이 약속의 땅이란 말인가. 그러나 세상적인 조건으로는 애굽보다 못해도, 약속의 땅에는 애굽 땅과는 비교할 수 없는 축복이 있었다. 그것은 하나님의 임재였다.

약속의 땅은 하나님이 돌보아주시는 땅이었다. 나는 '하나님이 돌보아주시는 땅'(신 11:12)이라는 표현이 참 좋다. 애굽의 엄청난 나일강과 광활한 평야 같은 웅장함은 없지만, 하나님이 24시간 직접 돌보아주시는 땅이니 얼마나 좋은가? 초가삼간이라 해도 하나님이 나와 함께하시는 곳이면 그곳이 축복의 땅인 줄 믿어야 한다.

애굽은 세상적으로 화려한 땅이었지만 하나님이 함께하시지 않으니 영적으로 황량했다. 우리가 자꾸 시험에 들고 힘들어하는 이유는 우리가 생각하는 인생의 목표가 애굽의 요소들, 즉 세상 사람들이 추구하는 성공의 기준과 많이 닮아 있기 때문이다. 자신의 세상적 야심과 하나님의 비전이 혼재된 상태에서, 하나님의 힘을 빌려 그것을 이루려고 하니까 모든 게 엉키고 힘들어진다. 그래서 하나님께서는 우리에게 성공의 기준을 세상과 같이 잡아선 안 된다고 하신다. "너희가 들어갈 땅은 애굽과는 다르다"라고 하시는 것이다.

우리가 가고자 하는 약속의 땅은 어떤 곳인가? 화려한 애굽과 같은 곳을 속으로 은근히 기대하고 있진 않았는가? 그러나 약속의 땅이 좋은 것은, 그곳이 가진 세상적인 조건 때문이 아니라 그 땅으로 인도하신 하나님의 임재가 있기 때문이다.

연초부터 연말까지 네 하나님 여호와의 눈이 항상 그 위에 있느니라 신 11:12

일 년 내내, 항상 하나님께서 우리에게 관심과 애정을 가지고 우리 인생을 지키실 것이라는 뜻이다. 이 말씀은 특히 한 해를 시작하면서 꼭 읽고 묵상해야 할 말씀이다. 연초부터 연말까지 우리의 터 위에 하나님의 눈이 항상 있기를 바란다.

사람의 관심은 세월이 가면 항상 딴 데로 옮겨간다. 그러나 우리를 향한 하나님의 관심은 연초부터 연말까지, 어릴 때부터 하늘나라에 갈 때까지 변함이 없으시다. 시편 23편의 다윗의 고백처럼 '내 평생에 여호와의 선하심과 인자하심이 반드시 나를 따를 것'이다.

약속의 땅은 하나님께 순종하며 사는 땅이다

그러므로 너희는 내가 오늘 너희에게 명하는 모든 명령을 지키라 그리하면 너희
가 강성할 것이요 너희가 건너가 차지할 땅에 들어가서 그것을 차지할 것이며

신 11:8

이것은 하나님 말씀대로 철저히 순종하며 살라는 것이다. 성경공부보다 더 중요한 것이 실천이다. 야고보서 1장 25절에 보면 '말씀을 듣고 잊어버리지 않고 실천하는 자는 그 행하는 일에 복을 받을 것'이라고 했다. 내가 순종하지 않으면서 하나님이 복 주시기를 기대해선 안 된다. 축복은 순종이란 파이프라인을 통해서 내게 내려온다. 불순종은 하늘의

능력이 다운로드되는 것을 막는 걸림돌이다. 나의 삶에서 불순종하고 있는 부분들이 있다면 그 걸림돌을 치워야 한다. 그래야 영적인 혈이 뚫리고 축복의 길이 열린다.

광야에서도 순종해야 살 수 있었듯이, 약속의 땅에 들어가서도 순종이 축복받는 비결이었다. 우리나라는 좋은 학교에 들어가기 위해서 열심히 공부하지만, 학교를 졸업하고 나면 공부 안 하는 경우가 많다. 그러나 진짜 실력자는 졸업하고 나서도 멈추지 않고 죽을 때까지 평생 공부한다. 영적 세계에서도 마찬가지다. 약속의 땅에 들어가는 것보다 중요한 것은 그 땅에 들어가서도 광야에서처럼, 아니 오히려 광야에서보다 더 열심히 하나님께 순종하며 사는 것이었다.

순종하는 삶을 살려면 항상 영적 안테나를 세우고 하나님의 말씀을 들어야 했다. 13절에 보면 "내가 오늘 너희에게 명하는 내 명령을 너희가 만일 청종하고"라고 했는데, 여기서 '청종'은 '말씀을 듣고 순종한다'(listen to obey) 혹은 '순종하기 위해 말씀을 듣는다'라는 뜻이다. 약속의 땅에 들어가면 모든 것이 편하고 바빠진다. 또 세상적으로 누릴 것이 많아져서 광야 때보다 오히려 말씀 들을 시간이 부족할 것이다. 그러면 영적 위기가 온다. 그러니 결심하고 시간을 내어 틈만 나면 하나님의 말씀을 들어야 한다. 새로운 위기가 올 때마다 하나님께서 그에 맞는 말씀을 새롭게 주시기 때문에 항상 신선한 말씀을 날마다 들어야 한다. 로마서 10장 17절 말씀에 보면, "믿음은 들음에서 나며 들음은 그리스도의 말씀으로 말미암았느니라"라고 했다. 말씀을 들어야 믿음이 강해지고, 믿음이 강해져야 순종할 수 있는 힘이 생긴다.

순종하기 위해 말씀을 듣는 것은 의무감이나 죄책감으로 억지로 하는 것이 아니다. 우리에게 말씀하시는 하나님을 사랑하기 때문에 그 말씀을 순종한다. 13절에 보면 '너희의 하나님 여호와를 사랑하고 섬기라'라고 했다. 하나님은 세상 그 무엇보다 우리의 사랑을 받길 원하신다. 사랑이 먼저고 섬김이 다음이다. 하나님이 우리를 사랑하셔서 우리를 위해 일하시듯이, 하나님은 우리도 하나님을 사랑해서 순종하길 원하신다.

순종하면 받을 축복

그렇게 하나님을 사랑하고 하나님께 순종하면 다른 민족과는 비교도 안 되는 축복을 받을 것이다. 8절에 보면, 너희가 순종하면 "너희가 (그 땅에서) 강성할 것"이라고 했다. 북한은 툭하면 '강성대국'을 이루겠다고 허풍을 친다. 그것은 그들이 결코 강성하지 못하기 때문에, 그 열등감에 오히려 악을 쓰는 것이라고 보면 된다. 핵을 개발하고, 위성 로켓을 발사하는 데 성공했다고 강한 힘이 생기는 게 아니다. 여기서 강성하다는 것은 그 땅에 들어가서 차지할 수 있는 능력을 말한다. 아무리 좋은 것을 주어도 그것을 차지할 능력이 없으면 헛것이다.

약속의 땅은 기름진 땅이지만, 거기에는 사납고 강한 가나안 족속들이 있었다. 이 족속들보다 강한 힘이 있어야 그들을 몰아내고 그 땅을 차지할 수 있다. 능력이 없으면 그림의 떡이다. 하나님은 순종하는 자에게 하늘의 능력을 부어주신다. 그 능력이 있어야 약속된 축복을 차지할 수 있다. 우리가 하나님 말씀에 온전히 순종해야 하나님께서 우리에게 능력을 부어주신다.

또한 하나님께서 하늘의 능력을 부어주신다 함은 때에 맞는 축복을 부어주심을 뜻한다. 가나안 땅에는 '이른 비와 늦은 비'가 있었다. 이른 비는 10~11월경에 내리는 비로써, 건기 동안 메마르고 딱딱해진 흙을 적셔주어 땅을 갈기에 알맞도록 해준다. 늦은 비는 3~4월경에 내려서 농작물이 알차게 결실하도록 도와주는 비로써, 추수하기 직전에 내린다. 유대 농사에 있어서 이른 비와 늦은 비는 한 해의 풍작과 흉작을 결정짓는 중요한 역할을 한다.

우리가 인생을 살면 때에 따라 맞는 축복이 필요하다. 아무리 좋은 것도 타이밍이 어긋나면 별 소용이 없다. 그러나 우리 하나님은 너무나 좋은 타이밍에 딱 맞는 축복을 우리에게 내려주실 것이다. 하나님은 한꺼번에 폭우를 몰아주시는 게 아니라, 때에 따라 이른 비와 늦은 비를 주신다. 축복도 한꺼번에 받으면 탈이 난다. 하나님께서는 축복의 수위와 타이밍을 조절하셔서, 우리 각자에게 가장 맞는 복을 그때그때 맞춰서 주신다.

순종하면 땅을 차지하게 될 것이다

8절의 표현이 재미있다.

"너희가 건너가 차지할 땅에 들어가서 그것을 차지할 것이며."

차지할 땅에 들어가 그것을 차지한다? 여기서 '차지한다'의 히브리어 원어는 단순히 가진다는 의미를 넘어서는 것으로, 그 땅의 축복을 실제로 누리게 된다는 뜻이다. 집을 샀는데 거기서 살아보지 못하면 누리지 못하는 것이다. 컴퓨터를 샀는데 그것을 여러 가지 용도로 써보지 못하면 누리지 못하는 것이다. 원하던 자리에 올랐는데 스트레스와 어려움만 많고, 기쁨과 보람이 없다면 누리지 못하는 것이다.

그러나 우리가 말씀대로 순종하며 살면, 하나님은 우리에게 약속의 땅에 들어가게 하실 뿐 아니라, 약속의 땅을 누리게 해주실 것이다. 가나안 족속들은 약속의 땅에 살았지만, 폭력과 음란의 죄로 가득 찼기 때문에 그 땅을 누리지 못하고 쫓겨났다. 이스라엘 민족도 하나님 말씀대로 살지 않으면 그 땅에서 똑같이 쫓겨나게 될 것이라고 하나님은 경고하셨다. 훗날 실제로 패역한 이스라엘 백성들은 그 땅에서 쫓겨나게 된다.

그러나 순종하면 그 땅에서 오래 누리게 될 것이다. 9절을 보자.

> 또 여호와께서 너희의 조상들에게 맹세하여 그들과 그들의 후손에게 주리라고
> 하신 땅 곧 젖과 꿀이 흐르는 땅에서 너희의 날이 장구하리라 신 11:9

아무리 능력이 많고, 아무리 좋은 땅을 차지하게 되어도, 그것을 오래 누리지 못한다면 얼마나 서글프겠는가? 그러나 하나님의 말씀을 순

종하는 자는 장수의 축복을 누린다. 하루 이틀 성공하고 끝나는 게 아니고, 세월이 지날수록 그 성공이 더 풍성해지고 단단해져 간다. 나뿐만 아니라 내 자녀와 그 자녀의 때까지도 축복이 멈추지 않고 계속해서 흘러간다.

이스라엘 백성에게 있어서 약속의 땅은 하나님의 나라를 만들어 열방이 하나님께 영광 돌리게 할 수 있는 기회의 땅이었다. 즉, 약속의 땅은 단순히 어떤 장소나 환경의 문제가 아니라 하나님이 우리에게 주신 꿈을 펼칠 수 있는 무대이며, 기회였다.

광야가 하나님이 주신 꿈을 위해 준비하는 곳이었다면, 약속의 땅은 그 꿈을 펼칠 기회의 무대일 것이다.

무대에 서기까지 얼마나 많은 연습이 있었는가. 얼마나 많은 뛰어난 배우들이 무대에 설 기회를 얻지 못해 사그라져갔는가. 그러나 천신만고 끝에 무대에 섰다 해도, 이제 그 무대에 설 자격이 있음을 입증해나가야 한다. 광야가 끝나고 약속의 땅에 들어간다는 것은 바로 그런 것이다. 새로운 기회이자 위기이다. 약속의 땅에서도 광야 이상의 영적 유혹과 시험들이 우릴 공격해올 것이다.

이때 중요한 것이 순종이다. 인생을 단순하게 정리하라. 그 땅에 들어가서 여기저기 한눈팔지 말고 오직 하나님이 내게 주시는 말씀을 순종할 때, 하나님께서는 그 순종을 축복하실 것이다. 그리고 그 축복의 여파는 우리가 생각하는 것 이상으로 넓고 길게, 우리 다음 세대까지 흘러갈 것이다.

단순히 순종했던 한 사람의 열매

본문 말씀을 읽으며 뇌리에 떠오른 인물이 하나 있다. 하나님이 주신 꿈을 향해 달려간 사람, 네비게이토의 창시자 도슨 트로트맨(Dawson Trotman)이다. 고등학교를 졸업한 뒤, 술과 도박에 빠져 살던 그는 한 지역 경찰관의 도움으로 성경을 읽고 예수를 믿었다.

그 후, 성경 구절을 암송하고 전도하는 일을 하던 그는, 마태복음 28장 19절 말씀을 통해 하나님께서 주시는 영적 깨달음을 발견했다. 보통 사람들은 '너희는 가서 모든 민족을 제자로 삼으라'는 이 말씀을 그저 '전도 열심히 하라'라는 의미 정도로 생각한다. 그러나 트로트맨은 이 말씀에 그 이상의 의미가 들었음을 깨달았다. 바로 '복음을 전한 뒤에 그 사람을 양육하여 작은 예수를 만들라'는 제자도의 명령임을 깨달았다. 그리고 어떻게 작은 예수를 만드는가를 알기 위해 사복음서를 연구하면서 '예수님이 이런 식으로 제자를 만드셨구나. 그렇다면 나도 한 번 제자를 만들어보자'라고 결심하게 된다.

그리고 그는 1933년 미국 캘리포니아 샌디에이고로 가서 작은 아파트를 구해 살았다. 2차 세계대전 전 샌디에이고는 미 해군 함정들이 휴가를 얻어 정착하는 군항이었다. 그때 트로트맨은 휴가 얻은 병사들을 자기 아파트로 초대해서 함께 살면서 제자훈련을 시켰다. 오전에는 함께 성경공부하고, 오후에는 함께 전도하러 나가고, 저녁에는 함께 모여서 전도한 간증들을 나누었다. 그러자 몇 주 만에 사람들이 변했다.

도슨은 자신에게 훈련받고 휴가를 마친 수병들에게 "배 타면 내가 네게 가르쳐준 대로 너도 해라"라고 했다. 네비게이토의 성경 암송 카드라든지 수레바퀴 다이어그램 등이 다 그때 만들어진 것이다. 그것들을 가지고 수병들이 배 안에서 전도하자 배 안에서 성경공부 그룹들이 생겼다.

이렇게 시작된 선교단체가 바로 '네비게이토'이다(이는 해군을 영어로 '네이비'(navy)라고 한 데서 비롯된 것이다). 네비게이토의 표어는 '그리스도를 알고 그분을 사람들이 알게 하라'(To know Christ and make Him known)였는데, 열정의 전도자였던 트로트맨은 그 표어대로 살았다.

트로트맨은 샌디에이고에서 매일 아침 뒷산에 올라가서 미국 지도를 펴놓고 모든 주(州)를 하나씩 손가락으로 짚으면서 기도했다고 한다.

"주여, 이 미주리 주에 예수님의 제자들이 벌떼같이 일어나게 하옵소서…."

이 기도가 다 끝나고 나면 세계 지도를 펴놓고 한 나라씩 짚으면서 "주님, 이 나라에 주님 뜻대로 살 수 있는 제자들이 구름떼같이 일어나게 하옵소서"라고 기도했다. 그 기도가 그대로 응답되었다. 현재 네비게이토는 세계 100여 국가에서 그리스도의 일꾼들을 훈련하고 있다. 그뿐이 아니었다.

세계적인 전도 설교자 빌리 그래함도 전도 집회의 영적 누수를 막기 위해 트로트맨에게 회심자 양육을 부탁했다. 그래서 빌리 그래함 집회의 훈련분과 책임자가 바로 도슨 트로트맨이었다. 그는 특별히 성경 암송을 양육의 핵심으로 강조했다(믿음은 들음에서 나며 들음은 그리스도의 말씀으로 말미암았느니라, 롬 10:17). 대학생선교회의 전신인 미국

C.C.C.(Campus Crusade for Christ)의 창설자 빌 브라이트도 트로트맨에게 배웠다. 트로트맨은 그 후, 50세의 젊은 나이에 물에 빠진 한 소녀를 구하다가 안타깝게 소천했다.

하지만 그가 남긴 제자 양육의 열매는 미국을 넘어 전 세계 곳곳에 오늘날까지도 풍성히 맺히고 있다. 한국 교회에 제자훈련의 열풍을 불러일으켰던 사랑의교회 옥한흠 원로 목사님도 젊은 시절 네비게이토의 소그룹 훈련에 도전을 받고 제자훈련에 뛰어들게 되셨다고 했다. 온누리교회의 《일대일 양육교재》의 기본 틀도, 내가 시무하고 있는 새로운교회의 《기독교 에센스》의 오리지널 아이디어도 사실 네비게이토의 훈련 매뉴얼에서 배운 것이 많다.

한때 술과 도박에 찌들어 살았지만, 예수님을 만나서 거듭난 도슨 트로트맨. 정식 신학교육도 받지 못하고 학력이라고는 고등학교 졸업이 전부인 평신도 한 사람이 하나님의 꿈을 이루기 위해 말씀에 순종하고 나아갔더니 그렇게 큰 영향력을 전 세계에 미쳤다.

우리도, 우리 자녀들도 그렇게 하나님께 쓰임 받을 수 있다. 세상적 야심만 꿈꾸지 말고, 하나님나라를 위하여 거룩한 꿈을 꾸고 기도하고 함께 헌신해보자. 약속의 땅은 하나님이 주신 꿈을 펼칠 기회의 자리이다. 광야에서처럼 변함없이 순종하고 나아가면 주께서 놀랍게 역사하실 것이다.

BEAUTIFUL
WILDERNESS

광야에서
동행하다

2

chapter **4**

원망하지 말고 승리하라

* 출애굽기 16장 1-12절 ; 17장 1-7절

1 이스라엘 자손의 온 회중이 엘림에서 떠나 엘림과 시내 산 사이에 있는 신 광야에 이르니 애굽에서 나온 후 둘째 달 십오일이라 2 이스라엘 자손 온 회중이 그 광야에서 모세와 아론을 원망하여 3 이스라엘 자손이 그들에게 이르되 우리가 애굽 땅에서 고기 가마 곁에 앉아 있던 때와 떡을 배불리 먹던 때에 여호와의 손에 죽었더라면 좋았을 것을 너희가 이 광야로 우리를 인도해 내어 이 온 회중이 주려 죽게 하는도다 4 그때에 여호와께서 모세에게 이르시되 보라 내가 너희를 위하여 하늘에서 양식을 비 같이 내리리니 백성이 나가서 일용할 것을 날마다 거둘 것이라 이같이 하여 그들이 내 율법을 준행하나 아니하나 내가 시험하리라 … 11 여호와께서 모세에게 말씀하여 이르시되 12 내가 이스라엘 자손의 원망함을 들었노라 그들에게 말하여 이르기를 너희가 해 질 때에는 고기를 먹고 아침에는 떡으로 배부르리니 내가 여호와 너희의 하나님인 줄 알리라 하라 하시니라 … 1 이스라엘 자손의 온 회중이 여호와의 명령대로 신 광야에서 떠나 그 노정대로 행하여 르비딤에 장막을 쳤으나 백성이 마실 물이 없는지라 2 백성이 모세와 다투어 이르되 우리에게 물을 주어 마시게 하라 모세가 그들에게 이르되 너희가 어찌하여 나와 다투느냐 너희가 어찌하여 여호와를 시험하느냐 … 6 내가 호렙 산에 있는 그 반석 위 거기서 네 앞에 서리니 너는 그 반석을 치라 그것에서 물이 나오리니 백성이 마시리라 모세가 이스라엘 장로들의 목전에서 그대로 행하니라 7 그가 그 곳 이름을 맛사 또는 므리바라 불렀으니 이는 이스라엘 자손이 다투었음이요 또는 그들이 여호와를 시험하여 이르기를 여호와께서 우리 중에 계신가 안 계신가 하였음이더라

성공과 부흥의 공통분모

얼마 전, 교회 청년들과 커피를 마시면서 담소하는 자리에서 이런 질문을 받은 적이 있다.

"목사님께서는 삼십 대 때부터 리더십에 대한 책도 많이 쓰셨고, 교회 담장을 넘어서 우리나라 정계, 재계, 연예계 등의 많은 리더들에게 리더십 강의도 많이 해오신 것으로 압니다. 그러면서 여러 분야의 성공한 분들을 많이 만나셨을 텐데, 그들을 만나면서 느낀 성공의 공통분모 같은 것이 있으신가요?"

아주 예리한 질문이었기에 나는 잠시 숨을 멈추고, 눈을 감고 생각을 더듬어 보았다. 내가 만났던 수많은 사람의 소위 성공 공통점이 무엇일까 생각해보다가, 그만 나도 모르게 툭 이렇게 말해버렸다.

"긍정적인 언어입니다."

그러자 함께 있던 청년들은 좀 의아한 표정을 지었다. 그런 그들을 바라보면서 나는 계속해서 말을 이어갔다.

"물론 성공의 요소엔 여러 가지가 있겠지요. 결단력, 추진력, 균형감각, 열정, 인내, 융화력 등등…. 그런데 가만 생각해보니까 어떤 분야에서 무엇을 하든지, 뛰어난 별이 되는 사람들은 습관적으로 긍정적인 언어생활을 하는 것 같습니다. 정상을 달리는 사람들은 의외로 다른 사람들을 욕하고 비판하는 말을 많이 하지 않습니다. 또 '안 된다. 못 한다. 어렵다'라는 말도 잘 안 합니다. 대신 '할 수 있다. 해보자. 가르쳐달라'라는 긍정적인 말들이 입술에 붙어 있습니다."

얼마 후 후배 목회자들과 만난 자리에서 비슷한 질문을 또 받았다.

"부흥을 이뤄내는 목회자들의 공통점은 무엇이 있을까요?"

그 질문을 받고 나는 겸연쩍게 웃으면서 비슷한 대답을 한 것 같다.

"글쎄요. 일단 말씀과 기도에 전념하는 것, 성실한 것, 무슨 일이든 최선을 다하는 것, 시간 관리를 잘하는 것, 말과 행동이 일치하는 인품…."

여기까지 이야기하자 다들 기대했던 대답이라는 듯이 고개를 끄덕이면서, 그래도 자신들이 기대하지 않던 어떤 다른 것은 없느냐는 듯한 표정들을 지었다. 여기에 덧붙여서 나는 주저함 없이 말했다.

"그리고 긍정적인 언어생활이 중요합니다. 부흥을 이뤄내는 목회자들은 설교할 때나 심방할 때, 혹은 평범한 대화들을 할 때도 항상 믿음의 언어, 긍정적인 언어로 말합니다. 불평, 남을 원망하거나 비판하는 말들을 잘 안 합니다. 하나님의 능력으로 할 수 있다는 말, 하나님께서 당신을 사랑한다는 말, 하나님께서 당신을 회복시키시고 귀하게 사용하실 것이라는 말이 입술에 가득합니다."

정말 그렇다. 나는 사람의 말은 그 사람의 인생이 어떻게 펼쳐질 것인가를 보여준다고 생각한다. 성경은 세상 그 어떤 책보다 언어의 중요성을 강조한다. 하나님께서는 말씀으로 세상을 창조하셨고, 말씀으로 세상을 운영하신다. 하나님의 자녀 된 우리도 '입술의 열매를 먹게 될 것'이라고 했다.

광야 생활은 여러 가지로 힘든 일이 많은 곳이라서, 자칫 잘못하면 불평과 원망의 부정적인 말만 하게 되기 쉬운 곳이다. 그러나 역설적으로 그렇기 때문에 광야에서 우리가 믿음의 언어로 말하기를 연습한다면 우리는 광야를 넉넉히 이겨낼 것이다.

광야 학교의 목적

광야는 사통팔달, 즉, 모든 방향으로 열려 있는 공간이다. 무엇이나 해볼 수 있는 가능성으로 가득 찬 흥미로운 땅이면서, 어떤 위험이 닥쳐올지 모르는 불안한 땅이었다. 실제로 이스라엘 백성들은 광야를 지나면서 수많은 위험과 축복을 번갈아 경험했다.

홍해를 건넌지 사흘 만에 물이 떨어져서 목마른 위기가 있었다. 간신히 마라의 물을 찾았더니 이 물이 쓴 물이어서 못 마시는 위기가 왔다. 백성들이 모세를 원망하자, 하나님께서는 모세에게 나뭇가지를 주워서 그 물에 던지게 하셨고, 그랬더니 쓴 물이 단물이 되었다. 그리고 얼마 후에 그들은 풍성한 오아시스 엘림에서 안식할 수 있었다.

마라의 쓴 물 사건은 앞으로 어떤 예기치 못한 어려움이 와도 하나님을 의지하면 이겨낼 수 있다는 교훈을 배우게 하시려는 것이었다. 그러니 불평과 원망을 하는 대신 믿음의 기도로 돌파하라는 것이었다. 한데, 이 간단한 가르침을 숙지하는 일에 이스라엘 백성은 실패하고 또 실패한다.

출애굽기 16장 1절을 보니까 그들은 그 뒤 '엘림을 떠나 신 광야에 이르렀다'라고 한다(이때가 광야 생활 시작한 지 한 달 반 정도 되던 때다). 그런데 신 광야에 들어섰을 때, 그만 애굽에서 가지고 나온 식량이 떨어져버렸다. 마라의 쓴 물이 단물로 변화된 사건은 홍해를 건너온 지 사흘 후 물이 떨어졌을 때 일어났는데, 그로부터 한 달 반 정도 지난 뒤 이번에는 식량이 떨어지는 비상 상황이 발생한다. 또 새로운 위기가 닥친 것이다.

식량이 떨어진 위기 상황을 하나님께서 만나와 메추라기로 해결해주신다. 그러고 나서 17장에 가면, 르비딤에 이르러서 또 물이 없어 괴로워하는 상황이 일어난다. 오아시스 엘림에서 가져온 물이 다 떨어진 것이다. 애굽에서 가지고 나왔던 물은 사흘 만에 떨어졌었는데, 엘림에서 가져온 물은 그래도 한 달을 버틴 것으로 봐서 이스라엘 백성들은 나름대로 처음 실수를 반복하지 않기 위해 엘림에서 최대한 많은 물을 담았던 것 같다. 그래도 고작 한 달을 버틸 수 있을 뿐이었다. 죽을 것 같은 위기를 뚫고 조금 살았다 싶기 무섭게 새로운 문제가 또 몰려오는 것, 내가 준비한다고 해도 곧 바닥을 보이고 나자빠지는 것, 이것이 광야 같은 우리 인생길이다.

자, 그런데 출애굽기 16장과 17장의 두 가지 사건, 신 광야에서 식량이 떨어진 사건과 르비딤에서 물이 없어 괴로워하는 사건에는 몇 가지 중요한 공통점이 있다.

이 책의 서두에서 나는, 하나님께서 하나님의 자녀들이 힘든 광야 길을 반드시 통과해서 약속의 땅으로 가게 하시는 데는 분명한 이유가 있음을 강조했다. 그것은 그들을 하나님의 자녀답게 만들기 위한 훈련의 시간, 즉 광야 학교와 같은 것이라고 했다. 이 광야 학교의 목적은 첫째, 이스라엘 백성들 안에 남아 있는 옛사람의 방식, 애굽식 가치관을 제거하고, 둘째, 그 빈 자리에 하나님의 백성답게 사는 성령의 새사람으로 거듭나게 하는 것이었다.

그러나 4백 년 넘게 그들의 몸에 배어 있는 애굽의 옛사람을 하루아침에 벗어버린다는 게 쉽지 않은 일이었다. 그래서 그들은 광야의 고통을 통해서 수없이 부서져야만 했다. 가르쳐줘도 잊어버리고, 가르쳐줘도 또 잊어버리고 이전 잘못을 반복하는 일이 계속되었지만, 하나님께서는 그들을 끝까지 인내하셨다. 광야 초입에서 일어난 사건들 속에는 앞으로 이들이 계속해서 반복해서 배우게 되는 중요한 광야 학교의 가르침들이 담겨 있다.

힘들면 원망하는 애굽식 언어 습관 고치기

물이나 식량처럼 살기 위해 반드시 있어야 하는 게 떨어진다는 것은 정상적인 시각에서 보면 절망적인 순간이다. 그러나 영적인 시각에서 이 상황은 하나님께서 뭔가 새로운 기적을 주실 것을 암시한다. 절망할 일이 아니고 기대할 일이다. 하지만 아직 믿음이 어린 이스라엘 백성들은 그렇게 성숙하게 반응하지 못했다.

이스라엘 자손 온 회중이 그 광야에서 모세와 아론을 원망하여 출 16:2

그들은 바로 지도자인 모세와 아론을 원망하기 시작했다. 여기서 '원망한다'는 말은 '수군거리며 불평한다'라는 말이다. 원망과 불평은 항상 같이 간다. 사실 이들은 위기 때마다 하나님의 기적 같은 구원을 체험해 왔다. 불과 한 달 전에 홍해의 기적을 체험하고, 마라의 기적과 엘림의 축복을 체험했었다. 그러면서도, 조금만 어려움이 생기면 불평과 원망하기를 멈추지 않았다. 영적으로 미성숙한 사람은 고통에 약하다.

이스라엘 자손이 그들에게 이르되 우리가 애굽 땅에서 고기 가마 곁에 앉아 있던 때와 떡을 배불리 먹던 때에 여호와의 손에 죽었더라면 좋았을 것을 너희가 이 광야로 우리를 인도해 내어 이 온 회중이 주려 죽게 하는도다 출 16:3

허기에 지친 이스라엘 백성들은 과장된 말로 애굽에서의 삶을 미화했다. 과거 애굽에서는 잘 먹고 잘살았다는 것이다. 애굽에서는 고기 가마 곁에 앉아서 떡과 고기를 배불리 먹었다는 것이다. 실제로 고대 애굽인들은 빵과 맥주를 먹었고, 다양한 생선 요리와 소, 돼지고기, 다양한 채소와 과일도 먹었다. 그러나 그것은 애굽의 중상류층 사람들 이야기지, 노예로 살았던 이스라엘 사람들 이야기가 아니다.

"우리가 애굽 땅에서 고기 가마 곁에 앉아 있던 때"는 고기를 먹던 때도 아니고 고기 가마 곁에 앉아 있던 때다. 그들은 주인들이 먹을 고기를 요리하던 노예들이었단 이야기다. 노예들은 굶어 죽지 않을 정도의 음식만 공급받으며 중노동에 시달렸다. 그래서 이스라엘 백성들은 애굽의 노예 생활을 견딜 수 없어 밤낮없이 하나님께 부르짖었고, 하나님께서 그 부르짖음에 대한 응답으로 그들을 애굽의 노예 생활에서 구원해 내신 것이다. 그랬는데 지금 상황이 좀 어렵다고 애굽에서 노예로 살던 옛날이 차라리 좋았다고 하니, 얼마나 어처구니없는 일인가.

애굽에 열 가지 재앙이 내렸을 때 자기들도 하나님 손에 죽었더라면 좋았을 것을, 괜히 살려주셔서 이 광야에서 굶어 죽게 생겼다고 불평한다. 생명의 주인이신 하나님께 "차라리 나를 그때 죽이시지 왜 살려놔서 오늘날 이 고생을 시키느냐"라는 사나운 말로 불평한다.

그런데도 좋으신 하나님께서는 불평하는 이스라엘 백성들에게 만나와 메추라기를 주셔서 그들의 식량 문제를 해결해주셨다. 그런데 그들의 그다음 기착지인 르비딤에서도 비슷한 상황이 발생한다.

이곳은 원래 시내 반도에서 가장 큰 오아시스가 있는 곳이어서, 모두 르비딤에만 가면 충분히 물을 마시고 쉴 수 있을 것이라 기대했을 것이다. 그런데 뜻밖에도 물이 가득해야 할 르비딤이 가물어 바짝 말라 있었다.

우리는 삶 속에서 때로 르비딤을 만난다. 물이 있어야 하는 곳에 물이 없는 것이다. 아예 기대도 안 했으면 모르겠는데 기대를 많이 하고 왔기 때문에 실망도 그만큼 크다. 어떤 사람이 20년 동안 월급쟁이로 일하며 저축한 돈을 모두 투자해 창업했다. 유망 업종, 좋은 자리, 틀림없이 성공하는 장사라 하여 가게를 차렸는데, 막상 뚜껑을 열고 보니 너무 장사가 안 된다. 직원 급여와 장소 임대료도 나오지 않는다. 얄팍해져 가는 은행 잔고를 바라보며 속으로 피가 마른다. 물이 있으리라 기대했던 르비딤에 물이 없는 충격과 실망이 그런 것이다.

힘든 상황이 또 닥치자 이스라엘 백성들은 옛 버릇이 다시 나왔다. 출애굽기 17장 2절을 보면 "백성이 모세와 다투어 이르되"라고 되어 있다. 여기서 '다투다'란 말은 마치 주먹을 휘두를 듯이 따지고 싸우자고 달려드는 과격한 상황을 일컫는다. 전에 마라의 쓴 물 사건 때나 신 광야에서 식량이 떨어졌을 때 백성들은 그저 불평하고 원망했었다. 그런데 이제는 한 단계 더 감정이 격앙되어 아예 지도자 모세와 싸우자고 대든다. 전에는 "누가 우리에게 물을 주겠는가"라며 투덜거리는 넋두리 정도였는데, 이제는 "당장 우리에게 물을 내놔라"라면서 마치 빚 받으러 온 사람처럼 모세를 협박한다. 이렇게 불평하고 원망하는 나쁜 습관은 처음에 안 고치고 가만 놔두면 그 강도가 점점 세져서 나중에는 걷잡을 수 없게 된다.

강도는 더 세졌지만 그들의 래퍼토리는 똑같았다.

"왜 괜히 우리를 애굽에서 데리고 나와서 목말라 죽게 하는가?"

물이 떨어져서 힘든 건 사실이지만 아직 아무도 목말라 죽지는 않았다. 힘든 것과 죽는 것은 다르다. 그런데도 그들은 조금만 힘들면 툭하면 죽겠다고 한다.

하나님은 살리시는 하나님이지 죽이시는 하나님이 아니다. 그러니까 아무리 힘들어도 죽겠다는 말을 함부로 내뱉어선 안 된다. 말이 씨가 된다고, 자기 말로 자기를 자꾸 죽인다. 불평과 원망은 애굽에서 배운 세상의 언어, 마귀의 언어다. 말이 얼마나 중요한데, 이런 언어 습관을 가지고는 약속의 땅에 합당하지 않다. 축복받는 인생을 살고 싶으면 믿음의 언어를 말해야 한다.

하나님께서는 "너희 말이 내 귀에 들린 대로 내가 너희에게 행하리니"(민 14:28)라고 하셨다. 운명을 바꾸고 싶다면 언어를 바꾸어야 한다. 어떤 상황 속에서도 감사의 언어, 믿음의 언어를 말하려고 노력해야 한다. 그러면 하나님께서 그 말을 통해 우리를 절망 가운데서 일으키시고, 소망과 축복으로 인도하실 것이다.

원망과 불평은 믿음의 부족 때문이다

이스라엘 백성들의 원망과 불평은 꼭 무엇이 부족해서가 아니라 믿음의 부족에서 온 것이다. 곳간에서 인심 난다고 먹고사는 일이 힘들어지니까 원망하게 된 게 아니냐고 생각할 수 있지만, 믿음이 있었다면 원망하는 대신 하나님께 감사기도를 드리면 되었을 것이다. 그런데 그들은 다짜고짜 불평과 원망부터 터뜨렸다. 아직 믿음이 너무나 미성숙했기 때문이다.

미성숙한 믿음은 영적 건망증이 심하다. 출애굽 전에, 하나님께서는 이스라엘 백성을 시내산으로 인도하셔서 예배를 받으시고 율법을 주실 것을 약속하셨다. 그렇다면 시내산에 가는 길에 굶겨 죽이실 리가 없다. 그러나 그들의 눈은 하나님이 아닌 텅 빈 광야에 고정되어 있었기에, 하나님의 약속을 바라보지 못했다. 고픈 배를 움켜쥐고, 성급하고 과격해졌다. 입에서 나오는 대로 불평의 말을 마구 내뱉었다.

출애굽기 16장 8절에 보면 모세가 백성들에게 "여호와께서 자기를 향하여 너희가 원망하는 그 말을 들으셨음이라"라고 말한다. 원망하고 불평하는 말은 어디로 사라지는 게 아니고 항상 하나님 귀에 상달된다. 하나님은 우리가 내뱉은 말에 대하여 책임을 지게 하시고 반응하신다. 모세는 이스라엘 백성들의 원망이 자신과 아론이 아닌 자신들을 쓰신 하나님을 원망하는 것이라고 말했다.

이어서 출애굽기 17장 2절에서 모세는 "너희가 어찌하여 여호와를 시험하느냐"라고 했다. 하나님이 인도하시는 길에서 원망하고 불평하는 것은 하나님을 시험하는 것이다.

7절에도 보면 "그들이 여호와를 시험하여 이르기를 여호와께서 우리 중에 계신가 안 계신가 하였음이더라"라고 했다. 광야에서 물이 떨어지는 고난에 부딪히니까, 그들은 패닉에 빠졌다. 너무 괴로운 나머지 하나님을 원망하다가 급기야는 "하나님이 과연 우리와 함께 계신가"를 물었다. 그 뒤에도 하나님의 백성들이 고난에 처할 때마다 하는 질문이 바로 이것이었다.

"하나님은 과연 우리와 함께 계시는가?"

우리도 인생이 조금만 힘들어지면 "도대체 하나님은 어디 계신 거야?"라며 화내지 않는가? '시련 = 하나님이 우리를 버린 것'이라는 식의 해석은 정말 미성숙한 신앙이요, 하나님을 시험하는 행위다.

시련이 올 때마다 원망하고 불평하는 것은 하나님이 자신들을 버리셨거나, 이 문제를 해결할 능력이 없다고 생각하는 불신에서 온다. 그러나 고난이 왔다고 해서 하나님이 우리를 버리신 것이 아니다. 우리를 떠나신 것도 아니다. 하나님은 오히려 고난 중에 우리 곁에 바짝 붙어 계신다. 그러므로 어려울수록 하나님의 사랑을 의지하며 감사와 찬양을 하며 앞으로 나가야 한다. 믿음은 고난 가운데 하나님을 신뢰하며 인내하는 것이다.

불평과 원망의 요소는 어디에든 있다. 그러나 고난 속에서 하나님의 뜻을 깨닫는 사람은 불평 대신 감사와 기도를 드릴 것이며, 그때 기적의 돌파구가 열린다. 하지만, 계속 불평과 원망만 하는 사람은 점점 멸망의 길로 가게 된다.

원망하는 백성들에게 베푸시는 하나님 은혜의 미스터리

본문을 보면서 계속 드는 생각은 "하나님께서는 왜 원망하는 이스라엘 백성들을 야단치지 않으시고 만나를 주시고 물을 주셨을까"이다. 주시더라도 먼저 혼찌검을 한 번 내신 뒤에 주실 법도 한데, 하나님은 그러지 않으시고 원망하는 그들에게 그냥 은혜를 주셨다. 왜일까?

그것은 하나님이 그들의 아버지이셨기 때문이다. 부모는 이렇듯 이해 안 되는 사랑을 자식에게 준다. 줘도 줘도 고마운 줄도 모르고 불평과 원망만 하는 자식도 자식이다. 그래서 부모는 억울하고 속상해도 일단 자식에게 줘야 할 것을 준다. 특히 자식이 물이 없어 목마르다고 하고 식량이 없어 배고프다고 하면 아무리 하는 짓이 미워도 일단 밥 주고 물부터 준다. 이렇게 하나님이 그들의 아버지시라는 것을 전제로 하면 이 본문이 이해된다.

그런데 당시 이스라엘 백성들도 광야 생활 초입에는 그 사실을 잘 깨닫지 못하고 있었다. 그저 자신들을 '속박된 노예'에서 이제 '해방된 노예'로 여겼다. 그러니 여전히 문제가 생기면 애굽의 노예근성을 드러낸다.

노예근성이 무엇인가? 힘들면 주인에게 부르짖기도 하고 원망도 한다. 그러면 주인은 일방적으로 노예들을 때리고 핍박할 수만은 없다. 당근과 채찍을 번갈아 사용해가면서 노예들을 다스려 일을 시켜야 한다. 노예들도 그것을 알기 때문에 어느 선까지 원망하다가 또 순종하기도 하는, 자기 주인과 소위 '밀당'을 한다. 이스라엘 백성들은 애굽에서 그렇게 살았을 것이다(원망도 해본 사람이 잘하는 법이다).

문제는 그들이 하나님을 대할 때도 애굽의 주인 대하듯이 했다는 것이다. 그러나 하나님은 애굽인들 같은 노예의 주인이 아니라 사랑의 아버지셨다. 힘들고 어려우면 "아버지, 저 좀 도와주세요"라고 간구하면 될 텐데, 노예들이 단체 시위라도 하듯이 원망하고 불평부터 하니 하나님 아버지의 마음이 참 아프셨을 것이다. 속이 상하시면서도 '불쌍한 것들, 애굽에서 노예 생활할 때 몸에 밴 습관을 아직도 떨쳐버리지 못했구나' 하면서 참아주시고 기다려주셨을 것이다.

아버지는 자녀가 어리고 철이 없을 때는 무례하게 굴고 투정을 해도, 자녀를 혼만 내거나 굶기지 않고 밥을 주신다. 그리고 철이 들 때까지 인내를 가지고 기다려주신다. 무례한 원망과 불평을 일삼는 이스라엘 백성에게 만나를 주시고 물을 주신 것은, 하나님이 그들을 부리시는 상전이 아니라 아버지셨기 때문이다.

4백 년이 넘도록 애굽에 노예로 살면서 애굽 방식에 물들었던 사람들이 이제 광야 생활에 들어선 지 몇 달 되지 않았으니, 그들의 믿음은 아직 걸음마 단계다. 그래서 하나님은 그들의 무례함과 불평을 참아주시고, 일단 만나를 주시고 물도 주셔서 굶어 죽거나 목말라 죽지 않게 하신 것이다.

그들은 '그럼에도 불구하고' 주시는 하나님의 은혜를 누리면서 철이 들어야 했다. 계속해서 이런 식의 불평과 원망으로 살아서는 안 된다는 것을 깨달아야 했다. 출애굽기 17장 1절을 보면 이스라엘 백성들은 "여호와의 명령대로 신 광야를 떠나 르비딤에 왔다"라고 했다. 하나님이 그들을 르비딤에 의도적으로 데려가셨다는 뜻이다. 왜? 가르치실 것이 있어서다.

완전히 배울 때까지 시험은 계속된다

한 달 전 마라의 쓴 물 사건 때, 그리고 만나 사건 때도 하나님께서는 어떤 문제가 생겼을 때, 원망하기 전에 하나님을 믿고 담대해지는 법을 배우길 원하셨다. 그런데 이스라엘 백성들이 그 교훈을 깨우치지 못하니까 비슷한 유형의 문제를 르비딤에서 또 내신 것이다. 언제까지 이런 비슷한 시험이 계속될까? 우리가 온전히 하나님을 의존하는 법을 배울 때까지이다.

우리는 어떻게 하면 빨리 이 시험이 지나갈까만을 생각하는데, 하나님의 관심은 이 시험을 통해서 우리가 배워야 할 영적 수업을 배우는 것이다. 그래서 믿음이 강해지고 깊어지는 것이다. 인생에 어떤 시련이 올 때, 우리는 하나님을 온전히 신뢰하는 것을 배워야 한다. 그러지 않고 전과 똑같은 틀린 답을 쓰면, 비슷한 시험이 또 올 줄 각오해야 한다. 하나님은 우리를 있는 그대로 사랑하신다. 그러나 그렇다고 해서 우리를 있는 그대로 내버려두지는 않으신다.

출애굽기 17장 7절에 보면, 하나님께서는 모세로 하여금 이곳의 이름을 '맛사' 또는 '므리바'로 부르게 하셨다. 맛사는 '시험하다'라는 뜻에서 나온 이름이고, 므리바는 '다투다'라는 뜻에서 나온 이름이다. 하나님께서는 이스라엘 백성들의 무례한 언행을 기억할 수 있는 이름을 붙이시고 역사에 기록하게 하신다. 부끄러운 역사이지만, 이스라엘의 후손들이 결코 조상들의 부끄러운 전철을 밟지 않게 하기 위함이었다.

맛사와 므리바. 이는 반복되는 이스라엘의 조급함과 원망 때문에 영원히 기억된 이름들이다. 이들은 만나를 매일 경험하면서도 순간의 목마름에 하나님의 은혜를 잊었다. 불평과 원망으로 하나님 마음을 아프게 했다. 그런데도 하나님은 물을 주셨다. 하지만 아직 깨닫지 못하는 그들은 다시 한번 이런 시험을 겪어야 할 것이었다.

안타깝게도 그들은 아직 영적 어린아이들이라서 하나님이 몇 번이나 참아주시는 사랑의 의미를 제대로 깨닫지 못하고, 앞으로 보면 알겠지만 계속해서 불평과 원망 모드를 버리지 못한다. 그러다가 나중에 가데스 바네아에서 대형 사고를 치게 되고, 1년 내외로 끝낼 수 있었던 광야 여정이 무려 40년으로 늘어나게 된다. 어리광은 아기 때나 통하는 것이지, 다 큰 녀석이 계속 철없는 짓을 하면 호된 징계를 받게 된다.

만나의 레슨

하나님께서는 이스라엘 백성들의 식량 문제를 해결하기 위해 아주 합리적인 방법을 동원하실 수도 있었다.

예를 들면, 사막의 카라반 상인들을 보내서, 그들이 애굽에서 먹던 음식을 주실 수도 있었다. 그러나 그렇게 하지 않으시고, 듣도 보도 못한 만나를 하늘로부터 내려주신 까닭이 무엇일까?

4백 년 넘게 애굽에서 노예 생활하는 동안 이스라엘 백성들이 일하고 나면 애굽의 주인들은 거칠게 쌀자루를 툭 던져주고 가버렸고, 그것을 보관해두고 먹었다. 먹는 사람과 준 사람 사이의 인격적 관계는 전혀 없었다. 그냥 한쪽은 노동을, 한쪽은 식량을 주고받은 것이다. 그러나 만나는 이스라엘 백성들이 일한 노동의 대가가 아니라 하나님이 그냥 주신 은혜의 선물이었다. 주인과 종이 아닌 부모와 자식 간에 흐르는 사랑이 '만나'였다.

그래서 만나는 '일용할 양식'(daily bread)이었다. 하나님께서는 한꺼번에 몇 달 치 식량을 주시지 않고, 불안하게 매일 하루치씩만 양식을 내려주셨다. 하나님은 이스라엘이 날마다 하나님을 의지하길 원하셨다. 그래서 '월용'할 양식, '연용'할 양식을 안 주신 것이다. 한꺼번에 쌓아둘 만큼 양식을 주면 그들은 양식을 바라보지, 하늘의 하나님을 갈망하지 않을 것이었다. 하나님은 일용할 양식을 주심으로써 이스라엘과 날마다 교제하기를 원하셨다.

하나님께서는 그날의 만나는 그날 다 먹고 남기지 말라고 하신다. 내일 먹을 것까지 모아둘 필요가 없다고 하신다. 내일에는 내일의 만나가 내릴 것이기 때문이다. 너희들의 미래는 너희들이 준비하는 것이 아니라 하늘 아버지께서 준비하실 것이니, 오늘 주시는 만나를 풍족히 누리라는 것이다. 뒷날의 부족은 믿음으로 소망하며, 그날에 만족하고 감사하라는 것이다.

하나님께서 내일을 위하여 만나를 남겨두지 말라고 하실 때는, 하나님을 온전히 믿으라고 하시는 것이다. 지금까지 너를 먹이신 하나님, 지금도 너를 먹이고 계신 하나님이 앞으로도 변함없이 너를 먹이실 것을 믿으라는 것이다.

이같이 하여 그들이 내 율법을 준행하나 아니하나 내가 시험하리라 출 16:4

마라의 쓴 물이 단물로 변하던 현장에서도 하나님은 이스라엘을 시험하시겠다고 하셨는데, 여기서도 똑같은 말이 다시 나온다. 하나님의 시험은 우리 믿음의 불순물을 다 드러낸다. 불순물들이 제거되면, 우리 믿음이 순수해지고 단단해진다. 그러나 우리는 당장 눈앞의 배고픔을 해결하는 것이 급하다.

하나님은 배고픔을 해결하는 과정을 통해 우리의 믿음이 강해지기를 원하신다. 하나님은 우리에게 만나라는 선물을 주시되, 우리가 그 선물에 얽매이기보다 선물을 주신 하나님께로 마음이 향하기를 원하신다. 그래서 만나를 주시면서 그들이 얼마나 하나님 말씀에 순종하는지를 시험하신다.

애굽식 가치관에서 신본주의 패러다임으로

배고픈데 만나를 주시는 것은 축복이다. 그런데 그 축복 가운데서 하나님은 그들의 믿음을 시험하신다고 하셨다. 자동차도 튼튼한지, 제대로 작동하는지 계속 중간 테스트를 거쳐서 완성품으로 나온다. 하나님께서 우리도 그렇게 계속 시험하시는 것이다. 고난만이 시험이 아니고 축복도 때로는 시험이다. 축복을 대하는 것을 보면 그 사람의 믿음을 알 수 있다. 믿음의 사람은 축복 속에서도 변함없이 하나님 말씀하신 그대로 순종한다.

그러나 어떤 이스라엘 백성들은 하나님을 온전히 믿지 못하여 비뚤어진 순종을 한다. 만나를 줍긴 줍되 욕심을 내서 더 많이 주워 숨겨둔다. 그러다가 그게 다 썩어서 오히려 손해를 본다. 참으로 가슴 아픈 일이다. 그것은 그들이 자기 먹을 것을 자기가 챙기고 쌓아두지 않으면 안 되었던 애굽식 사고방식에 젖어 있기 때문이었다. 만나를 내일까지 남겨두지 말라는 것은 우리의 오늘뿐 아니라 내일까지 온전히 하나님을 신뢰할 수 있느냐는 것이다. 우리는 하나님이 내일도 모레도 변함없이 신실하실 것을 믿어야 한다.

비슷한 맥락에서, 하나님께서는 만나를 주시면서 안식일을 지키라는 명령을 주셨다.

모세가 그들에게 이르되 여호와께서 이같이 말씀하셨느니라 내일은 휴일이니 여호와께 거룩한 안식일이라 너희가 구울 것은 굽고 삶을 것은 삶고 그 나머지는 다 너희를 위하여 아침까지 간수하라 출 16:23

안식하라고 하면 좋아할 것 같지만, 그게 꼭 그렇지 않았다. 이스라엘 백성들은 430년 동안 애굽에서 생활하면서 살벌한 경쟁사회에서 살아남는 것이 몸에 배었다. 매일 쉬지 않고 일했기 때문에, 쉬는 것을 해본 적이 없다. 익숙하지 않다. 그게 애굽식 가치관이었다.

그래서 하나님께서 안식을 명령하셔야 했고, 훈련시키셔야 했다. 안식일을 지키면서 이들은 자신들의 힘으로 사는 것이 아니라 하나님 아버지의 은혜로 산다는 것을 배워야 했다. 우리는 먹고사는 것이 자신에게 달려 있는 것처럼 착각하기 쉽다. 그러나 하나님은 안식일 성수를 통해서 우리가 사는 것은 하나님의 은혜임을 알려주고자 하신다. 안식일을 지키면 하나님이 내 모든 삶의 주인이심을 알게 된다. 그러면 하나님이 아닌 자신을 의지하는 교만이나 일에 대한 집착, 욕심으로부터도 자유할 수 있다.

만나와 르비딤 반석, 그리고 예수 그리스도

만나는 오실 예수 그리스도를 상징한다. 예수님은 말씀이 육체를 입으신 분이다. 오직 예수님만이 생명의 떡임을 알게 하시려고 하나님이 이스라엘 백성들에게 만나를 허락하셨다.

내가 곧 생명의 떡이니라 너희 조상들은 광야에서 만나를 먹었어도 죽었거니와

이는 하늘에서 내려오는 떡이니 사람으로 하여금 먹고 죽지 아니하게 하는 것이

니라 나는 하늘에서 내려온 살아 있는 떡이니 사람이 이 떡을 먹으면 영생하리라 내가 줄 떡은 곧 세상의 생명을 위한 내 살이니라 하시니라 요 6:48-51

눈에 보이는 만나는 영의 양식, 하나님의 말씀을 상징한다. 말씀을 통해 주시는 은혜를 상징한다. 예수님은 말씀을 주심으로써 자기 자신을 우리에게 주신다. 신앙은 매일 먹는 생명의 양식 만나를 통해서 성장한다. 우리가 날마다 주님과 교제하며, 하늘의 양식인 말씀을 매일 먹을 때 우리의 믿음은 더욱 강해지고 깊어지는 것이다.

르비딤의 반석 사건에도 똑같은 영적 메시지가 있었다. 그냥 물을 주실 수도 있었는데, 하나님께서는 군이 반석으로 데려가서서 지팡이로 쳐서 물이 나오게 하셨다. 이 반석은 바로 장차 오실 예수 그리스도를 상징한다. 하나님께서 이스라엘 백성들의 목마름을 해결하기 위해 르비딤에 특별한 반석을 예비하셨던 것처럼, 죄의 노예가 되어 죽어가는 인류를 구원하시기 위해 예수 그리스도를 준비하셨다. 만세 전부터 예비하셨다. 그래서 예수는 만세 반석이시다.

다 같은 신령한 음료를 마셨으니 이는 그들을 따르는 신령한 반석으로부터 마셨으매 그 반석은 곧 그리스도시라 고전 10:4

아직 광야 생활한 지 두 달도 안 된 믿음의 초창기에 광야 학교 수업의 핵심은 모든 상황 속에서 예수님을 발견하라는 것이다. 만나도, 르비딤의 샘물도 다 예수님이 주시는 은혜다. 불평하고 원망만 하고 감사할 줄 모르는 백성들이 만나를 먹고 샘물을 마실 자격이 있는가? 없다. 배고프고 목말라 죽어도 할 말이 없다. 그러나 자격 없는 그들도 은혜의 만나와 샘물을 먹고 살아났다. 자격 없는 우리도 예수님의 은혜로 살아났다. 광야 같은 세상을 살아도 항상 예수님의 은혜가 우리를 살릴 것이다.

그러므로 맑은 날에도, 흐린 날에도, 잘되든지 못되든지 항상 눈을 들어 주님을 바라보자. 그는 우리를 떠나지도 버리지도 아니하시는 분이다. 우리는 모두 주님의 큰 은혜를 입은 사람들이다. 어떤 상황 속에서도 주님이 역사하실 것을 믿으며 함께 격려하며 나가는 하나님의 자녀와 교회 공동체가 되자.

chapter **5**

시내산에 이르다

＊출애굽기 19장 1-6절

1 이스라엘 자손이 애굽 땅을 떠난 지 삼 개월이 되던 날 그들이 시내 광야에 이르니라 2 그들이 르비딤을 떠나 시내 광야에 이르러 그 광야에 장막을 치되 이스라엘이 거기 산 앞에 장막을 치니라 3 모세가 하나님 앞에 올라가니 여호와께서 산에서 그를 불러 말씀하시되 너는 이같이 야곱의 집에 말하고 이스라엘 자손들에게 말하라 4 내가 애굽 사람에게 어떻게 행하였음과 내가 어떻게 독수리 날개로 너희를 업어 내게로 인도하였음을 너희가 보았느니라 5 세계가 다 내게 속하였나니 너희가 내 말을 잘 듣고 내 언약을 지키면 너희는 모든 민족 중에서 내 소유가 되겠고 6 너희가 내게 대하여 제사장 나라가 되며 거룩한 백성이 되리라 너는 이 말을 이스라엘 자손에게 전할지니라

＊요한일서 5장 2,3절

2 우리가 하나님을 사랑하고 그의 계명들을 지킬 때에 이로써 우리가 하나님의 자녀를 사랑하는 줄을 아느니라 3 하나님을 사랑하는 것은 이것이니 우리가 그의 계명들을 지키는 것이라 그의 계명들은 무거운 것이 아니로다

왜 시내산인가?

한 개인이나 조직, 국가에는 그 운명을 바꾸는 특별한 장소가 있다.
예를 들어, 프랑스의 노르망디나 하와이 진주만은 2차 세계대전의 흐름
을 완전히 바꿔놓은 장소요, 사건이었다. 애굽을 탈출한 이스라엘 백성
의 광야 여정에 있어서 가장 중요한 장소가 있다. 바로 이번 장에서 다
루고자 하는 시내산이다.

이스라엘 백성들이 시내산에 도착한 것은 애굽을 떠난 지 3개월이 되
던 때였다(즉, 출애굽 후 시내산까지 두 달의 시간이 걸렸다는 이야기다). 다
음 페이지에 있는 지도를 통해 출애굽 이후 지금까지의 이스라엘 백성들
의 행군 여정을 한 번 살펴보자.

상당히 남쪽으로 돌아가는 길이었다. 이스라엘 백성들이 홍해를 건넌
뒤, 약속의 땅 가나안으로 직행하지 않고 굳이 남쪽으로 이동해서 시내
산에 온 것은 하나님께서 출애굽 이전부터 모세에게 준 명령 때문이었다.

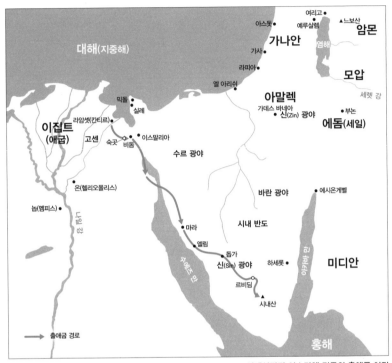

시내산까지 이스라엘 민족의 출애굽 여정

하나님이 이르시되 내가 반드시 너와 함께 있으리라 네가 그 백성을 애굽에서 인
도하여 낸 후에 너희가 이 산에서 하나님을 섬기리니(worship) 이것이 내가 너를
보낸 증거니라 출 3:12

이스라엘은 단순히 애굽에서 탈출하여 새로운 나라로 이주하려는 정
치적 난민이 아니었다. 그랬더라면 바로 가나안으로 직행하거나 아무

데나 좋고 편한 곳에 자리 잡고 살면 되었을 것이다.

이스라엘은 하나님이 인도하시는 하나님의 백성이었다. 하나님은 그들을 약속의 땅으로 보내서 하나님의 나라를 건설하길 원하셨다. 그러기 위해서 그들은 먼저 하나님의 백성다운 모습을 갖춰야만 했다. 그런데 허겁지겁 애굽을 탈출해서 광야를 행군해온 지난 두 달 동안, 이스라엘 백성들은 자신들이 아직 누구인지, 왜 사는지, 앞으로 어떤 일이 기다릴지 몰라서 불안해하는 전직 노예들에 불과했다.

그래서 하나님께서는 그들을 시내산 앞에 캠프를 치게 하시고, 영적 숨 고르기를 하면서 전열을 가다듬기로 하셨다. 시내산은 울퉁불퉁한 암반투성이에 정상은 풀 한 포기, 물 한 방울 나지 않는 산이다. 알프스처럼 웅장하지도 않고 지리산처럼 산림이 울창하지도 않다. 그러니까 시내산 자체가 특별하거나 거룩한 것이 아니다. 그 산이 특별하게 된 것은 거룩하신 하나님께서 임재하셨기 때문이다. 모세오경의 상당 부분이 이 시내산 앞에서 일어났던 일들이다.

출애굽기 19장부터 40장, 레위기, 민수기 10장까지가 이스라엘 백성이 시내산 앞에서 머물렀던 근 1년 동안 있었던 이야기를 다루고 있는데, 이 시내산에서의 영적 체험이 없었다면 이스라엘 백성들은 그냥 유랑하는 전직 노예 출신의 난민들로 광야 생활을 마감했을 것이다. 그러나 시내산에서 하나님과 만난 깊은 경험을 통해 그들은 약속의 땅을 차지하고 새 나라를 세우는 하나님 백성의 틀을 다지게 된다.

시내산 앞에서 주신 선물 1 - 비전

애굽에서 430년 동안 종살이하면서 이스라엘 사람들은 애굽 사람들은 물론 열방의 사람들에게 멸시당했다. 따라서 그들의 민족적 자존감은 땅에 떨어져 있었다. 그런데 하나님께서는 시내산 앞에서 그들이 얼마나 놀라운 존재인지를 공식적으로 선포해주셨다.

세계가 다 내게 속하였나니 너희가 내 말을 잘 듣고 내 언약을 지키면 너희는 모든 민족 중에서 내 소유가 되겠고 너희가 내게 대하여 제사장 나라가 되며 거룩한 백성이 되리라 너는 이 말을 이스라엘 자손에게 전할지니라 출 19:5,6

이 짧은 말씀에 하나님께서 이스라엘 백성을 향해 가지신 비전이 모두 담겨 있다. 그래서 어떤 구약학자들은 구약성경에서 가장 중요한 구절이라고까지 할 정도다. 이 시내산 비전에 담긴 이스라엘을 향한 하나님의 비전은 세 가지다.

내 소유

첫째, "너희는 모든 민족 중에서 내 소유가 되겠고."

영어성경으로 보면 '내 소유'를 'my treasured possession'으로 번역했다. '내가 가장 아끼는, 내가 정말 귀하게 여기는 보물'이란 뜻이다. 그렇다. 모든 민족이 하나님의 소유이지만, 이스라엘 민족은 하나님이 특별히 아끼는 귀한 민족이라는 것이다.

사실 하나님의 보물 같은 민족이 되려면 당시 세계 최강대국이었던 애굽 민족 정도 되어야 하지 않았을까? 그러나 하나님은 작고 보잘것없는 이스라엘을 택하셨다. 이스라엘 백성들이 잘나서가 아니라 하나님이 사랑하셨기 때문이다.

> 너는 여호와 네 하나님의 성민이라 네 하나님 여호와께서 지상 만민 중에서 너를 자기 기업의 백성으로 택하셨나니 여호와께서 너희를 기뻐하시고 너희를 택하심은 너희가 다른 민족보다 수효가 많기 때문이 아니니라 너희는 오히려 모든 민족 중에 가장 적으니라 여호와께서 다만 너희를 사랑하심으로 말미암아, 또는 너희의 조상들에게 하신 맹세를 지키려 하심으로 말미암아 자기의 권능의 손으로 너희를 인도하여 내시되 너희를 그 종 되었던 집에서 애굽 왕 바로의 손에서 속량하셨나니 신 7:6-8

하나님의 소유, 하나님의 귀한 보물이 된다는 것은 실로 엄청난 특권이다. 그것은 곧 하나님이 우리를 특별히 돌보시겠다는 뜻이기 때문이다. 우리도 자기 보물은 지극히 아끼고 돌본다. 하나님도 이스라엘을 지극히 아끼시고 눈동자같이 보호해주시겠다는 약속이다.

제사장 나라

둘째, "너희가 내게 대하여 제사장 나라(kingdom of priests)가 되며." 제사장은 하나님과 백성들 사이의 중보자 역할을 한다. 백성을 대표해서 하나님 앞에 나오는 제사장은 모든 백성의 죄를 대신해서 회개하며, 백성과 하나님 사이의 간극을 잇는 중보자이다. 그런데 이스라엘은 나라 전체가 제사장이 된다는 것이다.

즉, 이스라엘이 하나님 앞에서 모든 민족을 구원으로 인도하는 중재 역할을 하게 된다는 것이다. 얼마나 복된 자리인지 모른다. 이스라엘 너희는 제사장 나라가 되어, 열방을 향한 하나님 축복의 통로가 될 것이다. 이웃 나라들의 아픔과 문제를 해결해줄 수 있는 존재가 될 거라는 말이다. 주변의 많은 국가를 도울 수 있는 민족이 될 것이라는 말씀이다.

하나님은 신약시대에 그리스도를 통하여 영적인 이스라엘인 교회를 세우셔서, 하나님의 제사장의 자격을 모든 성도에게 부여하셨다.

그러나 너희는 택하신 족속이요 왕 같은 제사장들이요 거룩한 나라요 그의 소유
가 된 백성이니 이는 너희를 어두운 데서 불러 내어 그의 기이한 빛에 들어가게
하신 이의 아름다운 덕을 선포하게 하려 하심이라 벧전 2:9

하나님께서는 우리를 그냥 제사장이 아니고, '왕 같은 제사장'으로 부르셨다. 왕은 통치하는 자이다. 예수님이 만왕의 왕이 되셔서 이 세상을 다스리신다. 그런데 우리도 왕 같은 제사장으로 부르시는 것은 황송하게도 예수님이 우리와 함께, 또 우리를 통해서 세상을 다스리기를 원하시는 것이다. 우리는 주님과 함께 세상을 영적으로 통치하게 된다는 것

이다. 더 이상 세상이나 마귀에게 휘둘리지 않는, 하나님 안에서 왕 같은 권위를 가진 백성이 되는 것이다.

제사장의 중요한 사명은 세상을 위해 중보하는 것이다. 예수님은 교회 공동체가 예수님과 함께 이 땅을 다스려가기를 원하신다. 교회가 예배하는 그곳에 즉각적으로 그리스도의 통치가 임한다. 우리의 대적인 공중 권세 잡은 자 사탄은 무서운 힘을 가지고 있다. 그러나 우리의 예배를 통해 그리스도의 임재가 드러나게 되면, 마귀를 순식간에 무너뜨릴 수 있다. 우리가 왕 같은 제사장으로서 어떤 지역을 위해, 어떤 영역을 위해, 어떤 사람을 위해, 어떤 문제를 놓고 기도하기 시작할 때 즉각적으로 그리스도의 영이 임재하며, 마귀의 세력을 몰아내기 시작하는 것이다.

거룩한 백성

셋째, "거룩한 백성(a holy nation)이 되리라."

여기서 '거룩한 백성'이라는 말은 어떤 특별한 사명을 위하여 따로 구별한 백성이라는 뜻이다. 다시 말해, '너희는 하나님께 특별히 쓰임 받는 민족이 될 것'이라는 뜻이다. 하나님이 우리를 쓰시고자 하는 목적이 무엇인가? 앞에 언급한 베드로전서 2장 9절에 그 목적이 나와 있다. 그것은 열방에 주님의 "아름다운 덕을 선포하게 하려 하심"이다. 하나님은 열방이 하나님을 알게 하는 일에 이스라엘을 쓰시고자 하신다.

"너희는 내 보물이다. 너희는 제사장 나라가 될 것이다. 너희는 열방에 하나님 영광을 선포하는, 특별한 사명을 띤 거룩한 백성이 될 것이다."

하나님께서는 모세에게 이 위대한 민족적 비전을 이스라엘 사람들에게 알게 하라고 하셨다. 하나님께서는 우리 인생을 향한 크고 놀라운 계획을 갖고 계신다. 우리는 하나님의 그 놀라운 계획을 분명히 알아야 한다. 그래야 함부로 인생을 낭비하며 살지 않는다. 그래야 세상의 화려함에 기죽지 않는다. 그래야 거룩하고 건강한 자존감이 생겨서, 어떤 시련이 와도 강하고 담대하게 나갈 수 있다.

이 믿기 힘들 만큼 놀라운 약속을 하나님께서는 반드시 이루어주실 것이라고 말로 약속하셨다. 말로 약속했다고 해서 '언약'(covenant)이다. 시내산 언약은 정말 놀라운 사건이다. 불과 석 달 전까지만 해도 애굽에서 짐승같이 취급받으며 노예 생활했던 이스라엘 민족이다. 그런데 그런 그들을 하나님이 이토록 귀하게 생각하신다니, 얼마나 가슴 벅차고 감격스러웠을까?

당시 세상은 겉모습만 보고 이스라엘을 하찮은 노예, 난민 집단으로 멸시했다. 그러나 하나님께서는 이스라엘을 "하나님의 소유, 하나님의 보물, 열방을 다스릴 축복의 통로"라고 선포해주셨다. 평범한 갈릴리 어부였던 시몬 베드로에게 예수님은 "너는 사람 낚는 어부가 될 것"이라고 선포해주셨다.

시내산은 하나님이 우리를 향해 갖고 계신 놀라운 비전을 선포해주신 곳이다. 세상은 우리의 겉모습만 보고 우리를 변변치 않게 생각할 수도 있다. 그러나 하나님은 광야에 있을 때부터 우리의 거룩한 가능성을 보고 비전을 선포해주신다.

시내산에서 주신 선물 2 – 하나님의 법

하나님께서는 앞으로 이스라엘을 열방에 축복을 나눠주는 제사장 나라로 쓰시겠다고 하셨다. 그렇게 되기 위해서는 먼저 이스라엘 자신이 거룩한 민족, 모범적인 민족이 되어야 했다. 이를 위해서는 이스라엘 공동체가 따를 법이 필요했다.

사람들은 '법' 하면 딱딱하고 무서운 것, 우리의 자유를 규제하는 안 좋은 것으로 생각하는 경향이 있다. 그러나 법은 우리 자신을 위해서도 반드시 있어야 한다.

생각해보라. 빨간불에 서고 파란불에는 갈 수 있다는 법이 없다면, 난폭운전이나 음주운전을 단속하는 법이 없다면 얼마나 많은 사고가 일어나겠는가? 살인, 강도 행위를 엄벌하는 벌이 없다면 어떻게 되겠는가? 불안하고 무서워서 다닐 수가 없을 것이다. 불량식품 규제법이 없다면 어디 가서 안심하고 음식을 사 먹을 수 있겠는가? 이처럼 확실한 법질서는 우리의 안전하고 행복한 삶을 위해 반드시 있어야 한다.

가만 보면, 후진국일수록 무법천지다. 선진국일수록 섬세하고 분명한 법이 있고, 국민이 그 법을 잘 지키는 법치국가다. 그래서 그 법의 테두리 안에서 안전하고 평안하기 때문에 다들 선진국에서 살고 싶어 하

하나님을 향하여	사람을 향하여

하나님을 향하여

I
나 외에 다른 신들을
네게 두지 말라.
II
우상을 만들거나 섬기지 말라.
III
하나님의 이름을 망령되게
부르지 말라.
IV
안식일을 거룩하게 지키라.

사람을 향하여

V
네 부모를 공경하라.
VI
살인하지 말라.
VII
간음하지 말라.
VIII
도적질하지 말라.
IX
거짓 증거하지 말라.
X
네 이웃의 집을 탐내지 말라.

는 것이다. 자유 민주주의도 법치주의가 뒷받침되지 않으면 결코 지탱할 수가 없다. 이스라엘 백성들은 하나님나라의 법을 받음으로써 비로소 제대로 된 하나님 백성의 모습을 갖추게 된다. 하나님나라의 법의 기초가 되는 것이 바로 시내산에서 받은 십계명이었다.

십계명은 모든 인생에 주신 것이 아니라, 하나님께서 구원하신 하나님의 백성들을 위해 주신 법이다. 그래서 하나님과 하나님 백성과의 관계를 가장 먼저 다루고 있다. 십계명의 1~4계명까지는 하나님과 사람의 관계를 다룬 것이고, 5~10계명까지는 사람끼리의 관계를 다룬 것이다. 예수님도 이것이 하나님의 법을 해석하는 열쇠임을 알려주셨다.

예수께서 이르시되 네 마음을 다하고 목숨을 다하고 뜻을 다하여 주 너의 하나님

을 사랑하라 하셨으니 이것이 크고 첫째 되는 계명이요 둘째도 그와 같으니 네

이웃을 네 자신같이 사랑하라 하셨으니 이 두 계명이 온 율법과 선지자의 강령이

니라 마 22:37-40

즉, 십계명 내용 전체를 압축하면 '하나님을 사랑하고 이웃을 사랑하라'가 된다.

애굽에서 노예로 살아왔던 그들이 하나님의 백성으로 거듭나려면 두 가지 관계, 즉 하나님과의 관계와 서로 간의 상호관계를 새롭게 확립해야 했다. 그래서 출애굽기와 레위기에 나오는 모든 율법은 십계명처럼 먼저 하나님과 사람의 관계를 다루고, 그다음은 사람 간의 관계를 다룬다.

시내산 비전의 놀라운 축복들이 주어지는 조건은 하나님의 법에 순종하는 것이었다. "너희가 내 말을 잘 듣고 내 언약을 지키면"이라는 시내산 언약의 조건은 하나님 법에 순종하라는 것이다. 거꾸로 말하면, 불순종하는 순간 언약이 깨진다는 것이다. 언약이 깨지면 언약과 함께 주어졌던 모든 축복도 깨진다. 하나님의 보호막이 떠나고, 재앙과 저주가 임하게 된다.

십계명을 지킬 수 있는 비결은 하나님을 사랑하는 것이다.

우리가 하나님을 사랑하고 그의 계명들을 지킬 때에 이로써 우리가 하나님의 자녀를 사랑하는 줄을 아느니라 하나님을 사랑하는 것은 이것이니 우리가 그의 계

명들을 지키는 것이라 그의 계명들은 무거운 것이 아니로다 요일 5:2,3

그렇다. 하나님을 사랑하는 자에게는 하나님의 계명을 지키는 것이 무거운 것이 아니다. 남편을 너무 사랑하면 남편의 뜻을 따르는 것이 쉽고 즐겁다. 사랑하면 쉽다. 하나님의 법은 하나님을 사랑하면 지키기 쉬운 것이다.

십계명은 구원받은 하나님의 백성 한 개인이 아니고 하나님의 공동체 전체를 위해 주신 원칙이다. 공동체가 잘 유지되려면 질서가 필요하고, 그 질서를 만드는 것이 법이다.

'네 이웃의 아내를 탐내지 말라'와 '간음하지 말라'는 다른 사람의 가정을 보호하라는 명령이다. 다른 사람의 가정을 보호하면 나의 가정도 보호된다. '남의 것을 탐내지 말라', '도적질하지 말라'도 마찬가지다. 다른 사람의 재산을 보호해주면 나의 재산도 보호된다. 내가 남을 어떻게 대하느냐는 나비 효과처럼 계속 파장을 일으켜서 결국 사회 전체를 살리거나 죽이게 된다. 십계명은 건강한 하나님의 공동체를 만드는 필수 원칙이다. 교회도, 국가도 십계명을 잘 지키면 건강하게 바로 설 수 있다.

이 십계명에 기초해서 이스라엘의 제사법, 성결법, 형법, 민법, 재산법 등이 주어졌다. 하나님의 법들은 우리를 괴롭히고 구속하기 위한 것이 아니다. 그의 계명은 우리를 실패와 파멸에서 지켜주고, 지혜와 축복을 주기 위한 도구다. 지뢰밭을 뚫고 가야 하는 사람에게 지뢰 찾아내는 법을 알려준다면 얼마나 축복이겠는가. 조종사는 조종법을 배워야 비행기를 몰고 창공을 마음껏 누비면서도 안전할 수 있다. 하나님을 사랑하는 하나님의 자녀들은 하나님의 법이 자신을 살리는 길임을 알기에 기꺼이 순종한다.

시내산에서 주신 선물 3 - 성막

하나님께서 시내산에서 이스라엘 백성들에게 주신 또 하나의 귀중한 선물은 성막이었다. 출애굽기 전체가 40장인데, 그중에서 13장이 넘는 분량을 성막을 계획하고 짓는 일에 대해 다루고 있다. 홍해 가르는 사건 같은, 우리가 보기에 큰 사건은 딱 한 장으로 다루었는데 말이다. 성막은 하나님께서 그만큼 중요하게 생각하시는 것이다.

성막은 한 번 만들어놓고 나면 40년 광야 생활 내내 가지고 다니면서

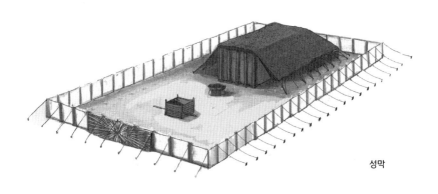

성막

설치했다 다시 해체하기를 반복해야 했다. 하나님께서는 그들로 하여금 광야 생활을 하면서 반드시 성막을 들고 다니게 하시고, 어디에 정착하면 그곳에 먼저 성막을 치고, 성막을 중심으로 동서남북으로 열두 지파가 진영을 차리게 하셨다. 보통 일이 아니었다. 조금이라도 짐을 줄여야 할 광야 길에 왜 하나님은 성막을 짓고 항상 갖고 다니게 하셨는가?

그것은 어디에 가서든, 어떤 상황 속에서도 항상 예배하는 삶을 가르치기 위해서였다. 성막은 불완전한 인간이 완전하신 하나님을 만나는 곳이었다. 한 군데에 정착하지 못하고 계속 이동해야만 하는 광야 여정에서 하루하루 살아남는 것은 전쟁이었다. 외롭고 피곤한 길이다. 그런데도 이스라엘 백성들에게 물이나 식량보다 더 절실히 필요한 것은 예배였다. 예배를 통해 그들은 동행하시는 하나님의 임재를 체험하고, 하나님의 말씀을 듣는다. 그러면 광야를 이겨낼 힘과 평안을 얻고, 다시 앞으로 나갈 수 있다. 죄를 짓고 실패해도 성막의 예배를 통해 그들은 회복되어 다시 새롭게 시작할 수 있었다. 그렇기 때문에 이스라엘 백성들의 광야 행군에 있어서 성막이 가지는 영적 의미는 너무나 큰 것이었다.

성막 예배의 중심은 예수 그리스도다. 성막은 바로 예수 그리스도의 모형이다. 번제단, 물두멍, 진설병이 있는 떡상 같은 성막 안에 있는 기물들은 모두 예수 그리스도의 십자가 보혈 은혜의 메시지가 담긴 것들이었다. 죄인 된 우리가 오직 그리스도의 십자가 은혜로 구원받아, 그 은혜에 힘입어 하나님 앞에 나갈 수 있음을 날마다 상기시켜준다. 누구든지 그리스도 안에 들어가면 용서받고 새로운 미래를 시작할 수 있다.

민수기는 이스라엘 백성을 '회중'(community), 즉 하나님을 예배하는 공동체로 부르고 있다. 이스라엘은 단순한 혈연 집단이 아니다. 하나님을 섬기는 예배 공동체다. 구심점이 없는 단체는 힘이 없다. 이스라엘 백성들은 그 중심에 하나님이라는 확실한 구심점이 있었다. 그리고 오직 하나님의 말씀대로 백성을 다스리는 모세라는 지도자가 있었다. 그랬기 때문에 영토가 없는 광야 시절에 벌써 국가를 형성할 수 있었다. 이스라엘은 하나님의 말씀이 법이 되어 그에 따라 움직이는 공동체다. 하나님을 중심으로 하는 예배가 흔들리면 이스라엘 민족 전체가 흔들렸다.

열두 지파는 다 각각 개성이 독특했고, 생각이 달랐다. 서로 반목하고 부딪칠 수 있었다. 그러나 그들이 하나가 될 수 있는 것은 하나님의 성막을 가운데 두었기 때문이다. 성막에서 하나님을 함께 예배함으로써 이스라엘은 분열되지 않고 하나가 될 수 있었다.

성막을 다룰 때 빼놓을 수 없는 것은 그 성막에서 섬길 제사장들이었다. 하나님께서는 레위 지파의 모세를 통해서 이스라엘을 다스리셨고, 또 레위 지파의 아론과 레위 자손들 가운데 제사장을 세우게 하셔서 성막에서 하나님께 드리는 예배를 섬기게 하셨다. 제사장들은 하나님과 백성들을 연결하는 중보자였다. 대제사장 가슴에 달린 흉배에는 열두 지파를 상징하는 보석들이 달려 있었고, 대제사장은 성소에 들어가 일일이 그 열두 지파를 하나님 앞에 올려드리면서 그들을 위해 중보했다.

하나님께서는 제사장들에게 무엇보다 거룩하게 자신을 지킬 것을 명하셨다. 그렇지 않으면 하나님께서 그들을 칠 것이라고 하셨다. 이는 하나님과 백성들 사이의 중보자로 부르심 받은 이들이 은혜를 남용하거나 교만하지 않도록 하기 위해서이다. 그러나 인간 제사장들은 불완전한 존재들이라 시험에 들어 넘어지고 실패하는 경우가 많았다. 그래서, 훗날 완전한 중보자 영원한 대제사장 예수 그리스도가 오셔서 우리와 하나님 사이를 영원히 연결해주시게 된다.

시내산 앞에서의 영적 전쟁

출애굽한 이스라엘 백성들을 하나님은 시내산 앞으로 인도하셨다. 그리고 시내산 앞에서 하나님은 모세를 부르셔서 이스라엘 백성들에게 세 가지 축복된 선물을 주셨다. 첫째는 하나님의 비전이고, 둘째는 하나님의 법이며, 셋째는 성막과 제사장들을 세우는 일이었다. 이 세 가지 선물은 모두 하나님의 은혜가 사람들에게 흘러들게 하는 영적 축복의 통로였다. 그러나 하나님의 축복이 백성들에게 주어지는 그때 마귀의 영적 공격이 꼭 들어온다. 그래서 하마터면 하나님의 축복을 받지 못하고 멸망할 수 있는 위기까지 간다. 시내산은 무서운 영적 전쟁이 벌어진 곳이기도 했다.

십계명과 성막의 말씀을 받고 내려온 모세의 눈앞에 황금 송아지 우상숭배 사건이 터졌다. 황금 송아지 우상은 그들이 애굽에 있을 때 보았던 풍요의 신이었다. 이 우상을 만들어놓고 돈과 음란과 폭력이 난무하는 파티를 벌였다. 모세가 잠깐 자리를 비운 사이에 그들 안에 있던 애굽식 가치관이 또 튀어나온 것이다. 산에서 내려와 이 광경을 본 모세가 하나님이 주신 십계명 돌판을 집어던져 우상을 부쉈고, 3천 명이 넘는 주동자들이 하나님의 진노로 죽임당하는 끔찍한 사건이 일어난다.

그러나 모세의 결사적 중보로 하나님의 용서를 받고 사건이 일단락된다. 성막 건축도 은혜받은 백성들의 자발적인 헌신으로 아름답게 끝났다. 하나님이 주신 십계명과 성막을 잃을 뻔한 위기는 그렇게 수습되었다.

그런데 세 번째 축복인 제사장 세우는 일에도 마찬가지로 영적 위기가 온다. 레위기 10장에 보면 아론의 두 아들 나답과 아비후가 제사장으로 취임한 바로 그날 저녁, 하나님께 죽임을 당한다. 예배드릴 때 '다른 불'을 드렸기 때문이었다. '다른 불'이란 하나님이 인정하지 않으시는 불이다. 원래 제사장들은 성소에서 분향할 때 어린 양의 보혈이 흘려진 번제단의 불만을 사용해야 했는데, 나답과 아비후는 그날 무슨 이유에서인지 다른 불, 즉 그냥 일반적 불을 담아 하나님께 분향했다. 그것은 한마디로 불순종의 불이었다.

또한 나답과 아비후는 술 취한 채로 제사를 드렸던 것 같다. 나답과 아비후는 세상이 주는 쾌락에 취해서 자신들의 육체와 영혼을 더럽혔다. 그러고도 회개가 없었다. 그렇게 영적으로 병든 상태로 백성을 대표하여 하나님께 제사드리려 하니까 하나님께서 진노하신 것이다. 아론의 아들이라는 이유로 하루아침에 젊은 나이에 제사장이 되긴 했지만, 이 젊은 이들은 하나님의 거룩한 제사장직을 그들이 떠나왔던 애굽의 우상 신전의 사제들쯤으로 생각했던 것 같다. 그래서 자신들의 직분을 쉽게 생각하고 함부로 굴었다가 비참한 최후를 맞았다. 한 명의 영적 지도자를 심판하실 때 하나님은 하나님의 백성들 전체에게 거룩의 무서움을 경고하신다.

이렇게 시내산에서의 1년은 너무나 큰 은혜의 시간이면서 무서운 영적 전쟁이 사이사이로 벌어졌던 힘든 시간이기도 했다. 애굽의 옛사람이 아직도 살아 있던 이스라엘 백성이 하나님의 백성으로 변하는 것은 결코 쉬운 일이 아니었다. 가장 큰 은혜가 있는 곳에, 하나님이 쓰시려고 하는 사람들에게 가장 무서운 영적 공격이 있다는 것을 시내산 앞의 영적 전쟁이 보여주었다.

군중이 군대가 되다

시내산에서 하나님께서 하신 또 한 가지 중요한 일이 있는데 그것은 이스라엘 백성들의 1차 인구 조사를 시키신 사건이다. 여기서 인구 조사는 이스라엘 각 지파별로 단순히 인원수를 헤아리는 것만을 의미하지 않는다. 이것은 대대적 조직 재정비를 뜻했다. 각 지파의 형편을 일일이 살피며 그들에게 적합한 임무들까지 부여하고, 또 각 지파의 지도자들을 임명하는 일까지도 포함한다. 하나님은 이스라엘 백성이 전직 노예 출신으로 우왕좌왕하며, 질서도 규율도 없는 오합지졸이 되길 원치 않으신다. 앞으로 그들을 기다리고 있는 여러 어려움들과 사나운 적들을 물리치기 위해선 이집트 노예근성을 버리고 완전히 새로 개조되어야 한다.

"이스라엘 중 이십 세 이상으로 싸움에 나갈 만한 모든 자를 … 계수하되"(민 1:3)라는 말씀에 주목하라. 인구 조사의 주목적은 전투에 투입할 수 있는 전사들의 숫자였다. 한마디로 이것은 군중을 군대로 바꾸는 작업이었다. 지파별로, 족속별로, 가계별로 철저히 실시된 인구 조사를 통해서 이스라엘 백성들 안에서 우왕좌왕하며 함부로 살던 옛사람의 모습이 싹 사라지고, 질서정연한 하나님의 군대, 오직 주님의 리더십을 따르는 강하고 절제된 군대로 거듭나게 되는 것이다. 교회에서도 단순히 교인 수가 많은 것이 문제가 아니다. 영적 전투력이 있는 용사들이 몇이나 되느냐가 중요하다.

사백삼십 년이 끝나는 그 날에 여호와의 군대가 다 애굽 땅에서 나왔은즉 출 12:41

애굽을 탈출하는 그 순간부터 이스라엘 백성은 '여호와의 군대'라고 불렸다. 그러나 시내산에 도착할 때까지만 해도 그들은 군대라기보다는 우왕좌왕하는 군중에 가까웠다. 그런데 이제 시내산에서 예배 공동체로 거듭나면서 그들은 실제로 군대 대형으로 바뀌어서 시내산을 떠나게 된다. 아직 완전한 군대의 실력은 갖추지 못했지만, 시내산 앞에서 벌써 영적 전쟁은 호되게 치렀다. 우상숭배 사건으로 3천 명의 동족을 잃고, 아론의 아들 제사장들이 죽는 사건이 그것이다.

출애굽기 33장 6절을 보면 금송아지 우상 사건 이후에, 이스라엘 백성들은 하나님의 명령으로 호렙산(시내산)에서부터 그들의 장신구를 떼어내었다고 했다. 그들의 장신구는 바로 애굽의 우상숭배, 물질문명의 잔재들이었다. 애굽 노예 생활에서 해방되어 약속의 땅으로 가면서도 그들은 아직 애굽 우상들의 잔재를 자신들의 몸과 마음에서 제거하지 못했다. 그것은 별것 아닌 것 같지만 조용히 웅크리고 있다가, 조금만 틈새가 보이면 독버섯처럼 치고 일어나 그들의 신앙과 인생을 파괴해버릴 것이다. 그래서 하나님께서는 이제 이 시내산에서부터는 애굽의 장신구들을 완전히 제거하고 행군해야 한다고 하신 것이다. 이제는 군중이 아니라 확실한 군대의 모습으로 가야 하기 때문이다.

사람들이 많이 모이면 우리는 그것을 '군중'(crowd)이라고 한다. 그러나 성경은 교회가 단순한 군중이 아니라 '그리스도의 군대'(army)라고 선언한다. 군중은 즉흥적으로 쉽게 모였다가 쉽게 흩어진다. 그러나 군대는 권위와 질서, 강한 훈련으로 다진 결속력으로 뭉쳐 있다. 명령이 없으면 절대 흩어지지 않는다.

군중은 구경꾼이고, 감상객이다. 팔짱 끼고 물러서서 구경만 할 수 있다. 그러나 군대는 참여자다. 팔을 걷어붙이고 현장에 뛰어들어 생명을 걸고 싸워야 한다.

군중은 비판하고 불평할 수 있다. 그러나 군대는 이미 고통은 전제하고 들어오기 때문에 일체 그런 것이 없다.

군중은 아무 생각 없이 몰려다닐 수 있지만, 군대는 항상 정신 차리고 깨어 있어야 한다. 군중은 말만 할 수 있다. 그러나 군대는 실천하고 행동한다. 이스라엘은 자신들이 더 이상 군중이 아니라 군대임을 자각해야 했다.

시내산 앞에서 이스라엘이 가졌던 거룩한 경험은 바로 교회의 경험이다. 시내산에서 이스라엘 백성들에게 주신 '너희는 열방을 위한 제사장 나라가 될 것'이라는 비전은 신약시대 교회에 주신 '너희는 땅끝까지 가서 모든 민족을 제자로 삼으라'라는 지상명령이다.

무엇보다 시내산 앞에 세워진 성막은 오늘날 주님의 몸 된 교회이다. 시내산에서 주어진 계명은 교회에 주신 하나님의 말씀이다. 교회는 성막이 그러했던 것처럼 말씀을 중심으로 십자가 보혈의 은혜와 성령의 기름 부으심이 가득한 곳이다. 누구든지 주님의 몸 된 교회 안에서 주님을 새롭게 만난다.

시내산 앞에서 우상숭배가 벌어지고, 타락한 제사장 일부가 죽는 영적 전쟁이 있었듯이, 지금도 교회는 시도 때도 없이 영적 전쟁을 치러가고 있다. 그러나 그것은 그만큼 하나님의 은혜와 역사가 크기 때문이다.

이스라엘 백성들이 비참한 난민이 아닌 하나님의 군대로 광야를 행군해야 했듯이, 교회 또한 주님의 군대로 광야 같은 세상 속을 행군해 나간다. 수많은 고난과 영적 공격을 당연히 각오하고, 위축되지 말아야 한다. 하나님이 항상 우리와 함께하실 것이기 때문이다.

chapter 6

광야 길의 동행 가이드

✳민수기 9장 15-23절

15 성막을 세운 날에 구름이 성막 곧 증거의 성막을 덮었고 저녁이 되면 성막 위에 불 모양 같은 것이 나타나서 아침까지 이르렀으되 16 항상 그러하여 낮에는 구름이 그것을 덮었고 밤이면 불 모양이 있었는데 17 구름이 성막에서 떠오르는 때에는 이스라엘 자손이 곧 행진하였고 구름이 머무는 곳에 이스라엘 자손이 진을 쳤으니 18 이스라엘 자손이 여호와의 명령을 따라 행진하였고 여호와의 명령을 따라 진을 쳤으며 구름이 성막 위에 머무는 동안에는 그들이 진영에 머물렀고 … 23 곧 그들이 여호와의 명령을 따라 진을 치며 여호와의 명령을 따라 행진하고 또 모세를 통하여 이르신 여호와의 명령을 따라 여호와의 직임을 지켰더라

✳출애굽기 40장 34-38절

34 구름이 회막에 덮이고 여호와의 영광이 성막에 충만하매 35 모세가 회막에 들어갈 수 없었으니 이는 구름이 회막 위에 덮이고 여호와의 영광이 성막에 충만함이었으며 36 구름이 성막 위에서 떠오를 때에는 이스라엘 자손이 그 모든 행진하는 길에 앞으로 나아갔고 37 구름이 떠오르지 않을 때에는 떠오르는 날까지 나아가지 아니하였으며 38 낮에는 여호와의 구름이 성막 위에 있고 밤에는 불이 그 구름 가운데에 있음을 이스라엘의 온 족속이 그 모든 행진하는 길에서 그들의 눈으로 보았더라

광야의 위험으로부터 보호하심

이스라엘 백성들이 행군했던 광야 길은 정말 아무것도 없는 불볕더위의 사막 같은 곳이다. 그런데 어떻게 2백만이 넘는 사람들이 40년을 버텼을까? 일단 식량 문제와 식수 문제는 하나님께서 만나를 내려주시고, 곳곳에서 오아시스를 터뜨려주셔서 해결되었다.

자, 그런데 광야에서 살아남기 위해서 식량과 마실 물 이상으로 중요한 것이 있었으니, 그것은 인도자였다. 광야 길은 참으로 힘들고 어려운 길이다. 낮에는 너무나 덥고, 또 사막에 바람이 불어 모래바람이 일면 한 치 앞도 내다볼 수 없으며, 밤에는 독사와 전갈이 사방에서 달려드는 곳이 바로 광야이다. 따라서 광야 길에 인도자가 없으면 광야에서 맴돌다가 죽을 수밖에 없다. 인도자는 있다 없다 해서는 안 되고, 그들과 24시간 동행하는 가이드여야만 했다.

동행 가이드가 할 일은 첫째로 이동 방향과 타이밍을 잡는 것이다. 광야로 들어서면 길이 안 보인다. 나침반도 없던 시절에는 밤하늘의 별을 보며 간신히 방향을 잡는 정도였다. 언제 가고 언제 서야 할지 결정하는 것도 중요했다. 괜히 잘못 움직였다가 모래 폭풍이라도 만나게 되면 전멸할 수 있기 때문이다.

광야 길의 또 하나의 숙제는 날씨와 독충으로부터 보호받는 것이었다. 중동의 광야는 낮에는 한두 시간만 서 있어도 숨이 콱콱 막히는 불볕더위이고, 밤에는 기온이 영하까지 떨어지는 추운 곳이다. 게다가 곳곳에 독뱀과 전갈 같은 무서운 것들이 우글거린다. 그러므로 이 혹독한 기후와 무서운 동물들로부터 어떻게 살아남느냐가 큰 숙제였다. 이를 해결하기 위해 하나님께서 이스라엘 백성들에게 주신 선물이 바로 구름 기둥, 불 기둥이었다. 그것은 그들이 애굽을 떠나던 순간부터 그들과 함께 있었다.

> 여호와께서 그들 앞에서 가시며 낮에는 구름 기둥으로 그들의 길을 인도하시고 밤에는 불 기둥을 그들에게 비추사 낮이나 밤이나 진행하게 하시니 낮에는 구름 기둥, 밤에는 불 기둥이 백성 앞에서 떠나지 아니하니라 출 13:21,22

이 구름 기둥, 불 기둥이 이스라엘 백성들이 홍해를 건너는 동안 추격해오는 무서운 애굽 전차대를 막았다. 홍해를 건넌 뒤에는 이 구름 기둥, 불 기둥이 앞서 나가며 그들의 길을 인도했다.

또한 낮의 구름 기둥은 광야의 뜨거운 햇볕으로부터 백성들을 보호해주었다. 중동의 광야는 불같이 덥기 때문에 몇 시간만 걸어가면 다 탈진해서 쓰러질 것이었다. 하지만 습도는 낮아서 그늘 밑에만 들어가면 시원하다. 그러므로 구름의 큰 그림자 아래에만 있으면 시원하게 전진해 나갈 수 있었을 것이다.

2백만이 넘는 이스라엘 백성들을 덮어줄 크기의 구름이었으면 어느 정도 크기였을까? 1974년에 있었던 '엑스플로 74' 집회 때 그 당시는 대부분 비어 있던 여의도 광장에 운집한 성도들이 백만 명이 넘었다고 하는데, 그 두 배인 2백만 이스라엘 백성을 덮을 크기의 구름이라면…. 어느 정도였을지 상상에 맡긴다.

구름 기둥과 불 기둥은 같은 것이었다. 낮의 불볕더위로부터 이스라엘을 지켰던 구름 기둥이 밤에는 불 기둥이 되었다. 밤의 불 기둥은 거대한 난방시설 같아서 광야 밤의 추위로부터 백성들을 지켜줬다. 독사와 전갈, 독충들이 밤이 되면 기어 나오다가 불 기둥의 환한 빛을 보고 다 피해갔다. 하나님께서 밤에 이스라엘 백성들에게 환한 불 기둥을 비춰주셔서 독사와 전갈이 다가오지 못하게 하고 또 주변 온도를 따뜻하게 해주어서 그들이 밤에도 안전할 수 있게 만들어주신 것이다.

특히 본문인 민수기 9장 15절 말씀처럼 이 구름 기둥과 불 기둥은 성막을 세운 날부터 집중적으로 성막 위를 덮었다. 그리고 시내산을 떠나 정렬을 재정비하며 본격적인 약속의 땅을 향한 행군을 시작하려는 이스라엘 백성들을 인도하며 앞서 나가기 시작했다.

하나님의 변함없는 동행의 상징

구름은 하나님의 임재를 드러내는 상징이며, 하나님의 영광을 나타내는 통로다. 단순한 구름이 아니고 불처럼 보이는 구름이다. 하나님의 인도하심이 귀로 듣는 말씀이 아니라, 눈으로 보이는 구름으로 나타났다는 것이 중요하다. 막막한 광야로 행군하는 이스라엘 백성들의 마음은 서울에 처음 올라온 시골 꼬마들처럼 불안과 두려움으로 가득했다. 아직 믿음이 어린 그들에게는 무엇보다도 하나님이 그들과 함께하신다는 눈에 보이는 확신이 필요했다. 구름 기둥과 불 기둥이 바로 그 확신을 심어주었다.

낮에는 구름이 잘 보인다. 불은 햇빛에 가려 보이지 않는다. 밤에는 구름이 안 보인다. 대신 불이 보인다. 불같은 모양의 구름은 낮이든 밤이든 이스라엘 백성들이 변함없이 함께하시는 하나님을 보고 안심할 수 있게 하기 위한 장치다. 우리가 하나님의 도우심을 아주 절실히 필요로 할 때, 하나님께서는 우리에게 가장 맞는 방법으로 하나님의 영광을 나타내 보여주신다. 우리는 믿음의 눈을 뜨고 항상 우리와 함께하시는 하나님을 봐야 한다. 민수기 9장 16절의 "항상 그러하여"란 말씀을 주목하라. 하나님은 항상 우리와 함께하신다.

낮에는 구름 기둥, 밤에는 불 기둥이 백성 앞에서 떠나지 아니하니라 출 13:22

주님은 절대 우리를 떠나지 아니하신다. 우리는 보통 환난을 당할 때, 문제를 만날 때, 절망에 처했을 때, "하나님이 날 버리셨나?"라고 부르짖는다. 그러나 하나님은 절대로 버리신 적이 없다. 우리 마음이 약하고 믿음이 약해서 그런 것이지, 주님은 우리를 떠나신 적이 없다. 어제나 오늘이나 내일이나 변함없이.

사람은 변한다. 항상 변한다. 악하기 때문에 변하고, 약하기 때문에 변한다. 그러나 하나님은 항상 변함없이 우리를 돌봐주신다. 사람을 믿지 말고 하나님만 바라보길 바란다.

하나님의 인도하심이 항상 머무는 열쇠, 순종

이 하나님은 영원히 우리 하나님이시니 그가 우리를 죽을 때까지 인도하시리로다
시 48:14

너무 감동적인 말씀 아닌가. 그 하나님의 인도하심을 이스라엘 백성들은 구름 기둥, 불 기둥을 통해서 생생하게 경험하게 되었다.

구름이 성막에서 떠오르는 때에는 이스라엘 자손이 곧 행진하였고 구름이 머무는 곳에 이스라엘 자손이 진을 쳤으니 민 9:17

이스라엘의 수평 이동은 구름의 수직 이동에 따라 진행됐다. 구름이 성

막 위로 내려와 머무르면 그곳에 진을 치고 머물렀고, 구름이 성막 위에서 걷혀 올라가면 진을 거두고 길을 떠났다. 구름의 움직임은 하나님의 말씀이 임하는 것이다. 하나님의 사람은 하나님이 말씀하실 때 반응한다. 말씀에 순종하면 능력이 임한다. 실수가 없다. 기적이 일어난다.

어떨 때는 하나님의 인도하심이 숨 가쁘게 빨랐다.

혹시 구름이 저녁부터 아침까지 있다가 아침에 그 구름이 떠오를 때에는 그들이 행진하였고 구름이 밤낮 있다가 떠오르면 곧 행진하였으며 민 9:21

생각해보라. 그토록 힘들게 텐트를 쳤는데, 행군의 여독이 제대로 풀리지도 않았는데, 하루 만에 하나님이 이동하라고 하시는 것이다. 또 날이 서늘한 저녁에 불 기둥이 야간조명까지 해주겠다, 조금이라도 더 가면 좋으련만 그때는 가만히 있다가 오히려 뜨겁게 햇볕이 내리쬐는 낮에 행군하다니 이상한 일이 아닌가? 그러나 나쁜 환경일지라도, 아무리 피곤해도 하나님을 믿고 순종해야 한다.

이스라엘 백성들은 자기 생각과 경험에 기초해서 항의할 수도 있었지만, 토 달지 않고 구름 기둥, 불 기둥의 인도하심에 순종했다. 하나님의 임재와 영광이 항상 나와 함께하는 열쇠, 그것은 순종이었다!

본문에서 계속해서 반복되는 말은 "여호와의 명령을 따라"이다. 민수기 9장 15-23절에서 무려 일곱 번이나 같은 말이 반복된다. 하나님의 명령이 있어야 행군했고, 하나님의 명령이 있어야 행군을 멈추고 진을 쳤다. 같은 말이 이렇게 계속 반복되는 이유는 그만큼 중요하기 때문이다. 그래서 신신당부하시는 것이다.

하나님은 그들에게 지도를 주시지 않았다. 광야는 하룻밤 사이 모래 폭풍이 지나고 나면 지형이 다 바뀌기 때문에 어차피 지도가 있어도 소용없었다. 이스라엘 백성들은 광야의 지리와 기후, 지역 주민들에 대한 분석을 많이 하지 못했다. 어떤 미래가 올 것인지 예측할 수 없었다. 하지만 어떤 상황도 다 주관하시는 하나님을 믿고 따라가기만 하면 되었다.

그런데 간단해 보이는 순종이 쉽지 않다. 불안하고 두려우면 괜히 자신의 얕은 지식이나 감에 의지해서 결정하려 들기 때문이다. 그러나 이를 악물고 이런 유혹을 떨쳐버리고, 오직 구름 기둥과 불 기둥의 움직임, 즉 하나님의 인도하심을 순종하라고 신신당부하시는 것이다. 순종이 쉽지 않다. 체력적으로 지칠 때가 있고, 느낌상 불안할 때가 있고, 상식적으로 이해가 안 될 때가 있다. 그러나 믿음으로 순종해야 한다. 그러면 기적과 은혜를 체험할 것이다.

구름이 멈추어 있는 시간

구름이 인도하심을 따라 이동하는 것 이상으로 중요한 것은 구름의 멈춤에 따라 멈추고 안식하는 것이었다.

이스라엘 자손이 여호와의 명령을 따라 행진하였고 여호와의 명령을 따라 진을 쳤으며 구름이 성막 위에 머무는 동안에는 그들이 진영에 머물렀고 구름이 성막 위에 머무는 날이 오랠 때에는 이스라엘 자손이 여호와의 명령을 지켜 행진하지 아니하였으며 민 9:18,19

18절에 보면 "구름이 성막 위에 머무는 동안에는 그들이 진영에 머물렀고"라고 했다. 15절에서처럼 구름이 성막 위에 내려앉아 덮이는 것이 아니라, 아주 먼 거리에서도 볼 수 있게 성막이 멈추어야 할 곳에 미리 구름이 자리를 잡아 내려앉았다는 말이다. 하나님의 구름의 인도하심은 아주 친절했고, 아주 정확했다.

출애굽할 때부터 이스라엘 백성을 인도했던 구름 기둥, 불 기둥이 가장 오래 머물러 있었던 때는 시내산 앞이었다. 근 1년 가까이 있었다. 그리고 이때 이스라엘은 구름 기둥, 불 기둥이 단순히 그들을 지키고 인도하는 것을 넘어서는 엄청난 영적 비밀이 있음을 알게 되었다.

성령이 우리를 품으시는 시간

한시라도 빨리 벗어나고 싶은 광야 길 한가운데서 1년 가까이 머물러 있는 것은 쉽지 않았을 것이다. 이스라엘 백성들은 최대한 빠른 시일 내에 가나안 땅으로 들어가려는 생각을 내려놓아야 했을 것이다. 꿈을 빨리 이루려는 조급한 마음을 버려야 했다. 구름이 오랫동안 머물러 있을 때 조급하고, 불안하고, 염려가 많아졌을 것이다. 그래도 기다려야 했다. 영성이란 하나님의 리듬에 자신을 맞추는 일이다. 수백만이 넘는 이스라엘 백성들이 함께 하나님의 페이스에 자신들을 맞추는 훈련이었다.

구름 기둥과 함께 멈추어 있는 시간은 결코 의미 없는 시간 낭비가 아니었다. 답답하고 지루한 시간도 아니다. 영적인 시각에서 보면 오히려 축복의 시간이다. 하나님의 임재 속에 오랫동안 주님과 교제하는 시간이기 때문이다. 거룩한 주님의 기름 부으심으로 '성령 충만'해지는 시간이다. 성막 위에 임한 구름은 '우리와 항상 함께하시는 하나님' 즉 성령(Holy Spirit)을 의미하는 것이기도 했다. 하나님의 구름 기둥은 하나님의 성령의 임재가 가득한 것을 뜻했다.

하나님의 구름이 어떤 특정한 장소, 사람들 위를 덮었다는 것은 사도행전 2장의 오순절 다락방 120명의 성도에게 성령이 임한 것처럼, 그 장소, 그 사람들 위에 성령의 충만이 부어졌다는 뜻이다. 이 답답하고 지루한 코로나 시국에 매일 불같은 특별새벽기도를 드리면서 나는 하나님께서 마치 우리를 시내산 앞에 이스라엘 백성을 세워놓으신 것처럼, 은혜의 구름 기둥 아래 우리를 세워놓으신 듯한 느낌이 든다. 날마다 우리 위에 하나님의 성령이 가득 부어지기를 바란다. 하나님의 영광의 임재의 구름이 우리를 덮고 있음을 믿는다.

생기를 불어넣어 주시는 시간

구름은 하나님의 사람들에게만 열어주시는 '하나님의 임재'(Presence of God)였다. 영광의 구름 속 성령의 임재가 어떤 사람에게 임한다는 것은 새로운 생명을 불어넣어 줌을 뜻한다. 창세기 2장에 보면 하나님이 사람을 흙으로 만드시고 그 코에 '생기'를 불어넣으시매, 살아 움직이게 되었다고 했다. 그 하나님의 생기가 바로 하나님의 영, 성령이다. 에스겔서 37장에 마른 뼈가 가득한 골짜기에서 하나님의 영이 천지사방에서 불어와 뼈들을 살려내는 것을 볼 수 있다. 성령이 임하시면 새로운 생명이 일어난다. 하나님의 성막을 덮은 구름, 성령의 임재 안으로 들어가면 새 힘이 난다. 구름이 멈추어 있는 시간은 하나님이 내 영에 새 힘을 불어넣으시는 시간이다. 절망을 박차고 일어날 수 있는 용기가 생기며, 컴컴한 앞날 속에서 빛나는 돌파구를 보게 된다.

치유와 안식의 시간

구름이 멈추는 시간은 치유와 안식의 시간이다. 하나님 아버지께서 나를 품으시고 만져주시는 시간이다. 본문에서 '구름이 성막을 덮었다'라는 말은 어미 새가 새끼알을 품었다는 의미가 있는데, 모세오경에서 유일하게 한 번 더 사용되는 곳이 있다.

> 여호와께서 그를 황무지에서, 짐승이 부르짖는 광야에서 만나시고 호위하시며
> 보호하시며 자기의 눈동자 같이 지키셨도다 마치 독수리가 자기의 보금자리를
> 어지럽게 하며 자기의 새끼 위에 너풀거리며 그의 날개를 펴서 새끼를 받으며 그
> 의 날개 위에 그것을 업는 것 같이 여호와께서 홀로 그를 인도하셨고 그와 함께
> 한 다른 신이 없었도다 신 32:10-12

즉, 독수리가 자기 새끼를 품고 날개 위에 얹어서 데려가듯이, 하나님께서 자기 백성을 보호하시며 광야를 통과하게 하심과 같다. 밖에서 놀다가 다치고 지친 아들이 울면서 집으로 와도 엄마 품에 안겨 한참을 있으면 다시 살아나듯이, 세상에 지치고 힘든 우리가 하나님의 품 안에 한참 안겨 있으면 다시 살아난다. 하나님의 구름이 우리 위에 머물러 있을 때, 하나님은 어머니와 같은 사랑으로 우리를 품어주신다. 만져주시면서 치유해주시고, 회복시켜주시고, 격려해주신다.

예수께서 공생애를 시작하시기 전, 세례 요한에게 세례받으실 때가 그랬다.

> 백성이 다 세례를 받을새 예수도 세례를 받으시고 기도하실 때에 하늘이 열리며 성령이 비둘기 같은 형체로 그의 위에 강림하시더니 하늘로부터 소리가 나기를 너는 내 사랑하는 아들이라 내가 너를 기뻐하노라 하시니라 눅 3:21,22

예수님은 이 사건 뒤에 광야에서 마귀의 무서운 시험을 받으셨다. 그러나 이미 "이는 내 사랑하는 아들이요 내 기뻐하는 자"라는 하늘 아버지의 축복의 말씀으로 가득 차 있었기 때문에, 마귀의 사납고 교활한 말이 결코 예수님을 흔들 수 없었다.

세월이 흘러 변화산 산정에서 예수님이 빛나는 하늘 영광의 모습으로 변하셨을 때, 똑같은 하나님의 음성이 들렸다.

이 말 할 즈음에 구름이 와서 그들을 덮는지라 구름 속으로 들어갈 때에 그들이 무서워하더니 구름 속에서 소리가 나서 이르되 이는 나의 아들 곧 택함을 받은 자니 너희는 그의 말을 들으라 하고 눅 9:34,35

이 구름은 빛나는 구름이었다. 하나님의 임재를 상징하는 구름, 하나님의 영광이었다. 이스라엘 백성을 애굽에서 이끌어내고 광야에서 인도했던 바로 그 구름, 여호와의 거룩한 성소 위에 머물렀던 바로 그 구름이다. 그 구름이 변화산 산정에서 예수님과 제자들을 뒤덮었던 것이다. 그 구름 속에서 하나님의 축복의 말씀이 쏟아진다. 예수님은 이를 통해 다시 한번 하늘의 힘을 얻으시고 엄청난 이 땅의 도전을 이겨내시고 십자가에서까지 승리하실 수 있었다.

세상은 우리를 비판하고, 깎아내리고, 기죽이는 말을 퍼붓는다. 그러나 하나님은 우리가 예배의 자리로 나와 엎드릴 때마다 우리를 영광의 임재 속으로 데려가서서 우리를 축복하고 인정하는 말을 해주신다. '내 사랑하는 자요 내 기뻐하는 자'라고 하신다. 세상의 말을 듣고 기죽지 말고, 오직 하나님의 말씀으로 자신을 평가하라. 주님과의 깊은 교제를 통해 우리를 축복하시는 하나님의 음성을 듣게 되기를 축원한다.

영적 리더십이 세워지는 시간

구름이 멈추어 서 있는 동안 하나님께서는 지도자 모세를 비롯한 영적 지도자들을 더 깊은 하나님의 임재 안으로 초대하셔서, 그들을 오래 만나주셨다. 영적 리더십의 힘과 권위는 구름 속에서 하나님과의 이런 친밀한 교제를 통해서 하나님의 영광으로 덧입음으로써 얻게 된다.

모세가 회막에 들어갈 때에 구름 기둥이 내려 회막 문에 서며 여호와께서 모세와 말씀하시니 출 33:9

회막은 모세가 이스라엘 본진 밖에 설치한, 하나님을 만나는 곳이었다. 모세가 거기 들어가면 하나님 임재의 구름 기둥이 내려 그를 세상과 사람들로부터 차단했다. 오직 하나님과 모세만 깊은 만남을 가졌다.

모세는 하나님과 만나는 시간을 대충대충 보내지 않았다. 깊이, 길게, 충분히 하나님의 임재 안에 머물렀다. 우리 생각에는 이것이 시간 낭비 같다. 기도하고, 예배하는 것이 시간 낭비 같고, 빨리 회의하고 일해서 문제를 해결하고 싶다. 그러나 하나님의 임재 앞에 충분히 머무르며 영적으로 채워지는 시간을 통해서 하나님은 우리가 움직일 때보다 훨씬 강하고 놀랍게 역사하실 것이다.

모세는 사람들의 비위를 맞추는 정치인이 아니라, 항상 하나님과 깊이 교제하는 사람이었다. 하나님은 이렇게 하나님과 깊이 교제하는 사람을 지도자로 세우시고, 그에게 영적 권위를 주어 사람들이 따르게 하신다.

곧 그들이 여호와의 명령을 따라 진을 치며 여호와의 명령을 따라 행진하고 또

모세를 통하여 이르신 여호와의 명령을 따라 여호와의 직임을 지켰더라 민 9:23

이후, 모세뿐 아니라 아론과 제사장들, 70명의 장로들도 하나님 임재의 구름 속으로 들어가서 하나님과 깊이 교제했다. 훗날 모세의 후계자가 되는 여호수아는 모세보다 오히려 더 오래 남아 하나님의 임재 앞에 머물러 있기도 했다. 여호수아의 담대한 리더십은 그냥 갑자기 어디서 뚝 떨어진 게 아니다.

사람들이 당신의 리더십을 따르게 하고 싶은가? 하나님과 깊이 교제하라. 그러면 보이지 않은 영적 권위가 생길 것이다. 권위는 사람이 힘으로 쥐어짜내는 게 아니라, 하나님으로부터 흘러나오는 것이다. 하나님을 만난 지도자에게서는 하나님의 영광이 드러난다.

모세가 그 증거의 두 판을 모세의 손에 들고 시내 산에서 내려오니 그 산에서 내려올 때에 모세는 자기가 여호와와 말하였음으로 말미암아 얼굴 피부에 광채가 나나 깨닫지 못하였더라 아론과 온 이스라엘 자손이 모세를 볼 때에 모세의 얼굴 피부에 광채가 남을 보고 그에게 가까이 하기를 두려워하더니 출 34:29,30

모세를 비롯한 모든 위대한 영적 지도자들은 인생의 한 시점에서 하나님의 임재를 강렬히 체험한 후, 그 감동을 평생 잃어버리지 않았다. 그리고 계속해서 그 은혜의 자리로 가서 하나님 앞에 머무르는 것을 즐겨 했다. 세상에 부대끼면서 아무리 지치고 두렵고 불안하게 되어도, 하나님의 임재 앞에 나가면 평안과 기쁨이 솟아났다. 담대함과 지혜가 하늘로부터 부어졌다. 그래서 그들은 사람을 두려워하지 않고, 마귀를 두려워하지 않고, 의연하게 하나님의 백성들을 이끌 수 있었다.

멈춤과 행진의 병행

구름이 성막 위에서 떠오를 때에는 이스라엘 자손이 그 모든 행진하는 길에 앞으로 나아갔고 구름이 떠오르지 않을 때에는 떠오르는 날까지 나아가지 아니하였으며 출 40:36,37

구름은 얼마간 머무르다가 얼마간 전진했다. 구름이 움직일 때는 이스라엘 백성들도 따라서 움직였고, 구름이 멈추면 이스라엘 백성들도 멈춰서서 구름이 다시 떠올라 움직이기 전까지는 움직이지 않았다. 팽팽한 긴장의 연속이었다. 이것을 영적인 법칙으로 적용하면 '오라'(Come) 그리고 '가라'(Go)이다.

예수님이 우리에게 '내게 오라'(come)라고 초대하시는 때가 있다.

"수고하고 무거운 짐 진 자들아, 다 내게로 오라. 내게 와서 진정한 영혼의 안식을 경험하라. 하나님의 사랑과 평안과 기쁨을 맛보라. 다시 살아나라."

너무 바쁘고 정신 없이 살면서 하나님과의 깊은 교제를 소홀히 하는 우리를 때로는 아프게도 하시고, 망하게도 하시고, 외롭게도 하시면서 광야로 데려가신다. 그러나 그곳은 저주의 자리가 아니라 영적인 은혜의 자리다. 하나님과의 관계를 회복하는, 영광의 구름 속으로 들어가 주님을 새롭게 만나는 자리다.

그러나 그것으로 끝이 아니다. 그다음은 '이제 세상으로 가라'(go)이다.

"예수님의 깃발을 들고, 예수님의 이름으로, 예수님의 능력으로 세상으로 돌아가라. 그래서 모든 부패와 무질서와 미움과 살인과 온갖 죄들을 몰아내는 빛과 소금이 되어라."

이렇게 '오라'와 '가라'의 반복이 우리의 신앙 여정이다. 우리를 주님의 임재로 끝없이 초대하시는 주님, 그분은 또한 은혜를 체험한 우리를 세상 속으로 다시 파송하시는 분이다.

'오라'(Come)와 '가라'(Go)의 타이밍을 결정하는 분은 하나님이시다. 우리에게 꼭 맞는 때에 구름을 멈추고 움직이시며, 'Come and Go'를 반복하신다. 거기에 순종하면 우리는 균형 잡힌 영성을 갖추게 되며, 때에 맞는 축복과 은혜를 받는다. 그리고 자신도 모르게 약속의 땅으로 조금씩 조금씩 가까워진다. 오늘도 하나님의 구름 기둥, 불 기둥이, 성령의 임재하심이 우리 모두와 함께하심을 감사하자.

예수님의 영광과 성막

마지막으로 훗날 신약시대에 가서야 밝혀지는 놀라운 영적 비밀이 구름 기둥과 불 기둥 속에 있다. 처음 시내산을 덮은 하나님 영광의 구름은 백성들은 가까이 가지 못했지만, 모세는 갈 수 있었다(그래서 십계명을 받았다). 출애굽기 33장에서는 모세가 구름이 성막 위를 덮을 때 그 안에 들어가서 하나님과 교제를 나누었다.

그러나 출애굽기 40장을 보면 시내산을 떠나 약속의 땅으로 향하기 위해 이스라엘 민족이 출발하기 직전, 성막이 완성된 뒤에 이들을 이끌기 위해 임한 구름 기둥의 영광은 이제까지의 것과는 비교도 할 수 없을 만큼 강렬해서 모세도 들어가지 못했다.

> 구름이 회막에 덮이고 여호와의 영광이 성막에 충만하매 모세가 회막에 들어갈 수 없었으니 이는 구름이 회막 위에 덮이고 여호와의 영광이 성막에 충만함이었으며 출 40:34,35

하나님의 영광이 너무 강렬해서 모세도 그 성막 안으로 들어갈 수 없었다. 그 정도로 하나님의 영광이 극치에 달했다. 그 성막을 덮은 구름이 바로 40년 광야 생활 동안 이스라엘 백성을 인도했던 것이다.

이것은 온 우주와 역사의 왕이신 하나님 영광의 극치를 나타내는 것으로, 훗날 솔로몬의 성전을 봉헌할 때도 흡사한 현상이 발생한다.

> 제사장이 성소에서 나올 때에 구름이 여호와의 성전에 가득하매 제사장이 그 구름으로 말미암아 능히 서서 섬기지 못하였으니 이는 여호와의 영광이 여호와의

성전에 가득함이었더라 왕상 8:10,11

왕의 왕 되신 하나님의 영광이 극치에 달하니, 그 어떤 사람도, 심지어 제사장도, 오늘날로 말하면 목사나 장로도 감히 가까이하지 못했던 것이다.

이처럼 성막(교회) 예배는 인간이 경박하게 함부로 설치지 못하는 거룩함이 있어야 한다. 교회가 시끄럽고 말이 많다는 것은 아직도 인간들이 너무 살아 나댄다는 증거다. 하나님의 영광 앞에 압도되는 그런 신비스러울 정도의 경건함이 있어야 한다.

그러나 모세도, 솔로몬도, 제사장들도 들어가지 못했던 하나님의 최고의 거룩한 임재 속으로 예수님은 들어가셨다.

그리스도께서는 참 것의 그림자인 손으로 만든 성소에 들어가지 아니하시고 바로 그 하늘에 들어가사 이제 우리를 위하여 하나님 앞에 나타나시고 히 9:24

즉, 모세도 감히 들어가지 못했던 하나님 영광의 극치, 이스라엘 백성들과 광야 생활 내내 함께했던 그 하나님의 구름은 바로 임마누엘 하나님, 예수님 자신이셨다. 요한계시록 1장에 보면 주님이 다시 오실 때 '구름을 타고 오신다'라고 했는데, 그것이 바로 여기서 말하는 하나님 임재의 구름, 영광의 구름이다.

민수기 9장 15절에서 구름이 성막을 덮었다고 할 때 '덮는다'는 히브리어로 '셰키나'(Shekinah)인데, 하나님의 영광이 함께 거한다는 뜻이다. 예수 그리스도의 영, 성령께서 이스라엘 백성들 위에 임하여 동행하신 것처럼 성막을 덮은 주님의 성령이 우리 위에 임하셨음을 믿는다.

성막을 세운 날에 구름이 성막을 덮었다는 사실을 주목하라. 성막 위의 구름은 하나님의 임재, 하나님의 영광이었다. 완성된 성막 위에 하나님의 구름이 덮였다는 것은 하나님께서 그곳에 계시기를 기뻐하신다는 뜻이다. 하나님의 거룩이 그곳을 통하여 이스라엘 민족 전체에게로 흘러갈 것이라는 뜻이다. 아무리 정성을 들여 성막을 만들어도 주님의 임재의 영광이 없다면 그곳은 아무 의미가 없다.

성막을 진정한 하나님의 집이 되게 하는 것은 하나님 임재의 영광이었다. 광야 시대의 성막은 오늘날의 교회이다. 교회를 교회 되게 하는 것은 하나님의 임재이다. 아무리 웅장하게 잘 지어놓은 교회도 하나님의 임재가 떠나면 아무것도 아니다. 교회 위에 항상 하나님 영광의 임재, 성령의 임재가 가득한 줄을 믿는다.

그래서 우리가 함께 모여 예배하고 기도할 때마다 영의 눈이 열리고 우리 주님의 영광을 보는 줄 믿는다. 주님의 영광에 온전히 사로잡힐 때, 우리는 세상을 두려워하지 않게 된다. 오히려 온 세상을 향한 주님의 마음을 갖게 되고, 민족을 복음화하고 세계를 복음화하려는 주님의 꿈에 헌신하게 될 것이다.

BEAUTIFUL
WILDERNESS

3

chapter 7

선택의 광야

¹⁹ 우리 하나님 여호와께서 우리에게 명령하신 대로 우리가 호렙 산을 떠나 너희가 보았던 그 크고 두려운 광야를 지나 아모리 족속의 산지 길로 가데스 바네아에 이른 때에 … ²² 너희가 다 내 앞으로 나아와 말하기를 우리가 사람을 우리보다 먼저 보내어 우리를 위하여 그 땅을 정탐하고 어느 길로 올라가야 할 것과 어느 성읍으로 들어가야 할 것을 우리에게 알리게 하자 하기에 ²³ 내가 그 말을 좋게 여겨 너희 중 각 지파에서 한 사람씩 열둘을 택하매 ²⁴ 그들이 돌이켜 산지에 올라 에스골 골짜기에 이르러 그 곳을 정탐하고 … ²⁷ 장막 중에서 원망하여 이르기를 여호와께서 우리를 미워하시므로 아모리 족속의 손에 넘겨 멸하시려고 우리를 애굽 땅에서 인도하여 내셨도다 ²⁸ 우리가 어디로 가랴 우리의 형제들이 우리를 낙심하게 하여 말하기를 그 백성은 우리보다 장대하며 그 성읍들은 크고 성곽은 하늘에 닿았으며 우리가 또 거기서 아낙 자손을 보았노라 하는도다 하기로 … ³⁴ 여호와께서 너희의 말소리를 들으시고 노하사 맹세하여 이르시되 ³⁵ 이 악한 세대 사람들 중에는 내가 그들의 조상에게 주기로 맹세한 좋은 땅을 볼 자가 하나도 없으리라 ³⁶ 오직 여분네의 아들 갈렙은 온전히 여호와께 순종하였은즉 그는 그것을 볼 것이요 그가 밟은 땅을 내가 그와 그의 자손에게 주리라 하시고 ³⁷ 여호와께서 너희 때문에 내게도 진노하사 이르시되 너도 그리로 들어가지 못하리라 ³⁸ 네 앞에 서 있는 눈의 아들 여호수아는 그리로 들어갈 것이니 너는 그를 담대하게 하라 그가 이스라엘에게 그 땅을 기업으로 차지하게 하리라 … ⁴⁵ 너희가 돌아와 여호와 앞에서 통곡하나 여호와께서 너희의 소리를 듣지 아니하시며 너희에게 귀를 기울이지 아니하셨으므로 ⁴⁶ 너희가 가데스에 여러 날 동안 머물렀나니 곧 너희가 그 곳에 머물던 날 수대로니라

결정적 후회의 순간

누구나 자기 인생을 되돌아볼 때, 정말 뼈저리게 후회되는 어떤 실수나 실패가 있었을 것이다. 찰나의 결정이었는데 내 발등 내가 찍어버린 잘못된 결정이었고, 그로 인해 인생 전체가 휘청거릴 정도의 파장이 오는 경우도 있다. 타임머신이 있어서 과거로 돌아갈 수 있다면 정말 다른 결정을 하고 싶다고 생각되는, 그런 순간이 있다. 광야를 행군하던 이스라엘 백성들에게 그런 뼈아픈 후회의 순간이 있다면 그것은 바로 이번에 다루고자 하는 가데스 바네아 사건일 것이다.

출애굽한 이스라엘 백성들이 시내산에 도착하기까지 약 두 달이 넘게 걸렸고, 지난 장에서 살펴보았듯이 시내산 앞에서 약 11개월 넘게 머물러 있었다. 그러다가 다시 전열을 재정비하고 북쪽으로 코스를 잡고 출발하여, 바란 광야를 거쳐 가나안 남방 경계에 있는 가데스 바네아에 이르렀다. 전문가들은 시내산에서 가데스 바네아까지 약 240킬로미터 정도 되는 거리로, 시내산에서부터 약 한 달이 못 되어 이곳에 도착했을 것 같다고 추정한다. 어쨌든 애굽에서 나온 지 겨우 일 년 반도 안 된 때에 약속의 땅 초입에 이미 도달한 것이다.

가데스 바네아에서 모세는 먼저 열두 명의 정탐꾼들을 가나안 땅으로 들여보내 그곳을 샅샅이 정탐하게 한다. 그들은 40일간의 정탐을 끝내고 귀환했는데, 문제는 그들이 모세와 백성들 앞에서 정탐 보고를 할 때 일어난다.

불신의 언어로 시험 들게 하다

그와 함께 올라갔던 사람들은 이르되 우리는 능히 올라가서 그 백성을 치지 못하리라 그들은 우리보다 강하니라 하고 민 13:31

약속의 땅을 살피고 돌아온 열 명의 부정적인 정탐꾼들은 "적이 우리보다 훨씬 세니까 싸우나 마나"라고 했다. 이어서 그들은 자신들의 주장에 힘을 싣기 위해 하나님이 주신 약속의 땅을 아주 독한 말로 악평하기에 이른다.

이스라엘 자손 앞에서 그 정탐한 땅을 악평하여 이르되 우리가 두루 다니며 정탐한 땅은 그 거주민을 삼키는 땅이요 거기서 본 모든 백성은 신장이 장대한 자들이며 거기서 네피림 후손인 아낙 자손의 거인들을 보았나니 우리는 스스로 보기에도 메뚜기 같으니 그들이 보기에도 그와 같았을 것이니라 민 13:32,33

참 기가 찰 일이다. 정탐꾼들은 하나님이 주신 약속의 땅을 "그 거주민을 삼키는 땅"이라고 부른다. 한마디로 '저주의 땅'이라는 것이다. 자신들의 말을 정당화하기 위해 하나님이 약속하신 축복의 땅을 순간적으로 저주의 땅이라고 말해버렸다. 하나님이 상처받으시고 마귀가 기뻐 뛸 망언이다.

두려움에 사로잡히면 상대를 과대평가하게 된다.

"우리가 거기서 본 모든 백성은 신장이 장대한 자들이라."

40일 동안 정탐하면서 열 명의 정탐꾼들은 계속 아낙 자손이 크다는 생각만 한 것 같다. 살아 있는 하나님을 제대로 알지 못하는 사람에게는 항상 문제가 실제보다 크게 보인다. 그들은 이 아낙 자손들을 '네피림의 후손'이라고 했다. 네피림은 홍수 전에 존재했다는 거인족으로서, 옛날부터 이름난 용사들로 알려졌다. 그러나 실제 아낙 자손이 네피림의 후손이라는 말은 그냥 신화에 불과했다. 이는 열 명의 정탐꾼들이 자기들 말에 힘을 싣고, 백성들의 공포를 불러일으키기 위한 목적으로 일부러 붙인 말임이 틀림없다. 그뿐인가. 신명기 1장 28절에 보면 "그 성읍들은 크고 성곽은 하늘에 닿았으며"라고 했는데, 이것도 과장이 심하다. 가나안의 성벽 중에 가장 높다는 여리고 성도 높이가 10미터도 채 되지 않았다.

두려움의 노예가 되면 상대만 크게 보는 게 아니라 나를 작게 본다.

"우리는 스스로 보기에도 메뚜기 같으니 그들이 보기에도 그와 같았을 것이라."

자기 자신을 '메뚜기' 같다고 하는 이 형편없는 열등의식을 어쩌면 좋은가. 그들 말대로 자기 자신을 스스로 메뚜기처럼 빈약하다고 느끼면, 상대도 당연히 나를 메뚜기로 여기게 된다. 크신 하나님을 크게 보는 사람은 어떤 상대와 마주해도 담대하다. 그러나 하나님을 작게 보는 사람은 자기 자신도 작게 보게 된다. 그렇게 되면 적도 자기를 우습게 본다. 우리는 하나님의 강한 용사라고 우리 스스로가 믿고 선포해야 한다. 그래야 마귀가 우리를 우습게 보지 못한다.

리더의 부정적 언어는 영향력이 크다

문제는 이 열 명의 정탐꾼들이 자기들만 시험 든 게 아니고 부정적인 말로써 주위 사람들 모두를 시험 들게 했다는 사실이다. 모세는 처음 정탐꾼들을 보낼 때 아무나 보낸 게 아니라 각 지파의 중장년 지도자급으로 추려서 보냈다. 침착하고 어느 정도 경륜이 있는 지도자들을 보내서 정탐도 찬찬히 제대로 하게 하고, 또 돌아와서 약속의 땅에 대한 소망을 각 지파 사람들에게 심어주길 기대했다. 그런데 이것이 그만 모세의 기대와는 정반대로 작용해버렸다. 그들은 사람들에게 미치는 자신들의 영향력을 너무나 나쁘게 사용했다.

본문 27절에 보면 백성들이 '장막 중에서 원망했다'라고 했다. 그것은 각 지파의 장막, 즉 집집마다 불평과 원망의 소리가 가득했다는 뜻이다. 이들 열 명의 정탐꾼들은 공식 석상뿐 아니라 돌아가서 자기 지파 사람들에게 끊임없이 부정적인 말을 퍼뜨렸다는 뜻이다.

그들은 각 지파에서 권위를 인정받는 리더들이 아니었던가? 지도자들의 불신과 부정적인 말은 공동체 전체에 절망 바이러스를 퍼뜨린다. 민수기 14장 1절을 보면 "소리를 높여 부르짖으며 백성이 밤새도록 통곡하였더라"라고 했다. 그것은 절망과 두려움에 사로잡힌 울음이었다. 2백만에 달하는 사람들이 단 열 명의 부정적 리더들의 말에 선동되는 데는 딱 하룻밤도 걸리지 않았다.

또한 신명기 1장 28절에 '우리의 형제들이 우리를 낙심하게 하였다'라고도 했는데, 여기서 '낙심하게 하다'의 히브리어는 '마음을 완전히 무너뜨렸다'라는 뜻이다. 지도자라는 사람들이 백성들의 낙심한 마음을 강하게 일으켜 세우지는 못할지언정, 이제 막 약속의 땅에 진입하려고 준비하고 있었던 백성들을 시험 들게 해서 주저앉히다니 얼마나 한심한 일인가. 이런 지도자들을 분별해야 한다.

원망하는 사람들에게는 항상 희생양이 필요하다. 그들이 택한 희생양은 당장 눈앞에 있는 지도자 모세와 아론이었다.

이스라엘 자손이 다 모세와 아론을 원망하며 온 회중이 그들에게 이르되 우리가

애굽 땅에서 죽었거나 이 광야에서 죽었으면 좋았을 것을 민 14:2

'죽었으면 좋겠다'라는 말은 생명을 주신 하나님 앞에서 감히 입에 담을 소리가 아니다. 우리가 살아 있는 것은 하나님이 살려두시기 때문이요, 살려두시는 것은 사명이 있어서이다. 상황이 힘들다고 해서 하나님의 자녀가 아버지 앞에서 어떻게 감히 죽고 싶다는 말을 할 수 있을까.

부정적인 말이 가족을 옭아맨다

그들의 말은 자신들뿐 아니라 자기 가족들까지 옭아매었다.

> 어찌하여 여호와가 우리를 그 땅으로 인도하여 칼에 쓰러지게 하려 하는가 우리 처자가 사로잡히리니 애굽으로 돌아가는 것이 낫지 아니하랴 민 14:3

이뤄지지도 않은 미래에 있을 전쟁에서의 패배를 걱정하고 있다. 아직 그 어떤 일도 현실로 일어나지 않았다. 그들은 적과 한 번도 정식으로 전투를 치러보지도 않고 자신들은 비참하게 무너질 것이라고 생각했다. 혹시 일어나지도 않은 미래를 미리 비극적으로 상상해서 두려워하고 있진 않은가? 우리 안에 하나님이 살아 계신다. 패배를 생각하지 말고 승리를 생각하라!

거기다가 그들은 차라리 "지금이라도 애굽으로 돌아가는 것이 낫지 않겠나"라는 어리석은 대안을 내놓았다. 하나님을 떠난 더 나은 대안, 더 나은 미래는 없다. 더 나은 대안이 있을 거라는 생각, 옛날이 더 나았다는 생각은 간악한 마귀가 주는 속임수다. 어렵고 힘들어도 하나님이 내시는 길로 순종하고 가는 것이 최고의 선택이다.

게다가 그들은 자신들의 처자식이 적에게 사로잡혀 노예가 될 것이라는 불길한 말까지 서슴지 않고 해버린다. 가장이라는 사람들이 자기 가문의 패배를 스스로 예언해버렸다. 자신들의 말로 자신들과 자식들의 미래 축복을 닫아버린 것이다. 하지만 하나님께서 자녀들만은 그들의 경솔한 말의 피해자가 되지 않도록 지켜주셨다. 훗날 그들의 자녀들은 걱정과는 정반대로 약속의 땅에 너끈히 들어가고, 오히려 그들 자신이 모두 광야에서 죽임을 당하게 된다.

우리 자녀들의 미래는 축복이 될 것이라고 선포하라. 어떤 상황에서도 자녀의 미래에 대해서 부정적인 말을 입에 올리지 말라. 지금은 힘들어도 하나님이 함께하사 우리와 우리 자손은 꼭 승리의 마무리를 하게 될 것이라고 말하라.

불평과 원망의 말은 하나님의 백성들을 병들게 하는 악한 바이러스다. 그 상황에선 그럴 수밖에 없다고 생각될지라도 우리 입에서 불평과 원망이 나오는 그 순간부터 우리는 마귀에게 우리 인생에 들어오라고 문을 열어주게 된다. 불평과 원망이 입에서 나오는 그 순간부터 하나님이 보이지 않고 문제만 커 보이기 시작한다. 그때부터 영적 분별력이 마비되어 하나님의 길이 보이지 않고, 마귀의 역사만 보인다. 그러니 더 공포에 빠지게 된다.

성경은 "죽고 사는 것이 혀의 힘에 달렸나니"(잠 18:21)라고 했다. 불평과 원망이 그쳐야 하나님의 길이 보이고, 그분의 임재도 느껴지기 시작하는 것이다.

하나님은 말에 책임을 지게 하신다

하나님은 하나님의 백성들이 자기 말에 책임지게 하신다.

> 그들에게 이르기를 여호와의 말씀에 내 삶을 두고 맹세하노라 너희 말이 내 귀에 들린 대로 내가 너희에게 행하리니 민 14:28

이는 "차라리 광야에서 죽었으면 좋았을 것"이라는 백성들의 말대로 그들을 광야에서 죽이시겠다는 것이다. 그리고 실제로 그렇게 되었다. "광야에서 죽었으면 좋겠다"라는 말을 한 백성들은 모두 그 후 40년 동안 실제로 광야 생활 중에 쓰러져 죽게 된다. 죽겠다고 하니까 죽게 되는 것이다. 정탐꾼들은 싸우기도 전에 이미 스스로 패배를 입으로 선포했다. 그로 인해 전능의 하나님이 역사하실 문을 닫아버렸다.

부정적인 믿음도 믿음이다. 믿고 말하는 그대로 된다. 그들은 그들 말대로 가나안 백성들과 제대로 싸워보지도 못하고 죽게 된다. 이는 절망의 미래를 스스로 만드는 꼴이다. 그들은 말로 영적 자승자박을 해버린 것이다.

네 입의 말로 네가 얽혔으며 네 입의 말로 인하여 잡히게 되었느니라 잠 6:2

하나님은 우리의 말을 가볍게 듣지 않으신다. 우리가 뱉은 말 그대로, 그것이 축복이든 저주이든 다 이루어진다고 생각해보라. 오싹하지 않은 가? 한데, 사실이다.

조그마한 어려움을 가지고 극단적 말을 뱉지 마라. 아무리 능력이 많은 사람이라 해도 하나님을 불신하고 원망하는 말을 계속하면 하나님 께서 그를 버리실 것이다. 특히 열 명의 정탐꾼들처럼 영적 지도자들이라고 하는 사람들이 그러면 자신들뿐 아니라 자신들의 말을 듣는 사람들까지 같이 망하게 될 것이다.

하나님께서는 하나님의 백성들이 하나님을 찬송하는 믿음의 말을 하기를 원하신다. 광야를 통과할 때나 약속의 땅에 들어갈 때나, 잘되거나 못되거나 변함없이 하나님을 신뢰하는 믿음의 말을 해야 한다. 역경을 뚫고 하나님의 꿈을 이루는 사람이 되려면 믿음의 언어생활로 바꾸는 것이 너무 중요하다.

말이 온몸을 다스린다

한국 교회에 영향력 있는 어느 유명한 목사님의 설교에서 들은 이야기다. 그 분이 80년대 중반쯤 한국의 권위 있는 신경외과 의사 한 분과 식사를 하셨다고 한다. 그 의사가 당시 뇌수술에서 발견된 새로운 의학적 사실에 관해 이야기해주었다.

"우리 뇌 속에서 사람의 말을 관장하는 언어 중추 신경이 다른 모든 신경을 지배한다는 것을 아십니까? 신경학계에서 최근 발견한 사실인데, 뇌 속의 언어 중추 신경이 다른 모든 신경계에 강력한 영향력을 미치는 것으로 나타났습니다."

그러자 목사님은 웃으면서 이렇게 대답했다고 한다.

"예, 알고 있습니다. 저는 벌써 오래전부터 알고 있었습니다."

그러자 그 의사가 놀라면서 말했다.

"어떻게 그걸 아셨습니다. 이것은 세계 신경학계에서도 새로운 발견들인데요."

"성경에서 배웠습니다. 야고보서 3장에 보면 '혀는 신체의 가장 작은 부분이지만 온몸을 굴레 씌울 수 있다'라고 되어 있습니다."

그제야 그 의사는 감탄하면서 신경학계에서 발견한 내용을 자세히 설명해주었다.

"언어 중추 신경이 다른 모든 신경계를 지배한다는 말은, 사람이 말을 통하여 자신이 원하는 방향으로 육체를 조절할 수 있다는 것입니다. 만일 어떤 사람이 '나는 점점 약해지고 있다'라고 계속 말하면, 당장 몸의 다른 모든 신경이 그 메시지를 받아서 전달할 것입니다. '자, 나는 계속 약해지고 있다고 했으니, 우리 모두 약해지도록 준비하자. 중앙 통제 본부에서 그렇게 지시가 왔으니 우리는 약해져야 해'라면서 그들의 신체적 상태를 약해지게 조절한다는 겁니다.

또, 어떤 사람이 '나는 능력이 없어. 하는 일마다 되는 게 없어'라고 말하면 어떻게 될까요? 당장에 몸의 모든 신경이 그 말을 똑같이 선언합니다. '다들 들었지? 중앙 통제 본부에서 우리는 무능력하다고 지시가 내려왔어. 우리는 꼭 무능력해질 수 있도록 스스로 준비해야 해. 없는 능력 개발하기 위해 노력한다거나 다른 사람의 조언을 구하는 일도 삼가야 해'라고요. 또, 어떤 사람이 '나는 이미 늙고 병들었어. 이젠 죽을 날만 기다려야 되나 봐'라고 말한다면, 어떻게 될까요? 몸의 모든 신경은 당장 이렇게 말합니다. '들었지? 본부에서 내려온 말을? 우리는 늙었어. 새로운 것 하려는 시도는 전부 포기하세요. 무덤에 들어갈 준비나 합시다'라고 하면서 그는 정말 **빠르게** 늙고 병들어 죽게 될 것입니다."

설명을 마친 의사 선생님은 감탄하면서 말했다.

"목사님, 성경이 말한 것을 현대 의학 연구가 입증하네요. 우리가 무엇을 말하는가가 우리의 인생을 결정하네요. 정말 말 한마디 하는 것도 조심해야 합니다. 긍정적인 믿음의 말을 하고 살아야 합니다."

정말 그렇다. 같은 종류는 같은 것끼리 끌어당긴다. "나는 가난하다. 잘살 가능성이 전혀 없다"라고 자꾸 말하면 가난을 끌어당기게 된다. "나는 병들었다 건강해지긴 글렀다"라고 말하면 평생 병을 달고 살게 될 것이다. 우리의 모든 신경이 언어 중추 신경의 지배를 받는다. 즉, 우리의 삶은 우리가 말하는 대로 될 것이다. 그러므로 절대로 부정적이거나 패배적인 언어를 사용하면 안 된다.

우리는 부정적인 말을 버리고 긍정적인 믿음의 말을 하는 습관을 들여야 한다. 변화된 인생을 살고 싶으면 언어가 달라져야 한다. 나를 통해 역사하실 하나님을 입술로 찬송하는 버릇을 들여야 한다.

"나는 건강하다. 나는 부유하다. 나는 승리할 것이다. 내 안에 계신 하나님이 세상에 있는 자보다 강하시다."

하루에도 몇 번씩 이렇게 입술로 선포해보라.

새로운 언어를 가져야 새로운 꿈을 꿀 수 있다

어려운 시절일수록 우리는 예수님을 생각해야 하고, 하나님께 감사하고 찬양하는 말을 해야 한다. 지금 우리 현실이 어렵다고 해서 미래도 그러리라는 법은 없다. 지금 미리 믿음의 눈으로 회복된 미래를 보고, 성령의 능력으로 미리 감사를 선포해보자. 나는 코로나 사태 후에 우리 교회가 더 강하고 새롭게 부흥할 꿈을 꾸고 있다. 총체적 위기에 있는 우리나라도 새롭게 될 것을 꿈꾸며 선포해보자.

새로운 언어를 가져야 새로운 꿈을 꾸고 새로운 인생을 살 수 있다. 어니서 새로운 언어를 배우는가? 성경에서 배운다. 하나님으로부터 배운다. 항상 성경을 읽고 묵상함으로 우리의 무의식 속까지 성경의 언어가 지배하게 해야 한다. 믿음의 말들을 사용하고, 축복과 은혜의 말들이 입술에서 흘러나가도록 하라.

긍정적이고 미래지향적인 축복의 언어, 믿음의 언어를 계속 말하면 하나님이 우리의 미래를 축복과 영광으로 바꿔주실 것이다. 우리 모두의 언어가 그렇게 달라지기를 원한다.

성령께서 우리 입술의 파수꾼이 되어주셔서 믿음의 말만을 하게 하옵소서!

두려움의 눈 vs. 믿음의 눈

자, 그런데 열 명의 정탐꾼들이나 이스라엘 백성들의 원망이 하루아침에 실수로 튀어나온 말이 아니다. 사람은 "마음에 가득한 것을 입으로 말함이니라"(눅 6:45)라고 했다. 그들의 원망과 두려움의 말은 그동안 그들 마음속에 쌓여온 불신앙으로부터 비롯된 것이다.

원래 가나안 땅 사전 정탐 자체가 하나님의 원래 계획에는 없었다.

> 너희의 하나님 여호와께서 이 땅을 너희 앞에 두셨은즉 너희 조상의 하나님 여호와께서 너희에게 이르신 대로 올라가서 차지하라 두려워하지 말라 주저하지 말라 한즉 너희가 다 내 앞으로 나아와 말하기를 우리가 사람을 우리보다 먼저 보내어 우리를 위하여 그 땅을 정탐하고 어느 길로 올라가야 할 것과 어느 성읍으로 들어가야 할 것을 우리에게 알리게 하자 하기에 신 1:21,22

즉, 모세가 하나님으로부터 받은 처음 명령은 바로 가데스 바네아에서 약속의 땅으로 진격해 들어가는 것이었다. 그런데 백성들이 나서서 뜻밖의 제동을 건 것이다. 이들의 제안인즉슨, 정복 전쟁에 바로 들어갈 것이 아니라 정탐꾼들을 먼저 보내어 땅을 정탐하고, 어느 길 어느 성읍으로 들어갈지를 미리 알고 가자는 것이다.

그들의 제안을 액면 그대로 보면 상당히 그럴듯하게 들린다. 가나안 땅으로 들어가지 않겠다는 것은 아니고, 들어가긴 들어갈 텐데 먼저 정찰해서 구체적 공격 작전을 세우는 데 도움이 되도록 하자는 것처럼 들린다. 그러나 실은 백성들이 하나님의 약속을 완전히 신뢰하지 못했기 때문이었다.

'과연 약속의 땅이 그렇게 좋을까? 그렇게 좋은 땅이 임자 없이 그냥 있을 리 만무하고 거기를 지키는 사나운 민족들과 싸워서 우리가 이길 수 있을까?'

이런 의심들이 꼬리를 물고 일어났다. 마귀가 뿌린 의심에 일단 사로잡히자 순종하기를 꺼렸다. 그렇지만 바로 하나님 말씀에 불순종하겠다는 말은 차마 하지 못하고 우회적으로 핑계를 댄다는 것이 일단 정탐꾼을 먼저 보내보자는 것이었다.

출애굽한 뒤 지금까지 1년이 지나도록 이스라엘 백성들은 홍해가 갈라지는 기적, 만나와 메추라기의 기적 등 수많은 초자연적인 기적들을 체험했다. 그런데도 아직 하나님을 온전히 신뢰하지 못했다. 그때까지 하나님께 대놓고 불평불만을 토로하며 대든 것이 벌써 아홉 번이나 되었다. 이쯤 되면 불평과 원망이 그들의 체질인 듯하다. 우리도 불평과 원망이 체질화되지 않도록 조심해야 한다.

그들은 아직 하나님 능력에 대한 확신이 없었다. 그래서 곧바로 약속의 땅으로 치고 들어가는 것에 대한 두려움이 가득했다. 그래서 가나안 사전 정탐을 모세에게 요구한 것이다. 본문인 신명기 1장 21절에 보면 모세는 "두려워하지 말라 주저하지 말라"라고 했는데, 그 두 개가 연결되어 있다. 두려워하면 순종을 주저하게 된다.

내가 하나님 같았으면 하나님의 약속을 믿지 못하고 바로 약속의 땅에 진입하기를 머뭇거리는 이스라엘 백성들에게 화가 났을 것이다. 그러나 하나님은 참으로 선하고 좋으신 분이셔서, 아직 이스라엘의 믿음이 그 정도밖에 안 된다면 조금 더 기다려주시기로 하셨다. 그러면서 실제로 이스라엘 백성의 대표들을 그 땅으로 보내서 그 땅이 얼마나 좋은지 확인해보라고 하셨다. 하나님은 항상 인간의 실수와 불손한 생각도 선으로 바꾸어 하나님의 아름다운 뜻을 이루고자 하신다.

어떤 눈으로 바라보는가?

모세는 열두 명의 정탐꾼들에게 구체적인 임무를 부여하고 출발시키기 직전에 중요한 말을 하나 한다. 민수기 13장 20절에 보면 모세는 이들에게 "담대하라"라고 한다. 정탐꾼들이 자신들이 정탐한 많은 내용을 제대로 해석하기 위해서는 영적 담대함이 필요했다. 담대함을 위해서는 하나님의 약속을 믿어야만 했다. 정탐은 믿음을 가지고 해야지, 그렇지 않으면 오히려 불신을 증폭시킬 수 있다.

비록 불안한 마음에 바로 가나안 땅에 들어가지 않고 정탐꾼들을 미리 보내긴 하지만, 지금 이스라엘 정탐꾼들은 어느 집을 살지 말지, 살 수 있을지 없을지를 알아보러 다니는 것이 아니다. 이미 하나님께서 주시겠다고 약속하신 땅이 얼마나 좋은 것인지를 다시 한번 확인하고, 그 땅을 어떻게 취하고, 어떻게 경영할지 전략을 짜러 가는 것이다.

그래서 민수기 13장에 보면 모세는 그들에게 구체적으로 약속의 땅의 성벽들 방어 상태와 군사들에 대한 정보도 파악해오라고 했다. 또, 어느 지역이 농경과 목축에 적합한지도 알아오라고 했다. 이 모든 것은 약속의 땅을 정복하고 경영할 구체적 플랜을 짜기 위해서였다

그러나 무엇을 보는가 이상으로 중요한 것은 어떤 눈으로 보느냐이다. 두려움의 눈으로 가나안을 정탐한 이들은 가나안 민족들의 장대함과 큰 성벽들을 보고, 오히려 겁을 먹어 전의를 상실해버렸다. 상황을 연구하고 분석하는 것을 경영 용어로 '리서치 앤드 디벨롭먼트'(Research & Development, R&D)라고 한다. 열 명의 부정적 정탐꾼들처럼, 믿음이 단단하지 않은 사람들이 너무 R&D만 하다 보면 순종보다는 낙담하게 된다. 그리고 이 문제를 내가 왜 못 푸는지 변명하는 데 급급하게 된다.

하나님은 어떻게 약속의 땅을 정복하고 경영할 것인지 구체적인 실행 계획을 짜라고 하셨는데, 정탐꾼들은 돌아와서 우리가 정복할 수 없는 땅이라고 하면서, 하나님의 비전 자체를 엎어버리자고 했다. 이미 하나님께서는 승리를 약속하시고 어떻게 승리를 얻을 것인가를 가르쳐주려 하시는데, 우리의 불신앙이 싸움 자체를 못 하겠다고 후퇴하게 하니 얼마나 한심한 일인가. 검은 안경을 끼고 사물을 보면 모든 게 어두워 보

이듯이, 불신의 눈으로 보면 똑같은 현실도 어둡게 다가온다. 불신의 사람들에게는 가나안 땅 정탐이 오히려 독이 되었다.

두려움과 믿음은 공존할 수 없다

두려움에 사로잡히면 아낙 자손의 거대함만 보인다. 그러나 믿음의 눈을 열면 아낙 자손을 압도하는 하나님의 임재가 보인다. 두려움과 믿음은 공존할 수 없다. 두려움은 우리로 하여금 살아 계신 하나님의 임재를 못 보게 하기 때문이다.

열 명의 정탐꾼은 사물을 보는 눈은 있었으나, 하나님의 능력과 약속을 믿는 신앙의 눈은 없었다. 이스라엘 백성들은 자신과 함께하시는 만군의 여호와 하나님을 계산에서 빠뜨렸다. 불신이란 하나님이 자기편이란 생각을 안 하는 것이다.

이 일에 너희가 너희의 하나님 여호와를 믿지 아니하였도다 신 1:32

결국 문제는 그들이 처음부터 하나님을 불신한 것이었다. 믿음 없는 열 명의 정탐꾼들은 약속의 땅이 좋다는 것은 인정하면서도, 그 땅의 정복은 불가능하다고 생각했다. 히브리서 11장에 보면 "믿음이 없이는 하나님을 기쁘시게 하지 못하나니"(히 11:6)라고 했다. 하나님의 능력과 사랑을 의심하는 불신앙은 큰 죄악이다. 하나님은 하나님을 불신하는 사람을 위해서는 화도 나시고, 맥이 빠지셔서 더 이상 일하시기 원치 않으신다. 그들의 이런 불신이 곧 그들 눈앞에서 약속의 땅으로 들어가는 문을 닫아 버리게 한다.

문제를 두려워하지 말라. 사람을 두려워하지 말라. 상대가 강하다 해도, 하나님과 같이 가라. 그러면 된다.

사람을 두려워하면 올무에 걸리게 되거니와 여호와를 의지하는 자는 안전하리라
잠 29:25

하나님이 함께하시면 그 어떤 상대도 능히 격파할 수 있다. 이 사실을 믿고 선포하며 살라.

작은 호박벌(bumblebee)을 한 번쯤은 본 적이 있을 것이다. 이 호박벌이 하루에 평균 150킬로미터 정도를 날아다닌다고 한다. 그런데, 과학자들에 의하면 호박벌은 이론적으로는 날 수 없다고 한다. 몸이 약 2센티미터인데 날개는 몸에 비해 너무 가늘고 작아서 공중에 뜰 수도 없다는 것이다. 그런데 어떻게 그렇게 많이 날 수 있을까?

좀 웃기는 말 같지만 호박벌은 자기가 체형적으로 잘 날 수 없다는 것을 모르고, 그 작은 날개로 열심히 날갯짓을 하며 날아다니는 거다. 사람도 마찬가지다. 능력이 작다고 포기하고 주저앉아 있으면 아무것도 할 수 있다. 능력이 부족해도, "내게 능력 주시는 자 안에서 내가 모든 것을 할 수 있다"라고 믿고 담대하게 나갈 때, 하나님께서 불가능을 가

능으로 바꾸시며 역사해주시는 것이다.

믿음의 사람 갈렙과 여호수아

감사하게도 가나안 땅을 정탐하고 온 것은 부정적인 열 명만이 아니었다. 믿음의 사람 갈렙과 여호수아도 그중에 있어서 하나님이 그들을 통해 새 역사를 만드셨다.

> 갈렙이 모세 앞에서 백성을 조용하게 하고 이르되 우리가 곧 올라가서 그 땅을 취하자 능히 이기리라 하나 민 13:30

부정적인 열 명의 정탐꾼들의 말에 휩쓸린 군중들이 아우성을 칠 때 하나님의 사람 갈렙은 담대하게 승리를 예언했고, 순종을 독려했다. 여호수아도 마찬가지였다.

갈렙과 여호수아도 다른 열 명의 정탐꾼들이 본 장대한 아낙 자손들을 보았을 것이다. 그러나 그들은 믿음의 눈으로 보았기에 다른 사람들과는 달리 아낙 자손들에게 주눅 들지 않았다. 무엇을 보는가 이상으로 중요한 것은 어떤 눈으로, 어떤 마음으로 보느냐이다. 기도하는 사람에게는 믿음이 생기고, 믿음은 내 이성과 경험과 상식을 뛰어넘게 한다. 그리고, 하나님의 눈으로 상황을 보게 해준다.

갈렙과 여호수아는 믿음의 사람이었기에, 똑같은 가나안 땅을 정탐하고도 전혀 다른 해석과 적용을 한다. 문제보다 더 크신 하나님을 믿기 때문에 이길 수 있다고 선포한다. 그래서 자신뿐 아니라 다른 백성들도 용기를 내어 일어설 수 있게 한다. 진짜 하나님의 지도자는 그래야한다.

원망의 언어가 미래를 닫아버리듯이, 비전의 언어는 축복의 미래를 열게 한다. 실제로 40년 후, 가나안 정복은 여호수아와 갈렙의 손에서 현실이 되었다. 그 어떤 무서운 적도 믿음의 지도자들 앞에서 견뎌내질 못했다.

신명기 1장 36-38절에서는 하나님께서 두 사람을 칭찬하시면서 그 믿음에 대한 보상으로 '그들은 약속의 땅에 들어가서 그것을 차지할 것'이라고 하셨다. 여호수아는 훗날 모세의 후계자가 되어 이스라엘을 이끌고 약속의 땅을 정복하게 되고, 그가 속한 에브라임 지파도 큰 축복을 받는다. 또한 갈렙의 용기 있는 결단은 훗날 그가 이끄는 유다 지파를 가장 강대한 지파, 다윗 왕과 예수 그리스도를 배출하는 축복의 백성으로 세우게 된다. 오늘 우리의 믿음이 우리와 우리 자손의 미래를 축복으로 인도할 것이다.

믿음의 사람이 나라를 일으킨다

19세기 중반 덴마크는 프로이센·오스트리아 연합군과의 전쟁에서 참패당했다. 가장 곡창지대인 영토도 빼앗기고 황무지 같은 땅만 남은 데

다가, 막대한 배상금까지 물어주게 되면서 나라 경제는 파탄이 났다. 수많은 사람이 직장을 잃었고 젊은이들은 절망감과 패배 의식으로 비틀거리고 있었다. 그러나 바로 이때 니콜라이 그룬트비(Nikolaj Grundtvig)라는 목사님이 분연히 일어나 덴마크 국민들을 깨웠다.

'하나님을 사랑하자! 자연을 사랑하자! 나라를 사랑하자!'를 외친 그룬트비는 농민학교를 세우고 성경을 바탕으로 기술 교육을 했다. 그가 세운 학교는 자발적으로 입학한 학생들이 먹고 자고 일하고 공부하고 토론하면서, 적극적인 개척정신으로 나라의 새로운 미래를 준비하게끔 했다.

"물리적 힘이 아니라 위대한 국민성으로 새로운 국가를 건설하자!"라고 외친 그룬트비는 성경에 기초한 국민성격개조운동과 농촌부흥운동을 벌였다. 황무지를 개간하고 나무를 심는 등 오늘날 덴마크가 세계적 농업국가로 발돋움할 수 있는 기반을 마련했다. 그는 "은과 금은 내게 없거니와 내게 있는 이것을 네게 주노니 나사렛 예수 그리스도의 이름으로 일어나 걸으라"라는 사도행전 3장 6절 말씀을 굳게 의지했다. 그룬트비의 믿음의 리더십으로 덴마크는 패전의 아픔을 딛고 일어나 국민소득은 독일을 앞서고, 오늘날 OECD 국가 중에서 행복지수 1,2위를 다투는 아름답고 강한 일류국가가 되는 기틀을 다질 수 있었다.

덴마크의 국부로 추앙받는 그룬트비 목사님은 바로 덴마크를 위해 하나님이 예비하신 여호수아와 갈렙 같은 비전의 지도자였다. 우리 가운데서도 한국을 살리는 그룬트비 같은, 여호수아와 갈렙 같은 긍정적 믿음의 사람들이 많이 나오기를 축원한다.

선택의 광야 가데스 바네아

가데스 바네아에서 이스라엘 백성들의 실망스러운 모습에 분노하신 하나님께서는 먼저 열 명의 부정적 정탐꾼들을 죽이셨다. 그리고 40절에 보면 다시 광야로 유턴하라는 충격적 명령을 내리신다.

"너희는 방향을 돌려 홍해 길을 따라 광야로 들어갈지니라."

약속의 땅 진입이 미뤄지고 이로부터 38년간 더 혹독한 광야 생활을 하게 된다. 그 기간 동안 하나님을 불신했던 출애굽 1세대들은 여호수아와 갈렙을 제외하고는 모두 죽게 된다. 이렇듯 불신의 대가는 열매 없는 삶으로 인생이 끝나는 것이다.

이 사건이 있던 때가 팔레스타인의 포도 수확기인 7월 말이었다. 이것이 과연 우연일까? 아니다. 우리 인생의 때를 주관하시는 하나님의 기가 막힌 섭리다. 하나님은 정확한 때에 이스라엘 백성을 약속의 땅 문턱에 세우셨다. 처음 명령대로 바로 진입했으면 그들은 포도를 비롯한 각종 과일과 채소 수확기에 들어가 풍성한 은혜를 누렸을 것이다. 그러나 이스라엘 백성들의 불신과 원망으로 모든 것이 망가져버렸다.

어떤 상황에서도 하나님을 의심하거나 입으로 원망하지 말라. 그런 사람은 결코 꿈을 이루지 못할 것이다. 어떤 힘들고 어려운 상황 속에서도 주님의 이름을 높이라. 그분을 믿고 찬양하라. 하나님을 신뢰하고,

하나님을 높이는 당신을 하나님이 축복하실 것이다.

우리 모두의 인생 여정에서 가데스 바네아처럼, 인생의 기로에 서는 때가 있다. 이때 하나님을 믿지 못하고 불평과 원망을 말하면 혹은 부정적인 리더들의 말에 선동당하면, 하나님의 역사가 차단된다. 그러면 우린 다시 고통스러운 광야 생활로 돌아가야 한다.

결코 그래선 안 된다. 우리는 담대한 믿음으로 담대히 약속의 땅으로 바로 진입해야 한다. 믿음의 생각을 하고 믿음의 말을 하도록 하자. 그러면 하나님께서 우리를 기뻐하시고 반드시 약속의 땅을 차지하게 하실 것이다.

chapter 8

광야 생활 마지막 연단

*민수기 20장 1-21절

1 첫째 달에 이스라엘 자손 곧 온 회중이 신 광야에 이르러 백성이 가데스에 머물더니 미리암이 거기서 죽으매 거기에 장사되니라 2 회중이 물이 없으므로 모세와 아론에게로 모여드니라 3 백성이 모세와 다투어 말하여 이르되 우리 형제들이 여호와 앞에서 죽을 때에 우리도 죽었더라면 좋을 뻔하였도다 … 6 모세와 아론이 회중 앞을 떠나 회막 문에 이르러 엎드리매 여호와의 영광이 그들에게 나타나며 7 여호와께서 모세에게 말씀하여 이르시되 8 지팡이를 가지고 네 형 아론과 함께 회중을 모으고 그들의 목전에서 너희는 반석에게 명령하여 물을 내라 하라 네가 그 반석이 물을 내게 하여 회중과 그들의 짐승에게 마시게 할지니라 … 11 모세가 그의 손을 들어 그의 지팡이로 반석을 두 번 치니 물이 많이 솟아나오므로 회중과 그들의 짐승이 마시니라 12 여호와께서 모세와 아론에게 이르시되 너희가 나를 믿지 아니하고 이스라엘 자손의 목전에서 내 거룩함을 나타내지 아니한 고로 너희는 이 회중을 내가 그들에게 준 땅으로 인도하여 들이지 못하리라 하시니라 13 이스라엘 자손이 여호와와 다투었으므로 이를 므리바 물이라 하니라 여호와께서 그들 중에서 그 거룩함을 나타내셨더라 … 20 그는 이르되 너는 지나가지 못하리라 하고 에돔 왕이 많은 백성을 거느리고 나와서 강한 손으로 막으니 21 에돔 왕이 이같이 이스라엘이 그의 영토로 지나감을 용납하지 아니하므로 이스라엘이 그들에게서 돌이키니라

마지막 스퍼트

이스라엘 백성들은 가나안 땅 남방 초입의 가데스 바네아에서 뼈아픈 대형 사고를 쳤다. 부정적인 정탐꾼들의 말에 미혹된 그들은 하나님을 의심하고 원망함으로써 하나님의 진노를 사서 다시 광야로 돌아가게 된다. 출애굽 2년 차에 약속의 땅으로 바로 진입할 수 있었던 그로부터 무려 38년을 주변의 광야를 계속해서 유리 방랑하는 고통스러운 시간을 보내게 된다.

민수기 20장은 이제 그 38년 징계의 광야 생활을 마감하면서, 이스라엘 백성들이 가데스 바네아에 다시 서게 되는, 그러니까 이스라엘 백성의 출애굽 역사에 있어서 대전환을 이루는 중요한 장이다.

여기서 다룰 이야기는 이스라엘 백성들이 광야 40년 생활을 끝내던 마지막 해에 벌어진 일들인데, 마라톤으로 치면 마지막 결승 테이프를 끊기 전까지 얼마 안 남은 기간이다. 이때 마지막 남은 힘을 쥐어짜서 전력 질주하는 스퍼트를 해야 하는데, 이미 지친 체력을 가지고 끝까지 뛰기가 쉽지 않다. 이스라엘 백성들에게 있어서도, 이 광야 후반기의 마지막 스퍼트는 절대 쉽지 않았다.

불신과 반역의 세대의 퇴장

첫째 달에 이스라엘 자손 곧 온 회중이 신 광야에 이르러 백성이 가데스에 머물더니 미리암이 거기서 죽으매 거기에 장사되니라 민 20:1

여기서 말하는 '첫째 달'은 광야 생활 40년째 되던 해의 첫 달을 가리킨다. 그리고 여기에 보면 모세의 누이 미리암도 광야 생활 40년째 되던 그해에 죽어 땅에 묻히게 된다. 이제 곧 모세의 형 아론도 죽게 된다.

성경이 굳이 미리암의 죽음을 언급하는 이유는 무엇일까? 알다시피 미리암은 모세의 친누이로서 출애굽 초창기에는 하나님의 출애굽 구원을 찬양하는 큰 찬양 예배를 인도하는 등 이스라엘 백성들에게 영적 영향력을 행사하던 사람이었다. 그러나 광야 생활 초기에, 그녀는 모세가 구스 여인을 아내로 취한 것을 빌미로 "하나님께서 모세와만 말씀하셨느냐"(민 12:2)라고 대들었다. 동생 아론도 같이 끌어들였다. 이때 하나님께서는 미리암을 문둥병으로 치시면서 모세의 권위를 지켜주셨었다.

그런 미리암이 광야 생활을 마무리하는 시점에 죽었다. 이것은 불평과 원망에 가득차서 항상 모세의 권위, 하나님의 권위에 대들었던 출애굽 1세대가 이제 완전히 퇴장한다는 상징적 메시지다.

또 미리암과 아론이 죽기 얼마 전에, 모세의 사촌 고라가 이끄는 대규모 반란 사건이 있었다. 그들은 250명이나 되는 각 지파의 영향력 있는 지도자들을 선동해서 모세의 권위를 무너뜨리려 했다. 그때 하나님께서 진노하셔서 주동자 250명 포함해서 그들을 추종했던 사람들이 하루 만에 만 오천 명이나 죽임당했다. 성경은 광야 생활 38년에 대한 자세한 기록은 안 남겼지만, 이 사건은 중요하게 다루었다. 그리고 광야 생활 40년을 마무리하는 시점에서 미리암의 죽음을 다시 언급한다. 그것은 반역의 영을 가지고는 약속의 땅을 들어갈 수 없다는 중요한 영적 메시지다.

광야에서 불순종의 1세대는 다 죽었다. 불순종의 세대가 하나도 남김없이 다 죽기까지 하나님은 새 역사를 시작하지 않으셨다. 우리에게는 일이 급한데 하나님의 우선순위는 거룩이다. 우리 안에 하나님이 기뻐하시지 않는 불순종의 잔재가 남김없이 다 죽고 정결해지고 겸손해져야, 하나님이 움직이신다.

광야는 내 안에 있는 불순종의 옛사람이 죽어 나가는 곳이다. 그래야 성령의 새사람으로 다시 태어날 수 있다. 불순종의 영, 반역의 영이 제거되어야 약속의 땅에 들어갈 수 있다.

그러니 왜 내 광야 생활은 끝나지 않고 이렇게 오래 가느냐고 불평만 늘어놓지 말고, 기도하며 자기 내면을 살펴보라. 우리 안에 하나님의 역사를 자꾸 뒤로 미루게 하는 불순종의 잔재들이 아직 남아 있지 않은 가? 우리 교회 안에 불순종의 잔재들이 아직 남아 있지 않은가? 성령이 여, 그것들을 다 드러내시고 정결케 하옵소서!

하나님께서는 단순히 이스라엘 백성들이 고생하는 것이 불쌍해서 "이 제 38년이나 고생했으니 약속의 땅으로 들어가도 좋다"라고 하신 게 아 니다. 불순종의 사람들이 남김없이 퇴장해야 하나님의 진격 명령이 떨어 진다. 그게 되어야 답답하고 힘들던 광야의 시즌이 끝난다. 그리고 비 전을 추수하는 새로운 시즌이 열릴 것이다. 이 답답한 정체 상태를 뚫는 기적의 돌파구가 열릴 것이다.

미리암의 죽음과 함께 이스라엘의 완전한 세대교체가 이뤄지고 있었 다. 그리고 이스라엘 백성들은 38년 전 그 비극의 사건이 일어났던 가데 스 바네아로 다시 돌아오게 된다. 이제 그들의 광야 생활이 거의 끝나던 때인데, 사람이 끝까지 경계심을 늦추면 안 된다고 하더니 여기서도 중 요한 사건이 일어난다.

가데스에 물이 없으므로

회중이 물이 없으므로 모세와 아론에게로 모여드니라 민 20:2

가데스는 원래 거대한 오아시스 지역으로, 물이 끊임없이 솟아나는 지역이다. 그런데 가데스에도 물이 없었다는 것은 그때 가뭄이 극심했다는 이야기가 된다. 오아시스라고 해서 믿고 갔는데, 물이 있어야 할 곳에 물이 없으니 절망감이 모두를 엄습했을 것이다. 기대했던 곳에서 기대가 안 이뤄지면 분노가 일어난다.

그리고 이럴 때, 사람들은 거기에 담긴 하나님의 숨은 뜻을 찾으려 하기보다는 화내고 원망부터 하고 본다. 그러나 이것이 광야 생활 마지막 단계에서, 약속의 땅 진입을 앞두고 하나님이 주시는 마지막 시험임을 그들은 깨닫지 못했다.

날카로워진 백성들은 '모세와 다투어 말했다'라고 했다. 이 말은 거칠게 대들었다는 뜻이다. 좀 더 자세히 번역하면, 백성들이 모세의 멱살을 잡고 싸울 듯이 함부로 논쟁했다는 뜻이다. 대부분이 광야에서 성장한 출애굽 2세들인 이들은 자신들의 할아버지뻘인 모세에게 마구 대들었다. 상황이 어려워지면 군중은 거칠어진다. 말을 함부로 한다.

> 우리 형제들이 여호와 앞에서 죽을 때에 우리도 죽었더라면 좋을 뻔하였도다
>
> 민 20:3

여기서 '우리 형제들'이란 그동안 광야에서 죽어갔던 자기 부모 세대를 말한다. 못된 것은 가르치지 않아도 닮는다더니, 출애굽 2세대는 자기 아버지들이 했던 원망을 그대로 답습하고 있었다.

지난 장에서 다루었듯이 우리 크리스천은 정말 말조심해야 한다.

힘들다고 해서 아무 말이나 입으로 뱉으면 나중에 반드시 입술의 열매를 먹게 된다. 생명을 주신 하나님 앞에서 하나님의 자녀들이 절대 해서는 안 되는 말이 "차라리 죽었으면 좋겠다"라는 말이다.

그들은 모세와 아론에게 이렇게 대들었다.

"너희가 어찌하여 우리를 애굽에서 나오게 하여 이 나쁜 곳으로 인도하였느냐?"

조금만 힘들면 습관적으로 나오는 애굽 이야기. 자신들이 노예 생활하던 애굽을 그리워하는 한심한 태도. 애굽에서 그들이 잘살았던 것도 아니다. 짐승만도 못한 대접을 받으면서 노예로 살았다. 하나님께서 그런 지옥 같은 삶에서 해방시켜주셨는데도, 툭하면 옛날 애굽 시절이 좋았단다.

게다가 이들은 애굽 생활을 경험해보지 않은 광야 2세대다. 그렇다면 애굽 이야기는 부모들에게서 들었던 것이 전부였을 것이다. 출애굽 1세대는 불평과 원망으로 자기들만 죽는 것도 모자라서 자기 자녀들에게도 잘못된 교육을 해놓고 죽은 것이다.

그래서 출애굽 2세대도 걸핏하면 자기들이 경험해보지도 않았던 애굽 생활을 그리워하는 잘못된 습관이 들었다. 이러니 부모들이 가정에서 올바른 신앙 교육을 하는 것이 얼마나 중요한지 모른다. 단순히 가정예배 드리라는 말이 아니다. 자녀들 앞에서 항상 긍정적이고 미래지향적인 믿음의 말을 해야 한다. 부모가 무심코 내뱉는 모든 말들이 아이들 마음에 심어져서 나중에 그들의 인격과 가치관에 영향을 미친다.

고난의 광야를 통해서 하나님은 이스라엘 백성들 안에 있는 애굽 노예근성을 제거하길 원하셨다. 그들의 불신앙을 변화시키기 위해서 그들을 광야 속에서 연단하고 계셨는데 이스라엘 사람들은 한심하게도 하나님의 그 마음을 몰랐다.

"너희가 어찌하여 우리를 애굽에서 나오게 했느냐"에서 '너희'는 모세와 아론을 가리킨다. '어찌하여'는 '왜' 그랬냐는 것이다. 이스라엘 백성들은 이 '왜'라는 질문을 4,5절에서 연거푸 반복한다. 고통의 시간이 계속되면서, 이스라엘 백성들은 자신들이 어디로, 왜 가야 하는지에 대한 목적의식을 잃어버렸다.

하나님께서는 모세를 통해서 너희들을 '젖과 꿀이 흐르는 가나안 땅에 데려가 하나님을 자유롭게 예배하며 살 수 있게 하기 위해서'라는 비전을 수도 없이 선포해주셨다.

"너희를 제사장 나라로 쓸 것이다. 열방을 향한 축복의 통로로 쓸 것이다."

그러나 고통이 닥치면 백성들은 금방 하나님이 주신 비전을 망각했다. "왜 우리를 데리고 나왔느냐?"라고 대들고 나온다.

고통은 하나님의 약속, 하나님의 비전을 망각하게 한다. 이들은 모세에게 대들고 있지만, 실은 모세를 세우신 하나님께 대드는 것이다. 그래서 훗날 이곳에서 나온 물을 '므리바 물'(하나님과 다투었다)이라고 불렀다.

믿음이 없으면 없는 것만 보인다

이곳에는 파종할 곳이 없고 무화과도 없고 포도도 없고 석류도 없고 마실 물도 없도다 민 20:5

뭐도 없고, 뭐도 없고…. 어떻게 이렇게 없는 것들만 보일까? 부정적인 시각으로 보면 모든 것이 절망적으로 보인다. 하나님께서는 분명히 젖과 꿀이 흐르는 가나안 땅을 주겠다고 약속하셨다. 그 땅을 차지하기 위해 지금 이스라엘에 요구되는 것은 온전한 믿음이었다. 믿음이 있으면 어려움이 닥쳐도 바로 불평으로 반응하지 않고 인내하며 하나님의 역사를 기다린다.

그러나 그들은 믿음 없는 눈으로 현실의 어려움만을 보았다. 그러니까 가데스의 가뭄밖에는 보이지 않는 것이다. 불신의 눈은 현실의 나쁜 부분만을 보게 한다. 기회도 위기로만 보이는 것이다. 조급해지고 불평부터 토해내는 것이다. 불신의 눈으로 현실을 보면 힘들다. 믿음의 눈으로 미래를 봐야 놀라운 축복의 길이 보인다.

광야는 힘든 곳이지만, 영원히 있는 곳이 아니었다. 지나가는 과정이지 종착지가 아니다. 무엇을 보느냐 이상으로 중요한 것은 어떤 눈으로 보느냐이다. 비뚤어진 시각으로 보면 다 화낼 일뿐이다.

그들이 만약 믿음의 눈으로 가데스를 바라봤다면 그곳은 하나님이 인도하시고 보호하시는, 모든 것이 충만한 약속의 땅으로 가는 과정임을 알았을 것이다. 약속의 땅이 이제 코앞에 있었다. 정말 못 참을 정도로 괴로워서 포기하고 싶은가? 조금만 더 인내해보라. 어쩌면 약속의 땅 코앞에 와 있는지도 모른다.

므리바 반석의 물

모세는 사납게 다그치는 출애굽 2세대들 앞에서 할 말을 잃고 있다가 하나님 앞에 가서 간절히 기도했다. 그리고 하나님이 응답하셨다.

> 지팡이를 가지고 네 형 아론과 함께 회중을 모으고 그들의 목전에서 너희는 반석 에게 명령하여 물을 내라 하라 네가 그 반석이 물을 내게 하여 회중과 그들의 짐 승에게 마시게 할지니라 민 20:8

38년 전 광야 생활 초기에, 르비딤이란 곳에서도 물이 없어서 폭동이 날 뻔한 적이 있었다. 그때도 하나님께서 기적적으로 바위에서 물이 솟게 하셨었다. 그런데 그때는 하나님께서 바위를 치라고 명하셨었다. 하지만 수십 년이 지난 지금 가데스에서는 지팡이는 들되, 그저 바위에다 말만 하라고 하신다.

> 모세가 그의 손을 들어 그의 지팡이로 반석을 두 번 치니 물이 많이 솟아나오므 로 회중과 그들의 짐승이 마시니라 민 20:11

수십 년 전 르비딤에서 그랬던 것처럼, 하나님께서는 이번에도 모세를 통해 바위에서 많은 물이 쏟아져 나오게 하셔서 이스라엘 백성들의 갈증을 단번에 해갈시키셨다. 200만이 넘는 백성들과 가축들까지 넉넉히 마실 물이었다고 하니, 엄청난 물이 강물처럼 흘러나온 것이다.

우리 하나님은 참 좋으신 분이시다. 이스라엘 백성들의 터무니 없는 원망에 진노하지 않으시고 일단 물을 주기로 하셨다. 하나님께서는 그때나 지금이나, 변함없이 물이 없어 불평하고 대드는 백성을 책망하지 않으시고 물을 주신다. '저들이 얼마나 목마르면 그랬겠는가?'라며 너그럽게 참아주신다. 그리고 물을 내어주신다. 마치 아무리 잘해줘도 끊임없이 불평만 하는 자식들에게 그래도 저녁상을 차려주는 부모와 같다.

모세와 아론을 향한 징계

자, 그렇게 물은 쏟아져 나왔지만, 그 뒤에 뜻밖의 상황이 벌어졌다. 하나님께서 모세와 아론에게 징계를 내리신 것이다.

여호와께서 모세와 아론에게 이르시되 너희가 나를 믿지 아니하고 이스라엘 자손의 목전에서 내 거룩함을 나타내지 아니한 고로 너희는 이 회중을 내가 그들에게 준 땅으로 인도하여 들이지 못하리라 하시니라 민 20:12

40년간 그 고생을 하면서 백성들을 이끌어온 모세와 아론에게 약속의 땅을 저 멀리서 바라만 보고 들어가지는 못하게 하신 것이다. 모세와 아론이 얼마나 충격을 받고, 얼마나 상심했을까? 도대체 모세와 아론이 무엇을 그렇게 잘못했기에 하나님이 이런 징계를 내리신 것인가? 12절에 보면, 모세와 아론이 하나님을 '믿지 아니하고 이스라엘 자손의 목전에서 내 거룩함을 나타내지 아니했다'라고 했다.

하나님께서는 단순히 바위에 물을 내라고 명령만 하라고 하셨다. 그랬다면 하나님의 능력이 높이 나타났을 것이다. 그런데 모세는 아마 분노에 찬 감정을 추스르지 못하여, 순간적으로 영적 지도자로서 분별력을 상실했을 것이다. 흥분한 모세는 지팡이로 바위를 두 번 연거푸 내리쳐버렸다.

그런데 하나님께서는 모세의 문제를 스트레스나 분노라고 하지 않으시고, "너희가 나를 믿지 아니하고"라고 하신다. 분노의 문제 밑에는 불신의 문제가 있다.

모세는 40년 동안 힘든 광야에서 불평하고 불신하는 백성들을 다루다 보니, 자신도 모르게 은근히 그들의 불평과 불신에 전염이 되었다. 그리고 하나씩 죽어가는 출애굽 1세대들의 장례를 지켜보면서, 미운 정도 정이라고 모세도 눈물이 나고 마음이 시렸다. 이런 식의 슬픔과 사람에 대한 분노, 답답한 상황에 대한 스트레스가 계속 쌓이다 보면 궁극적으로 하나님에 대해 섭섭함이 생긴다. '과연 정말 하나님은 약속을 이루실 것인가?'라는 생각마저 들게 한다. 모세도 사람이다. 온유한 성품으로 참아내긴 했지만, 그런 힘든 마음이 수십 년 동안 모세 안에도 조금씩 쌓여왔고, 그것이 하나님의 약속에 대한 믿음을 흔들리게 했다.

거기다가 그들이 서 있는 곳은 가데스다. 38년 전, 바로 거기서 백성들의 불평과 원망으로 다시 광야 땅으로 유턴 당했던 기억이 나면서, 다시 그런 일을 당할지도 모른다는 두려움도 모세를 자극했을 것이다. 그러니까 바위를 두 번이나 내리친 모세는 비단 백성들에게만 화내고 있는 것이 아니다. 실은 38년 광야 생활을 하게 하시면서 상황을 시원하게 풀어주지 않으시는 하나님의 섭리에 대한 불신, 그리고 이 못난 백성들 때문에 '혹시 이러다 다시 광야로 돌아가야 하는 것 아닌가' 하는 두려움까지 합쳐졌을 것이다.

세대가 가도 변할 줄 모르고 불평과 원망만 하는 백성들로 인해 모세의 인내심도 바닥이 났다. 하나님께서 이전에 몇 번씩 이 백성들을 멸망시키겠다고 하신 말씀이 생각나면서 이러다가 약속의 땅에 들어가지 못하는 것 아닌가 하는 의심도 들었다. 모세의 분노 밑에는 불신이 깔려 있었다.

모세는 어떤 일이 있어도 하나님의 신실하심을 믿었어야 했다.

'과거의 아픔 때문에 하나님 선한 계획을 의심해선 안 된다. 이스라엘 백성들은 다시 광야로 돌아가지 않는다. 하나님은 약속하신 대로 반드시 약속의 땅에 들여보내실 것이다.'

하나님은 다른 사람도 아닌 모세와 아론이 하나님의 신실하심을 믿지 않으니 화가 나셨다.

사람이 아무리 우리를 실망시켜도 우리는 하나님의 신실하심을 믿어야 한다. 하나님의 계획은 부정적인 사람들로 인해 좌절되지 않는다. 그 사실을 믿어야 한다. 믿어야 분노의 감정을 내려놓을 수 있다. 우리를 위한 하나님의 계획은 재앙이 아니라 평안이다. 그 하나님을 온전히 믿을 때, 우리 안에 있는 모든 섭섭함과 분노와 조급함과 불안감이 씻겨나 갈 것이다.

에돔 왕이 길을 막다

약속의 땅으로 못 들어가게 되었기에 모세는 많이 낙담했을 것이다. 그래도 마음을 추스르고 일어나 마지막까지 자신의 사명을 다해 백성을 인도하며 전진한다. 이스라엘 백성이 현재의 위치인 가데스 바네아에서 가나안 땅으로 들어가자면, 지형상 사해 남단을 거쳐 요단 동편으로 나가는 것이 가장 빠르고 적합했다. 그러자면 남쪽을 장악하고 있는 에돔 족속의 영토를 통과해야만 했다.

에돔은 이스라엘의 조상이 되는 야곱의 쌍둥이 형 에서의 후손들이다. 그래서 모세는 에돔 왕에게 사신을 보내면서 이스라엘과 에돔은 한 형제임을 강조했다. 그리고 에돔 영토 내를 관통하는 '왕의 큰길'(The King's Highway)을 사용하게 해달라고 간청한다. 그러나 에돔 왕은 이스라엘의 요청을 냉정하게 거절했다. 자기방어를 위해 무력 행위도 불사하겠다고 경고했다.

사실 에돔의 입장도 이해가 간다. 그들은 이스라엘이 두려웠을 것이다. 저 무서운 애굽 기마대를 홍해 바다에서 전멸시키고, 하나님이 구름 기둥과 불 기둥으로 지키시며, 만나와 메추라기로 먹이시며 저 삭막한 광야로 이끌어온 이스라엘 민족이다. 그들에 관한 소문은 당시 전 중동 지역에 전설처럼 퍼져 있었다. 그런데 2백만이나 되는 그 무서운 이스라엘 민족(칼을 들 수 있는 장정만 60만이 넘는 사람들)이 에돔의 영토를 지나가겠다고 한다.

모세는 아무 일도 없을 거라고 하지만, 그것을 어떻게 믿는단 말인가? 특히 저들은 오래전 자신들의 조상인 에서를 교활한 꾀로 속였던 야곱의 후손들이 아닌가? 말이 형제지, 원수나 다름없이 생각되어오던 이스라엘이다. 저들이 지금은 그냥 지나가겠다고 하지만, 광야 생활에 지친 그들이 에돔 땅을 지나면서 에돔의 부유한 마을들을 보면 생각이 바뀌어 순식간에 약탈자로 변하지 않는다고 누가 보장하겠는가? 에돔 왕의 입장도 충분히 이해할 만하다.

모세가 두 번, 세 번 간청했어도 대답은 똑같았다. 그뿐 아니라 완전 무장을 한 에돔의 전 병력을 다 동원해서 이스라엘 백성들 앞을 가로막았다. 자칫하면 전면전이라도 불사할 기세였다. 모세와 이스라엘 백성들은 에돔이 생각보다 너무 적대적으로 나오자 놀라고 당황했다. 이스라엘은 맥없이 물러났다. 군사력이 약해 겁이 나서 피한 것이 아니다. 이스라엘군은 강력한 전투력을 가진 대군이었지만, 에돔과는 싸울 수 없었다. 하나님이 일찍이 에돔과 싸우지 말라고 하셨기 때문이다.

결국 이스라엘은 에돔을 우회해서 먼 홍해 길로 갈 수밖에 없었다. 우회해서 가는 길은 에돔 땅을 통과하는 왕의 길과는 비교할 수 없을 만큼 오래 걸리고, 불편하기 짝이 없었다. 거절당한 모세와 이스라엘 백성들의 마음은 참으로 착잡하고 슬펐을 것이다. 하나님이 야속하기도 했을 것이다. 어떻게 광야 생활의 마지막인 40년째까지도 이렇게 힘들단 말인가.

하나님이 허락하신 시험에는 뜻이 있다

지금 이런 에돔 같은 장벽에 부딪혀 절망하고 있는가? 사업 때문에, 자식 때문에, 병 때문에 너무 오래 광야의 시간 속에 있는가? 광야에 그렇게 오래 있었는데, 이제 다 끝나 가는 것 같은데 마지막 단계까지 아직 힘든 일이 계속되는가? 노력해도 안 되고, 인맥으로도 안 되고, 빌어도 안 되고, 아무리 발버둥쳐도 안 되는 에돔 같은 장벽 앞에 서 있는가? 하나님이 허락하신 벽이라면, 하나님이 허락하셔서 우회하는 길을 가야 한다면, 더디 가더라도 분명히 뜻이 있다. 지금은 서럽고 힘들지만, 절망하지 말라.

하나님이 우리 인생에 에돔 같은 장애물을 허락하시고 우회도로로 돌아가게 하실 때, 우리는 낙담한다. 특히 이스라엘처럼 이제 지긋지긋한 40년 광야 생활을 끝내고 약속의 땅 진입을 눈앞에 두고 있는 상황에서는 더 마음이 조급하다. 그러나 모든 지체되는 힘든 상황, 모든 장애물에는 하나님이 우리에게 가르쳐주시고자 하는 영적 교훈이 담겨 있다.

그러니 "내가 무엇을 잘못해서 이렇게 광야가 길어집니까?"라고 따지듯 묻지 말고 "내가 무엇을 배우길 원하십니까?"를 질문하라.

너희에게 인내가 필요함은 너희가 하나님의 뜻을 행한 후에 약속하신 것을 받기 위함이라 히 10:36

바람이 불면 나무뿌리가 더 튼튼해진다. 시험은 우리가 계속 하나님께 의지하게 하고, 그로써 우리의 영적 근육이 커진다.

하나님의 '노'(No)를 받아들일 수 있어야 진정한 하나님의 백성이다. 지금 안 된다는 것이지 영원히 안 된다는 것은 아니다. 이 문을 안 열어주신다는 것뿐이지, 다른 모든 문도 다 닫아버리신다는 것은 아니다. 진정한 믿음은 어쩔 수 없는 장벽에 부딪혔을 때 더 성숙하게 영근다.

중요한 것은 이 인내의 믿음을 약속의 땅에 들어가기 직전까지 계속 유지하는 일이다. 노력해도 안 되고 빌어도 안 되는 에돔 같은 역경 앞에서 하나님은 이스라엘 백성들을 한 번 더 연단시키신다.

사실 에돔의 장벽이라는 시련을 하나님께서 광야 마지막 단계에서 이스라엘에 허락하신 것은 이전에 있었던 므리바 반석 사건과도 관련이 있다. 광야 생활 40년 동안 그들 문제의 패턴은 항상 비슷했다. 어려움이 왔을 때 인내하며 하나님을 바라보지 못하고, 바로 불평과 원망부터 터뜨리는 것이었다. 출애굽 1세대가 그랬는데, 2세대도 똑같은 모습을 보이니까 하나님께서는 약속의 땅으로 들어가기 전에 다시 한번 확실하게 강

인한 믿음, 인내하는 믿음을 그들에게 가르치길 원하셨다.

하나님이 허락하시는 시험에는 의미가 없는 것이 없다. 에돔 왕으로 인한 시험의 목적은 '하나님을 믿고 인내하는 것 배우기'였다. 이 시험에서 배운 교훈은 얼마 후, 그들이 약속의 땅에 들어가서 치른 첫 번째 전투인 여리고 성 전투에서 빛을 발했다. 하루에 한 바퀴씩(마지막 날에는 일곱 바퀴) 일주일 동안이나 여리고 성을 침묵하며 도는 인내와 순종으로 그들은 기적 같은 승리를 얻을 수 있었다.

우회의 이유

운전하고 가다가 길이 막히고 '우회하라'(Detour)라는 표지판이 나올 때 보면 대부분 공사 중이다. 도로 수리 공사나 확장 공사, 아니면 지하 배관 작업 같은 공사 중이다. 우리 인생에서도 길이 막혀서 돌아가야 할 때는 하나님께서 어딘가를 공사 중이시다. 이미 말했듯이, 먼저 우리 안에 성령의 열매가 갖춰지도록 우리 인격 공사를 하신다.

우리는 조급해서 빨리 광야를 탈출하여 약속의 땅에 진입하고 싶다. 그러나 하나님은 마지막까지 우리를 돌아가게 하신다. 우리를 즉시 변화시키실 수도 있지만, 천천히 발전시키는 방법을 택하셨다. 왜일까? 우리가 가진 대부분의 문제와 나쁜 습관들은 하루 아침에 만들어진 것이 아니다. 그렇기 때문에 그것들을 제거하는 데도 시간과 노력이 필요하다. 그리스도의 성품이 우리 안에 만들어지기 위해서는 필요한 연단의 과정을 인내해야 한다. 광야 탈출이 늦어지는 것은 괜한 시간 낭비가 아니라 하나님이 내 안에서 공사 중이신 것이다!

또 나만 공사하시는 게 아니라 나와 연관된 수많은 사람을 다 함께 공사하신다. 우회도로는 나만 걸리는 게 아니라 다른 차들도 걸려서 다 같이 돌아가야 한다. 하나님께서는 어떤 시련과 역경을 통해서 교회 전체를 돌아가게 하시면서 모든 성도를 성숙시키시고 변화시켜가실 때가 있다. 또 우리를 둘러싸고 있는 상황을 공사하실 때가 있다. 이스라엘 백성들이 에돔 땅을 돌아갈 동안 하나님께서는 그들을 맞을 약속의 땅의 모든 상황을 준비하고 계셨다.

하나님은 천천히 가시는 듯하지만, 때가 되면 질풍같이 움직이신다. 우리가 보이게 일하실 때도 있지만 우리가 안 보이는 곳에서 일하실 때가 더 많으시다. 하나님은 낭비하는 시간이 없으시다. 하나님이 우리를 돌아가게 하실 때는 반드시 하나님의 공사가 무대 뒤쪽에서 진행되고 있음을 믿어야 한다. 그러므로 그 돌아가는 시간을 낭비하지 말고 기도하며 자신을 준비시켜야 한다.

모든 보석은 땅에서 캐내지만, 유일하게 바다에서 나오는 보석이 있다. 그것은 진주이다. 조개의 연한 살 속에 들어온 따가운 모래나 이물질을 조개가 품고 체액을 배출해 감싸면, 시간이 지나면서 한겹 한겹 싸여 두껍고 단단해지는데, 그렇게 만들어지는 것이 진주다. 우리 인생에도 수없이 많은 고난이라는 이물질이 들어온다. 이때 불평하고 좌절하고 절망하다가 파멸에 이르는 사람이 있는가 하면, 하나님을 믿고 감사하고 긍정적인 태도로 이겨내어 진주를 만드는 사람이 있다.

요한계시록에 보면 천국 문이 진주로 만들어져 있다고 한다. 세상에서 고난 당하나 끝까지 예수님과 동행하며 모든 고난을 이겨낸 성도들이 들어가는 곳이 천국이다. 하나님은 반드시 고난을 통과한 다음 영광에 참여하게 하신다. 그러니 어떤 고난이 오더라도 좌절하지 마시고 하나님을 의지하고 주어진 상황에서 최선을 다하자.

새벽이 오기 전에 어둠이 그 절정에 달한다는 사실을 아는가.

시험을 참는 자는 복이 있나니 이는 시련을 견디어 낸 자가 주께서 자기를 사랑하는 자들에게 약속하신 생명의 면류관을 얻을 것이기 때문이라 약 1:12

"이젠 도저히 안 되겠다. 이젠 진짜 죽겠다" 싶어질 정도로 힘들 때가 오히려 약속의 땅이 찬란하게 열릴 순간이다. 오랜 연단의 시간이 끝나는 마지막 연단의 시간이다. 그러니까 역경의 시간을 너무 복잡하게 생각하지 말고, 하나님의 뜻을 믿고 잘 견뎌내야 한다. 하나님의 축복이 당신에게 넘치도록 있기를 바란다.

chapter 9

오아시스의 축복

민수기 21장 10-20절

10 이스라엘 자손이 그 곳을 떠나 오봇에 진을 쳤고 11 오봇을 떠나 모압 앞쪽 해 돋는 쪽 광야 이예아바림에 진을 쳤고 12 거기를 떠나 세렛 골짜기에 진을 쳤고 13 거기를 떠나 아모리인의 영토에서 흘러 나와서 광야에 이른 아르논 강 건너편에 진을 쳤으니 아르논은 모압과 아모리 사이에서 모압의 경계가 된 곳이라 14 이러므로 여호와의 전쟁기에 일렀으되 수바의 와헙과 아르논 골짜기와 15 모든 골짜기의 비탈은 아르 고을을 향하여 기울어지고 모압의 경계에 닿았도다 하였더라 16 거기서 브엘에 이르니 브엘은 여호와께서 모세에게 명령하시기를 백성을 모으라 내가 그들에게 물을 주리라 하시던 우물이라 17 그 때에 이스라엘이 노래하여 이르되 우물물아 솟아나라 너희는 그것을 노래하라 18 이 우물은 지휘관들이 팠고 백성의 귀인들이 규와 지팡이로 판 것이로다 하였더라 그들은 광야에서 맛다나에 이르렀고 19 맛다나에서 나할리엘에 이르렀고 나할리엘에서 바못에 이르렀고 20 바못에서 모압 들에 있는 골짜기에 이르러 광야가 내려다 보이는 비스가 산 꼭대기에 이르렀더라

불평과 원망으로 물을 구할 수 없었다

인간 몸의 3분의 2 이상이 물로 되어 있다. 며칠만 물을 못 마시면 탈수 현상으로 목숨이 위태롭다. 아프리카나 중동의 수많은 가난한 나라들은 다 심각한 물 부족 국가들이다. 수질이 너무나 안 좋은 물을 마시며 살기 때문에 각종 병에 많이 걸린다. 우리는 싼값에 깨끗한 물을 마음껏 마실 수 있는 좋은 나라에 살고 있어서 이에 대한 감사가 별로 없다.

하지만 3천 5백 년 전 출애굽하여 광야를 지나고 있는 이스라엘 백성에게 물은 너무나 중요한 문제였다. 그들이 지나고 있는 광야는 넓게 펼쳐진 광활한 사막 지대였다. 그래서 2백만이 넘는 이스라엘 백성들에게 물이 있는 오아시스를 제때 찾는 것은 죽느냐 사느냐 하는 중요한 문제였다. 하루 이틀도 아니고 40년 동안 그런 풍성한 오아시스를 계속 찾는다는 것은 인간적인 힘으론 불가능한 일이었다. 오직 하나님께서 기적같이 오아시스를 적시에 터뜨려주셨기 때문에 가능한 일이었다.

하지만 오아시스에서 물이 터지기 전에 하나님께서는 꼭 그들의 믿음을 시험하셨다. 한데, 믿음이 아직 성숙하지 못했던 이스라엘 백성들은 광야 초기부터 물이 떨어지는 문제가 생길 때마다 원망과 불평부터 터뜨렸다. 오아시스를 찾지 못해서 원망하고, 오아시스를 찾았을 때는 거기에 물이 없어서 원망하고, 또 물이 있었지만 쓴 물이어서 마실 수 없다고 원망했다.

그러나 불평과 원망으로는 상황이 절대 해결되지 않았다. 오아시스에서 물이 터지는 것은 모세가 기도했을 때였고, 하나님이 말씀을 주셨을 때였다. 광야 40년 내내, 이스라엘 백성들은 그 가르침을 배워야만 했다. 불평과 원망으로 물을 구할 수는 없다. 기도해야 하고, 하나님의 말씀을 붙들어야 한다.

그런데 광야 생활을 마무리하는 민수기 21장 말씀에서는 마실 물이 없는 위기 상황에서 이스라엘 백성들이 이때까지와는 전혀 다른 모습을 보인다. 이제 광야를 졸업할 만한 영적 실력을 갖춘 모습이다.

브엘 앞에서 믿음으로 찬양하다

광야 생활 40년째 되던 해, 이스라엘 백성들은 여러 가지 어려움을 겪어야 했다. 미리암과 아론 같은 출애굽 1세대 지도자들이 죽었고, 므리바 반석의 물 사건으로 인해 모세도 약속의 땅에 들어가지 못하는 징계를 받았다. 게다가 에돔 왕의 방해로 약속의 땅으로 들어가는 지름길을 놔두고 먼 홍해 길로 우회하여 행군해야 했다.

이후 힘드니까 하나님과 모세를 향해 불평과 원망을 하다가 징계를 받아 불뱀에 물려 많이 죽기도 했다. 이래저래 이스라엘 백성들은 마음이 몹시 상했고, 몸도 지쳤다. 어떻게 광야 생활이 벌써 40년 차인데 인생이 아직도 이렇게 계속 힘든가. 그래도 그들은 행군을 멈출 수 없었다.

민수기 21장 말씀은 여기서부터 스토리를 이어간다. 10절부터 시작해서 이스라엘 백성들이 통과했던 땅들의 이름이 차례로 나온다. 오봇은 '땅에 판 구멍들'이란 뜻으로 석회 동굴이 많았던 곳이다. 이예아바림은 모압 변방의 사람이 살 수 없을 정도로 황폐한 지역으로서, 있는 것은 돌뿐이었다. 세렛 골짜기는 비가 오는 우기를 제외하고는 바짝 마른 지역이다. 수바의 와헙은 '거친 땅'이란 뜻으로서 황무지나 다름없는 곳이다. 한마디로 이스라엘 백성이 약속의 땅에 들어가기 직전에 통과했던 땅들은 참으로 거칠고 메마른 땅이었다.

어찌 보면 약속의 땅이 가까워져 올수록 땅이 점점 더 좋아져야 광야를 벗어나는 기분이라도 들 텐데 정반대로 이전보다 더 거칠고 메마른 땅만 계속 나왔다. 참으로 다들 마음이 어려웠을 것이다. 약속의 땅에 대한 환상이 흔들릴 정도로 거친 환경이었다. 특히, 가지고 온 물도 다 떨어져 가서 타는 듯이 목도 말랐다.

이런 난감한 상황에서 그들은 브엘이란 곳에 다다랐다. 그런데 이곳은 특별한 곳이었다.

거기서 브엘에 이르니 브엘은 여호와께서 모세에게 명령하시기를 백성을 모으라 내가 그들에게 물을 주리라 하시던 우물이라 민 21:16

'브엘'은 우물이란 뜻이다. 그런데 우물은 우물인데 바싹 마른 우물이어서 물이 없었다. 이곳은 하나님께서 모세를 통하여 이스라엘 백성들에게 물을 주시겠다고 약속하신 곳이다. 그런데도 물이 없었다. 이때까지의 전적으로 보면 이럴 때 보통 이스라엘 백성들은 불평과 원망을 터뜨리기 마련이었다.

그런데 이번에는 달랐다.

그때에 이스라엘이 노래하여 이르되 우물물아 솟아나라 너희는 그것을 노래하라 민 21:17

이스라엘 백성들은 하나님이 주신 약속의 말씀을 믿었다. 그 말씀을 의지하고 "우물물아 솟아나라"(Spring up, O well)라고 찬양했다. 성경은 간단하게 기록하지만 이건 정말 중요한 사건이다.

이스라엘 백성들은 우물에 물이 없었는데도 옛날처럼 불평과 원망하지 않았다. 오히려 바싹 말라버린 우물을 향해 "우물물아 솟아나라"라고 찬양했다. 그것은 우리가 생각하는 단순한 찬양이 아니라 믿음의 선포였다.

절망적일 때 두 손 들고 찬양하라

우리가 믿음의 선포로 감사 찬양해야 하는 때는 대개 절망적인 상황에 처할 때이다. 찬양을 뜻하는 히브리어 중에 '야다'가 있다. '두 손을 들고 항복한다'라는 뜻이다. 완전히 패배했음을 인식할 때 두 손을 들고 더 이상 저항의 의지가 없음을 밝히는 항복의 표시다. 절망 가운데 있으니 도와달라는 뜻이기도 하다.

메마른 우물 앞에서 이스라엘 백성들이 할 수 있는 것은 아무것도 없었다. 아무것도 할 수 없다는 것을 인정하고 하나님 앞에 두 손 들고 살려달라고 하는 수밖에는.

우리도 인생의 메마른 우물 앞에 섰을 때 바로 그렇게 해야 한다. "제 힘으로 살아보려 했지만, 결과는 비참했습니다. 돈을 믿었고, 제 능력을 믿었고, 사람을 믿었는데 다 소용없었습니다. 이제 항복합니다. 제 인생은 이제 주님의 것입니다. 주님이 저를 다스려주십시오. '내가 너를 버리지 아니하리라'라는 말씀대로 나를 살려주실 줄 믿습니다"라고 완전히 주님 앞에 항복하는 것이다.

겸손한 회개를 통해 하나님 앞에 완전히 부서지고 낮아지는 것. 하나님 앞에서 항복하면서 이제부터 나는 내 인생의 주인이신 하나님만 높이겠다고 선포하는 것. 그것이 야다 찬양이다. 그러면 하나님께서 반드시 돌파구를 열어주실 것임을 미리 감사하며 찬양하라. 그때부터 기적은 시작된다.

하나님의 약속을 믿고 찬양하라

바짝 말라버린 우물을 향해 '우물물아 솟아나라'라고 선포하며, 찬양하는 이스라엘 백성들의 모습을 보는 주위 사람들은 아마 한심하여 웃었을지도 모른다. 믿음이 없는 사람들은 영적인 비밀을 알지 못하니까 당연히 그럴 것이다.

그러나 하나님의 백성들은 세상이 포기해버린 상황 속에서도 절망하지 않는다. 거기서 "내가 그들에게 물을 주리라"라고 하신 하나님의 약속의 말씀을 붙잡고 담대히 믿음으로 나아간다.

이스라엘 백성들은 "지금은 너무 지치고 너무 목말라서 찬양할 기운이 없어요. 일단 우물물이 솟아나게 해주시면 그것 마시고 나서 찬양할게요"라고 할 수도 있었다. 그러나 그들은 그렇게 맥없이 주저앉지 않았다. 그들이 지나온 땅들은 모두 물이 나올 가능성이 전혀 없는 황무지 골짜기들이었다.

그들이 지금 서 있는 곳도 그랬다. 다시 말해서, 객관적으로 절대 물이 나올 수 있는 상황이 아니었다. 그럼에도 그들은 상관하지 않고 아직 메마른 우물을 향해 찬양했다.

왜? 여기서 "내가 물을 주겠다"라고 하신 하나님의 말씀을 믿었기 때문이다. 하나님이 주신 약속의 말씀도 없는데 무턱대고 '물이 나올 것이'라고 선포하는 것'은 맹목적 믿음이지, 성경적 믿음이 아니다. 믿음은 하나님이 주신 약속의 말씀을 붙잡고 선포하는 것이다. 아직 메마른 우물들을 향하여 혼신의 힘을 다해 찬양할 수 있게 하는 힘은 하나님 말씀에 대한 믿음이었다.

믿음의 찬양은 아직 오지 않은 응답에 대해 하나님께 미리 감사하는 것이다. 감사는 과거에 주신 축복만 놓고 하는 것이 아니다. 진짜 감사는 아직 상황이 아무것도 좋아지지 않은 힘들 때부터 하는 것이다. 아직 주시지 않은 축복, 그러나 앞으로 주실 은혜를 믿고 미리 선포하는 것이다. 미래의 기적을 믿음으로 미리 선포하는 것이다. 오병이어를 들고 오천 명을 먹이실 하나님을 믿고 감사했던 예수님처럼 말이다. 그들의 찬양은 바로 이런 믿음에 기초한 것이었다.

믿음으로 드리는 감사 찬양은 우리가 모르는 엄청난 영적 힘이 있다. 그것은 하늘의 힘, 성령의 초자연적 능력이다. 그 힘은 우리가 현재 처한 장벽, 불가능한 위기 상황을 뚫고 나가게 한다.

믿음의 찬양이 하나님을 기쁘시게 한다

다시 말하지만, 아직 메마른 우물을 향한 감사 찬송은 믿음에서 나온다. 믿음은 하나님의 마음을 기쁘게 한다. 하나님의 마음을 기쁘시게 하면 하늘 문이 열리고 하나님의 축복이 쏟아져 나온다. 우리가 모르는 신비한 하나님의 힘을 끌어낸다. 영적인 세계에서 우리가 모르는 놀라운 일들이 일어나기 시작한다. 하나님의 천사들에게 비상이 걸리고, 우리의 주변 환경 속에서, 우리의 미래 가는 길 가운데 하나님의 놀라운 역사가 일어나기 시작한다.

지금 당신을 힘들게 하는 메마른 우물들이 무엇인가. 이제까지 그 우물들 앞에서 절망과 불평과 원망만 해왔다면 이제는 다르게 살아야 한다. 40년간 불평 원망만 했던 이스라엘 백성들이 달라질 수 있다면 우리도 지금부터 달라질 수 있다. 아직 아무것도 이뤄지지 않았지만, 그 앞에 서서 이제부터는 믿음의 감사 찬양을 드리기 시작하라.

자녀 문제가 메마른 우물인가? 그렇다면 하나님의 말씀 붙잡고 '우물물아 솟아나라'라고 찬양하라. 자녀가 회복되고 살아날 축복의 미래를 미리 하나님께 감사하고 찬양하라. 직장생활이 지금 메마른 우물인가? 거기도 역시 '우물물아 솟아나라'라고 찬양하라. 하나님이 축복하실 미래를 미리 하나님께 감사하고 찬양해보라. 힘든 현실과 불투명한 미래를 놓고 걱정과 불평은 이제 그만하자. 믿음으로 하나님께서 주실 축복을 미리 감사하고, 찬양하자. 영적인 세계에서 놀라운 일이 지금부터 일어나기 시작할 것이다.

믿음의 찬양은 불평불만의 공격을 사전 제압한다

메마른 우물 앞에 섰을 때, 아무것도 안 하고 가만히 있으면 금방 마귀가 불평불만의 영을 퍼뜨린다. 그래서 그런 상황이 발생하기 전에 가장 믿음 있는 사람들이 미리 감사를 선포해버려야 한다.

본문의 맥락을 가만히 살펴보면, 모세와 지도자들이 제일 앞에서 먼저 찬양했다. "지금은 우물이 말라 있지만, 신실하신 하나님께서 반드시 은혜를 베푸실 것이다. 반드시 메마른 우물에서 물이 솟아나게 하실 것이다. 그것도 우리 수백만 백성이 다 마실 수 있는 엄청난 생수의 강이 솟아날 것이다"라고 믿음의 선포를 해버림으로써 영적 기선 제압을 해버리는 것이다.

영적 세계에서도 첫 단추를 언제, 어떻게 꿰는가가 중요하다. 미리 찬양함으로써 보이지 않는 영의 세계에서 먼저 축복의 길을 깔아버리는 것이다. 그러면 불평불만을 예상하던 마귀가 화들짝 놀라서 물러가게 되고, 성령께서 기적같이 역사하신다. 그러면 마음이 평안해지고 담대해진다.

영적 지도자들이 그렇게 평안해지고 담대해지면 주변 사람들도 같이 평안해지고 담대해진다. 그래서 지도자들이 먼저 이 일을 해야 한다. 교회에서는 목사와 장로가, 가정에서는 아버지 어머니가 그래야 한다. 어떤 곳에 있든, 하나님의 사람인 우리가 영적 리더로서 미리 찬양해서 마귀가 설치기 전에 미리 제압하라.

이걸 보면 이스라엘 백성들은 광야 생활 40년 동안 참으로 많이 성숙해졌다. 이전에는 안 그랬다. 조금만 힘들어지면 입술에서 찬양을 버리고, 불평과 원망을 일삼았다. 그러니까 늘, 패배와 무기력함에 빠져들었다.

그러나, 이제는 아니다. 이스라엘 백성들은 하나님이 물을 주시겠다고 하신 약속의 말씀을 붙잡고, 미리 감사하며 찬양했다.

우물물아 솟아나라 너희는 그것을 노래하라 민 21:17

바로 이거다! 하나님이 그들에게 원하시는 모습, 하나님의 군대로서 그들에게 기대하신 모습이 바로 이런 모습이었다. 그들은 이럴 수 있는 사람들이었다.

만약 이스라엘 백성들이 기적의 행군 초창기부터 이런 모습을 보였다면 광야 생활을 이렇게 오래 하지 않아도 되었을 것이다. 만약 그들이 처음부터 하나님의 인도하심을 따라 불평과 원망 대신 항상 찬송하며 걸었다면, 그들은 이미 가나안 땅에 들어가서 정착할 수 있었을 것이다. 청년들에게 꼭 부탁하고 싶은 것은 젊은 시절부터 역경을 만날 때 불평과 원망 대신 믿음의 찬양을 하는 습관을 길러라. 인생이 달라질 것이다.

40년 광야 생활을 하고 나서야 역경 앞에서 믿음의 찬송을 하게 된 이스라엘 백성들! 하지만 늦게라도 하는 것이 아예 안 하는 것보다 낫다. 이제부터 달라지면 된다.

이제부터라도 감사와 찬송을 드리며 한 걸음씩 전진하는 삶을 살아야 한다. 그러면 우리 앞에 있는 메마른 우물들이 터질 것이다. 실제로 이들이 요단강 건너서 여호수아를 따라 약속의 땅을 정복할 때는 패배를 모르는 무적의 군대가 되었다. 믿음으로 찬양하며 광야를 마무리했기 때문이다.

믿음의 찬양은 영안을 맑게 해준다

우물은 메말라 있었다. 물을 주시겠다는 하나님의 약속의 말씀만 있었지, 눈에는 아무 증거 보이지 않았다. 땅속에 흐르는 물은 육신의 눈으로는 보이지 않는다. 하나님의 약속의 말씀을 믿는 영의 눈으로만 보인다. 영의 눈은 찬양을 통해 활짝 열린다.

민수기 21장 16절에 보면, 하나님께서는 일찍부터 모세에게 브엘의 우물에서 물을 주시겠다고 약속하셨다고 했다. 브엘의 메마른 우물은 우리에게는 깜짝 놀랄 어려움이었지만 하나님께는 아니었다. 우리 인생에 닥치는 모든 어려움은 이미 하나님 아버지가 알고 계셨다. 그리고 하나님은 우리를 그 어려움 가운데서 살릴 계획도 준비하고 계셨다. 그 사실을 이미 일찍부터 말씀으로 약속해놓으셨다.

하나님은 물이 나오지 않을 것같이 메마른 브엘의 우물 깊은 곳에 시원한 생수를 예비해놓으시겠다고 일찍부터 말씀하셨다. 그 약속의 말씀을 믿어야 한다. 이스라엘 백성들은 모세를 통해서 주어진 하나님의 약속을 믿고 찬양했다. 그랬더니 땅속에서 흐르고 있는 하나님의 물이 영안으로 보였고, 그 우물을 팠더니 마침내 물이 터진 것이다.

마귀는 자꾸 우리의 영안을 흐리게 하려고 애쓴다. 믿음으로 상황을 보는 것이 아니라, 자꾸 의심의 안개로 보게 한다. 마귀는 우리의 하늘을 어둡게 보이게 만들고, 난관을 불가능으로 보이게 하며, 함께 일하는 형제를 불신하게 만든다.

또 하나님이 우리에게 별로 관심이 없으시거나 화가 나 계신다고 생각하게 만든다. 그리고 세상과 마귀가 실제보다 훨씬 강하고 큰 것처럼 보이게 한다. 이렇게 영안이 흐려지면 두려움과 불안이 가득 차서 영적으로 무기력해진다.

이때 하나님을 찬양하기 시작해보라. 마음이 100퍼센트 따라주지 않아도 일단 찬양해보라. 찬양하면서 서서히 마음이 달라지는 것을 느낄 것이다. 그러면 마귀가 주는 부정적인 생각들을 떨쳐버릴 수 있을 것이다.

하나님을 찬양하면 성령께서 우리의 영안을 깨끗하게 해주실 것이다. 하늘의 관점을 가지고 현실을 볼 수 있도록 해주실 것이다. 그러면 마귀가 아무것도 아님을 알게 될 것이며, 하나님이 얼마나 크고 사랑스러운 분이신지를 알게 될 것이다.

찬양은 사탄의 주장이 허위임을 밝혀내며, 우리를 둘러싸고 지키는 하나님의 군대를 보게 해준다. 모든 것이 합력하여 선을 이루게 하시는 하나님의 섭리를 보게 하며, 역사를 주관하시는 하나님이 최후 승리를 우리에게 주실 것도 확신하게 해준다.

우리가 하나님을 찬양하기 시작하면 우리의 생각이 복잡한 현실로부터 떠나 하나님의 넘치는 능력으로 이동하게 된다. 우리의 시선이 긴급한 우리의 필요로부터 그 필요를 충족시켜주시는 하나님으로 움직이게 된다. 하나님을 찬양하게 되면 하나님께서 과거에도 우리를 얼마나 놀랍게 도우셨는지를 기억하게 된다. 우리의 신앙도 그 기대 가운데서 성장하게 된다.

우리가 더 많이 찬양하면 할수록 우리 앞에 직면한 고난의 산이 하나님의 위대하심 앞에서 점점 더 깎여져 가는 것을 보게 될 것이다. 그때 우리의 믿음은 새로운 차원으로 성장한다. 우리 모두 함께 찬양하는 시간을 많이 가져보자.

찬양하며 행동해야 한다

그들은 메마른 우물들을 향하여 두 손 놓고 아무것도 안 하면서 찬양만 한 게 아니다. 그들은 메마른 우물을 향하여 믿음의 찬양을 하면서, 동시에 달려들어서 우물을 팠다. 이것이 중요하다. 하나님은 우리의 찬양에 응답하여 우물에서 물이 솟게 하시지만, 우리를 대신해서 우물을 파주시지는 않는다. 우물은 우리가 파야 한다. 하나님이 주신 물은 우리가 판 우물을 통하여 솟아난다. 게으른 자는 결코 믿음의 열매를 먹을 수가 없다. 학생은 찬양하며 공부해야 하고, 직장인은 찬양하며 열심히 일해야 한다.

특히, 지도자들의 역할이 중요하다. 18절에 보면 우물을 판 사람들은 '지휘관들'이요, '백성의 귀인들', 즉 지도자층들이었다고 되어 있다. 영적 리더들은 계급장 자랑하며 대접받는 자리가 아니다. 뒤에서 잔소리하는 사람들도 아니다. 영적 리더들은 메마른 우물 앞에서 찬양하며 앞장서서 우물을 파는 사람들이다.

당신이 가정의 영적 리더인가? 교회의 영적 리더인가? 영적 리더라면 결코 메마른 우물 앞에서 팔짱 끼고 놀고 있어선 안 된다. 먼저 나서서 찬양하고, 먼저 나서서 우물을 파라. 먼저 예배하고, 먼저 섬겨야 한다. 행동으로 모두에게 모범을 보이고 도전을 줘야 한다.

성경은 그들이 얼마나 열심히, 얼마나 오랜 시간 동안 우물을 팠는지에 대해서는 언급하지 않는다. 그러나 당시 중동에서 우물은 보통 수십 미터 이상 파고 들어가야 수맥이 잡혔다. 오랜 행군으로 모두가 지쳐 있었기 때문에 쉬운 일이 아니었을 것이다. 그러나 여기서 물을 주시겠다고 약속하신 하나님의 말씀을 믿었기에 메마른 우물을 계속 팔 수 있었다. 이 힘든 일을 리더가 앞장서서 하지 않으면 안 된다.

응답이 미뤄지는 시간은 믿음을 시험하고 강하게 만드는 때다. 그들은 포기하고 싶을 때마다 더욱 힘차게 찬양하며, 서로를 격려하며 우물을 팠을 것이다. 그 과정에서 그들의 믿음은 점점 강해지고 있었다. 리더들이 선두에서 모범을 보이니까 백성들도 다들 따라갔다. 믿음으로 함께 찬양하고 함께 우물을 파면 거룩한 팀워크가 생기며 모두가 하나가 된다. 그렇게 함께 힘을 모으니까, 마침내 약속하신 축복의 물줄기를 터뜨릴 수 있었다.

이스라엘 백성은 우물을 파기 전에, 그리고 우물을 파면서 계속해서 함께 찬양하며 우물을 팠다. 그들은 솟아나는 샘물을 마시고 힘을 얻었다. 그리고 나서 또 하나님을 찬양했을 것이다.

브엘 우물의 노래는 물이 터지기 전에 찬양한 것이면서, 물이 터지도록 노력하는 과정에서 찬양한 것이기도 하다. 또, 물이 터진 뒤에 하나님께 영광 돌리며 찬양한 노래이기도 하다. 우리가 항상 찬양하면 항상 기적을 체험할 것이다.

믿음의 찬양은 마귀를 도주하게 만든다

인생의 메마른 우물 앞에서 찬양하면 놀라운 일이 일어난다. 찬양은 우리의 눈이 세상이 아닌 천국을 향하게 하며, 마귀가 아닌 예수님께로 향하게 한다. 그때 우리는 우리의 모든 짐을 주님께 맡기게 된다. 우리가 예수님을 찬양하면 수많은 마귀가 무너지고 쫓겨간다.

기도는 영적 전쟁을 견디게 하지만, 찬양은 영적 전쟁을 마무리한다. 브엘 우물의 찬양은 이스라엘 백성들의 40년 광야 생활에 마침표를 찍게 해주었다. 마귀와의 전쟁이 끝날 것 같지 않고 거의 절망적인 상태에 이른 것처럼 보일 때 하나님을 찬양하기 시작하라. 마침내 모든 전쟁이 끝날 것이다.

찬양은 '승리한' 군대가 부르는 승전가이면서, 앞으로 '승리할' 군대가 미리 부르는 승전가이기도 하다. 찬양하기 시작하면 이미 하나님의 승리를 우리 것으로 선포해버리는 것이다. 그래서 성령께서 종종 우리가 무거운 중보기도의 짐에서 벗어나 승리의 찬양을 부르게 하시는 것이다.

많은 성도가 "기도가 상황을 변화시킨다"라고 하지만, 상황을 변화시키는 것이 때로는 찬양일 수도 있다. 오랫동안 힘들여 기도해왔음에도 불구하고 영적인 답답함을 느낀다면 기도를 그치고 감사 찬양을 시작해보라. 그때, 의외로 속히 하나님의 응답이 오게 되는 경우가 있다. 하나님의 보좌에 이르기 위해서는 영혼의 두 날개, 기도와 찬양의 날개가 함께 필요하다. 그러므로 찬양으로 기도에 새로운 힘을 불어넣어 보라.

성령 충만한 교회는 능력 있는 기도와 함께 능력 있는 찬양을 하고 있다. 사탄은 기도하는 교회를 두려워하고 찬양하는 교회를 두려워한다. 성가대는 영적 전쟁의 전사들이다.

예수의 보혈로 거듭난 하나님의 자녀들이, 겸손하고 진실한 마음으로, 전심으로 하나님을 찬양하면 어둠의 권세가 부들부들 떨며 물러나게 되어 있다. 폭력과 음란과 죽음의 영들이 한 길로 왔다가 열 길로 쫓겨나는 역사가 일어나는 것이다.

광야의 물은 생명수 되신 예수 그리스도를 상징한다

그때에 맹인의 눈이 밝을 것이며 못 듣는 사람의 귀가 열릴 것이며 그때에 저는 자는 사슴같이 뛸 것이며 말 못 하는 자의 혀는 노래하리니 이는 광야에서 물이 솟겠고 사막에서 시내가 흐를 것임이라 사 35:5,6

맹인, 귀머거리, 저는 자, 벙어리가 치유를 받는 것은 다 초자연적인 기적들이다. 사람의 힘으로 할 수 있는 일이 아니다. 이 모든 기적의 설명은 오직 예수님이다. "광야에서 물이 솟겠고 사막에서 시내가 흐를 것"에서 '물, 시내'는 모두 하나님의 은혜 혹은 은혜의 근원이신 예수 그리스도를 상징한다.

죽음 같았던 땅이 축복의 땅으로 변하는 것은 오직 예수님이 오셔서 만지셨기 때문이다. '맹인이 눈을 뜨고, 귀머거리가 듣게 되고, 저는 자가 걷기 시작하며, 벙어리가 말하는 기적을 체험하는 것'은 그들이 예수님을 만났기 때문이다. 예수님이 그들을 만지시기 때문에, 예수님이 그들을 다스리시기 때문에, 기적을 체험하기 시작한 것이다.

광야같이 메마른 우리의 인생에 생수이신 예수님이 임하시면 기적이 일어난다. 구원자 예수님의 임재가 내게 임하시는 그때 모든 상황이 축복으로 바뀌기 시작한다. 절망 가운데서도 믿음의 찬양을 할 때 기적의 예수님을 체험할 것이다.

믿음의 찬양으로 광야를 마무리하다

그 뒤, 이스라엘 백성들은 브엘의 우물물을 먹고 힘을 얻어 계속 행진하여, 20절에 보니까 비스가산 꼭대기에 이르렀다고 했다. 잠깐, 광야 생활 마지막 행군 코스를 지도로 보자(지도는 다음 페이지에 있다).

오봇을 떠나 세렛 시내를 지나 이예아바림에 진을 쳤다가, 쭉 올라와서 느보산(비스가산) 꼭대기에 이르렀다. 이곳 비스가산 꼭대기는 약속의 땅을 훤히 관망할 수 있는 곳이다. 이제 공식적으로 광야를 벗어난 것이다. 찬양하며 터진 우물물을 마시고 행군한 이스라엘 백성들이 이제

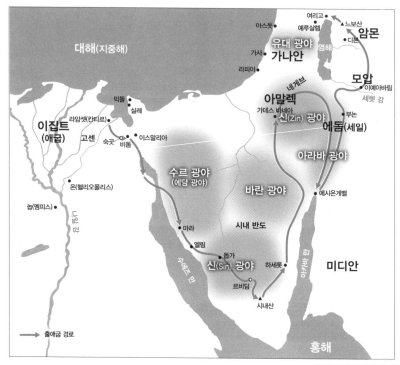

광야 여정 마지막 단계

지긋지긋한 광야 생활의 종지부를 찍고 약속의 땅 진입을 남겨놓게 되었다. 그 힘들던 시간을 찬양의 힘으로 마무리한 것이다.

찬양은 영적 전쟁에서 우리에게 승리를 빨리 가져다줄 수 있다. 찬양의 힘은 정말 놀라운 것이다. 찬양은 구원받고 은혜받은 자만이 부를 수 있는 하늘의 노래다. 이 노래는 승리하신 하나님의 이름을 높이 선포함으로써 우리 주위로 마귀가 둘러쳐 놓은 먹구름을 말끔히 걷어낸다.

그러면 우리 주변의 영적 분위기가 완전히 쇄신된다.

하나님께서는 우리가 계속해서 찬양하며 전진하길 원하신다. 인생의 메마른 우물을 만날 때마다 하나님이 주신 말씀을 기억하라. 그 말씀을 붙잡고 믿음으로 찬양하라. 주실 응답을 미리 감사하며 찬양하라. 그래서 하나님이 예비하신 물이 솟게 하라. 교회는 모두 함께 믿음으로 찬양하며, 모두 함께 하나님의 기적을 체험하는 곳이다.

BEAUTIFUL
WILDERNESS

광야에서 승리하다

4

chapter 10

광야를 사는 심플라이프 스타일

*마태복음 6장 19-34절

19 너희를 위하여 보물을 땅에 쌓아 두지 말라 거기는 좀과 동록이 해하며 도둑이 구멍을 뚫고 도둑질하느니라 20 오직 너희를 위하여 보물을 하늘에 쌓아 두라 거기는 좀이나 동록이 해하지 못하며 도둑이 구멍을 뚫지도 못하고 도둑질도 못하느니라 21 네 보물 있는 그 곳에는 네 마음도 있느니라 22 눈은 몸의 등불이니 그러므로 네 눈이 성하면 온 몸이 밝을 것이요 23 눈이 나쁘면 온 몸이 어두울 것이니 그러므로 네게 있는 빛이 어두우면 그 어둠이 얼마나 더하겠느냐 24 한 사람이 두 주인을 섬기지 못할 것이니 혹 이를 미워하고 저를 사랑하거나 혹 이를 중히 여기고 저를 경히 여김이라 너희가 하나님과 재물을 겸하여 섬기지 못하느니라 … 31 그러므로 염려하여 이르기를 무엇을 먹을까 무엇을 마실까 무엇을 입을까 하지 말라 32 이는 다 이방인들이 구하는 것이라 너희 하늘 아버지께서 이 모든 것이 너희에게 있어야 할 줄을 아시느니라 33 그런즉 너희는 먼저 그의 나라와 그의 의를 구하라 그리하면 이 모든 것을 너희에게 더하시리라 34 그러므로 내일 일을 위하여 염려하지 말라 내일 일은 내일이 염려할 것이요 한 날의 괴로움은 그 날로 족하니라

돈의 양면성

광야를 자주 여행하는 베테랑 여행자들은 최대한 짐을 단순하게 줄이고 가볍게 여행한다. 그렇지 않으면 다 짐 때문에 중간에 지쳐 쓰러지게 마련이다. 광야 같은 인생길을 살면서 하나님은 우리가 하나님을 온전히 의지하는 심플라이프 스타일을 갖고 살기 원하신다. 그런데 하나님만 의지하기가 불안해서 세상의 힘도 붙잡으며 살려 하기 때문에 우리 삶이 복잡해지고 힘들어진다.

우리 삶을 복잡하게 만들어놓는 세상 힘의 대표주자가 바로 돈이다. 그것은 예수님도 인정하셨다.

한 사람이 두 주인을 섬기지 못할 것이니 혹 이를 미워하고 저를 사랑하거나 혹

이를 중히 여기고 저를 경히 여김이라 너희가 하나님과 재물을 겸하여 섬기지 못

하느니라 마 6:24

인간은 '하나님과 재물을 겸하여 섬기지 못한다'라는 말씀은 돈이 우리 인생의 주인 자리를 놓고 하나님과 경쟁할 정도로 힘이 세다는 뜻이다. 어떤 성경 번역은 '섬긴다'를 '예배한다'(worship)로 번역했다. 예배는 우리의 생각과 마음과 시간을 드리는 것이다. 하나님이 아닌 돈에 그렇게 할 수 있다는 무서운 경고다.

사실 돈 자체가 나쁜 것이 아니다. 돈도 하나님이 주신 축복이다. 올바르게 벌고 쓰면 선한 것이다. 우리가 한 생을 살면서 인간답게 살고 인간답게 대우받기 위해서 돈은 없어서는 안 될 필수 요건이다. 돈 없이 어떻게 자녀들을 교육하고, 가정을 행복하게 꾸려갈 수 있는가? 돈이 없는데 어떻게 헐벗은 이웃을 돕고 의미 있는 일에 투자하겠는가? 돈이 있어야 한다.

우리가 돈 자체를 부정적으로 볼 필요는 없다. 돈을 천하게 여기거나 돈 자체를 정죄하면 안 된다. 우리가 열심히 일하는 목적도 '내가 수고한 만큼 대가가 돌아온다'라는 기대가 있기 때문에 아침부터 저녁까지 뛰는 것 아닌가.

정직한 노동과 저축의 대가로 얻는 돈은 하나님이 주신 분복이요 중요한 것이다. 수고한 만큼 거두게 되어 있고, 눈물로 씨를 뿌리는 자는 그만큼 기쁨으로 거둘 수 있게 해주셨다.

"네가 네 손이 수고한 대로 먹을 것이라 네가 복되고 형통하리로다"(시 128:2).

"눈물을 흘리며 씨를 뿌리는 자는 기쁨으로 거두리로다"(시 126:5).

돈을 사랑하는 것이 문제

문제는 돈 자체가 아니라 돈을 사랑하는 데 있다.

돈을 사랑함이 일만 악의 뿌리가 되나니 이것을 탐내는 자들은 미혹을 받아 믿음
에서 떠나 많은 근심으로써 자기를 찔렀도다 딤전 6:10

돈을 사랑한다는 것은 돈 없으면 안 된다는 돈을 절대화시키는 마음
이요, 끝없이 더 많은 돈을 탐하는 욕심이다. 이렇게 되면 신실한 성도
도 믿음이 식게 되고, 많은 근심에 휩싸일 수 있다. '뭐니 뭐니 해도 머니
(Money)가 최고다'란 조크가 있다. 그만큼 요즘 세상에서 돈의 힘이 절
대적이다.

30여 년 전만 해도 우리나라에서 대학에 들어가는 신입생들에게 "인생
을 살면서 의미 있는 생을 살고 싶으냐? 아니면 돈 많이 벌어서 잘살고
싶으냐?"라고 물으면 그래도 대부분 의미 있는 생을 살고 싶다고 대답
했다.

그러나 오늘날 대학 들어가는 신입생들에게 물으면 열에 아홉은 "돈
많이 버는 직업을 가져서 평안하게 살고 싶다"라고 거침없이 대답한다.
이렇게 돈이 우리의 가치관을 변질시켜 놓았다.

누가 "좋은 직장 다닌다"라는 말은 월급 많이 받는다는 뜻이다. 즉,
우리는 그 일이 무슨 일이든 돈만 많이 받으면 좋은 직업이라고들 생각
한다. '좋은 신랑감'이라는 말은 돈 잘 버는 사람이라는 말이다. 이렇듯,

다른 사람을 볼 때도 얼마나 돈을 많이 버느냐로 그 사람의 인격을 평가하는 시대가 되어버렸다. 돈이면 다 된다는 황금만능주의가 사회 전체를 지배하고 있다.

돈에는 불의한 돈이 있고, 의로운 돈이 있다. 깨끗한 돈이 있고 더러운 돈이 있다. 정직한 땀을 흘려 번 돈이 깨끗한 돈이다. 그런데 나쁜 일을 해서 번 돈, 땀 흘리지 않고 번 돈도 가리지 않는 무서운 세상이 되었다. 우리나라의 로또 복권 열풍, 비트코인 투자 열풍, 부동산 투기 열풍을 보라.

최근 강남의 한 초등학교 학생들에게 장래 희망을 조사했더니, 가장 많이 나온 대답이 '일 안 하고 돈 버는 건물주가 되는 것'이라고 하더란다. 기가 막힐 일이다. 어린아이들도 땀 흘리고 열심히 수고해서 버는 돈이 아닌 공돈을 바라고, 일확천금을 꿈꾸는 사회가 되었다. 미국 여론조사기관 퓨리서치에서 OECD 국가 17개국 상대로 한 조사에서 '가족보다 돈이 더 중요하다'고 답한 유일한 국민이 한국인이다. 참, 어떡하다가 우리나라가 이렇게 되었는가.

이제 우리 시대의 돈은 우리의 정신을 지배하는 사악하고 무서운 힘을 지닌 괴물이 되어버렸다. 모든 사람은 다 돈 앞에서 쩔쩔맨다. 돈 때문에 양심도 팔고, 돈 때문에 결혼했다가 불행해진다. 돈 때문에 가족도, 친구도 다 원수가 된다.

그런데도 다들 '돈'이라면 어쩔 줄을 모르고 좋아한다. 모두가 돈이 마치 하나님인 양 엎드려 절을 한다.

돈을 사랑하게 되면 그것이 우리의 마음을 하나님으로부터 빼앗아 간다. 일주일 내내 우리가 사 놓은 주식 시세나 부동산 시세 변동을 하나님보다 더 많이 생각하는 사람들이 많다. 그래서 예수님이 "네 보물 있는 그곳에는 네 마음도 있느니라"(마 6:21)라고 하신 것이다.

염려하지 말라

그러므로 염려하여 이르기를 무엇을 먹을까 무엇을 마실까 무엇을 입을까 하지 말라 마 6:31

한마디로 먹고사는 문제로 염려하지 말라는 말씀이다. 예수님은 먹고사는 문제에 대한 염려가 우리의 믿음을 흔들어 놓는다는 것을 아셨다. 사실 먹고사는 문제는 정말 중요한 문제이긴 하다. 우리나라가 보릿고개를 넘긴 때가 대략 1970년대 중반 무렵이다. 그때까지만 해도 문자 그대로 하루 세 끼 먹고사는 것이 소원이던 집이 많았다. 지금도 제3세계에는 하루 세 끼 제대로 먹는 게 소원인 가난한 사람들이 많다. 먹고사는 것이 이토록 중요한 문제인데 예수님은 왜 이 문제로 염려하지 말라고 하시나?

그것은 우리가 하늘 아버지의 자녀이기 때문이다. 32절에서는 먹고사는 문제는 "이방인들(즉 예수 안 믿는 사람들)이 구하는 것"이라고 하신다. 하나님을 안 믿는 사람들은 먹고사는 문제로 끊임없이 염려하는 게 당연하다. 영적 고아인 그들은 자기 인생을 자기가 책임져야 하기 때문에 끊임없이 염려하고 혼자 발버둥 친다.

그러나 우리는 천지를 만드시고 경영하시는 하나님의 자녀다. 우리의 하늘 아버지는 세상 모든 것을 소유하신 분이시며, 우리를 세상 그 무엇보다 사랑하시는 분이다. 예수님은 하늘 아버지께서 아무도 거들떠보지 않는 공중의 새도 기르시고, 들의 백합화도 입히신다고 하셨다. 그 하늘 아버지가 우리를 결코 굶기지 않으실 것을 믿고 우리는 평안하고 담대히 살아야 한다.

만약에 우리 아이들이 아침 먹고 나서 우리 보고 "아빠 엄마, 우리 저녁밥도 주는 것 틀림없지요?"라고 묻는다면 기분이 어떻겠는가? 또 낮에 직장으로 아이들이 전화해서 "아빠, 정말 저녁밥 주는 거예요?"라고 하면 어떨까? 아이가 나를 믿어주지 않는 것에 대해 속상하고 화가 날 것이다.

이렇듯 육체의 부모들도 자기 자식 먹이고 입히는 데는 최선을 다한다. 그리고 아이들도 그것을 믿어 의심치 않는다. 하물며 선하시고 능력이 무한하신 하늘 아버지야 두말해 무엇하겠는가. 우리가 하나님을 신뢰하지 못할 때 많은 염려와 궁리를 하게 되고, 내일을 위해 나름대로 많은 것을 준비해놓으려고 한다. 그러면 삶이 끝없이 복잡해지고 염려와 근심 가운데서 헤어 나오지 못하게 된다.

염려는 믿음에 반대되는 것이다. 마귀가 우리의 믿음을 좀먹게 하는 방편으로 사용하는 무기다. 성경에서 '염려하지 말라, 근심하지 말라'라는 이야기할 때 보면 대부분 먹고사는 문제로 염려하지 말라는 뜻이다. 돈이 인생의 전부인 사람의 특징은 항상 염려와 근심이 가득하다. 돈이 없을 때는 어떻게 하면 돈 좀 벌까 하는 염려, 돈을 벌게 된 뒤에는 그 돈을 지키고 불리는 문제로 근심하게 된다.

그러나 주님은 우리에게 돈 문제로 염려하는 대신 기도하라고 하신다. 33절의 "먼저 그의 나라와 그의 의를 구하라"라는 말은 쉽게 말해서 기도하라는 말이다.

염려 대신에 우리가 해야 할 일은 기도하는 것이다. 염려하지 말고 기도하면 하나님이 네 모든 필요를 채워주시겠다고 하신다.

욕심은 끝이 없다

자, 그런데 먹고사는 문제로 염려하지 말라고 했는데, 사실 먹고사는 문제가 해결된 다음에도 욕심과 집착 때문에 사람들은 또 마음이 힘들다. '돈, 돈'하는 사람치고 "이만하면 됐다"라고 하는 사람을 보지 못했다. 먹고사는 문제가 해결된 다음에도 욕심을 부리며 더 가지려 하는 까닭은 다른 사람들의 눈을 의식하기 때문이다. 다른 사람들과 나를 비교하며 느끼는 상대적 열등감이 너무 크다.

남들 보기에 없어 보이지 않기 위해서 우리는 너무나 과소비를 한다. 우리가 무의식적으로 사들이고 있는 것 중 태반은 우리에게 절대적으로 필요하지 않은 것들이다.

현재 가장 잘 팔리고 있는 물건 대부분은 한 세대 전만 해도 존재하지 않았던 것들이다. 스마트폰, 스마트 워치, 내비게이션, 태블릿 PC, 블루투스 이어폰, AI 스피커, 로봇청소기, 전신 안마의자 등등 이런 것들은 사실 우리가 살아가는 데 없어도 되는 것들인데, 우린 마치 그것을 계속해서 새것으로 바꾸지 않으면 시대에 뒤떨어진 사람이라는 기분을 느낀다.

여기에는 오늘날의 SNS 미디어 문화, TV 광고, 체면 문화가 크게 한 몫했다. 주위의 시선, 유행, 체면을 의식해서 반드시 사고 싶게끔 사회 분위기가 우리를 몰고 간다. 24시간 내내 우리 의식을 잠식하고 들어오는 광고들의 메시지는 단 하나, 이것을 소유하면 당신 인생은 획기적으로 달라진다는 것이다.

'이 가방만 들면 당신은 시크해 보일 거야.'

'이 차만 사면 성공한 남자가 되는 거야.'

'이 옷만 입으면 당당한 자신감이 생겨.'

이런 허황한 메시지가 끝없이 우리를 현혹한다.

욕심은 만족을 모른다. 그렇게 갖고 싶은 좋은 물건을 사도 기쁨은 잠시, 곧 유행은 지나게 되고, 주위에 나보다 더 좋은 것을 가진 사람이 보이기 마련이다. 그러면 내가 가진 것이 아무리 많아도 기쁘지 않고, 감사하지 않다. 그게 욕심의 독성이다. 그래서 가질수록 마음에 평안이 없는 거다.

특히 SNS가 활성화되면서 청소년들의 상대적 열등의식이 폭발적으로 증가해서, 청소년 자살률이 전보다 3배로 늘었다고 한다. 이들 젊은 세대들의 가치관이 기성세대와는 다르다.

예를 들어, 점심시간에 만 원이 주어지면 기성세대는 자연스럽게 만 원짜리 설렁탕을 사 먹는다. 그러나 아이들은 삼각김밥으로 끼니를 때우고 스타벅스를 간다. 배고픈 옛 시절은 빈곤에 먹거리를 생각했지만, 배고픔을 어느 정도 채운 오늘날 우리 아이들은 없는 것보다 없어 보이는 것을 더 못 견뎌 한다(7,80년대에 친구들의 도시락을 보면서 '나도 소시지 반찬이 있었으면 좋겠다' 했던 마음은, 오늘날 '나도 스타벅스에 앉아서 맥북을 펴고 있었으면'으로 변했다).

그래서 젊은 층 중에는 형편이 그리 좋지 않으면서도 과시욕 때문에 무리해서 명품을 사는 사람도 있다. 가방 하나가 천만 원대에 육박하는 명품 업체들이 힘든 코로나 시국에 가격을 몇 번씩 올려도 한국에서는 그 인기가 식을 줄 모른다.

오히려 이런 가방들은 몇 년 후에 팔아도 제값을 받을 수 있기 때문에 좋은 재테크 상품이라고 한다. 그래서 그 비싼 명품 브랜드의 신상품들이 출시되면 사려는 젊은이들이 매장 앞에 새벽부터 장사진을 친다. 6개월 힘겹게 아르바이트한 돈을 몽땅 털어 넣은 청년들도 많다. '오늘 성공적으로 그 가방을 사게 해주세요'라고 교회에서 간절히 기도하는 청년들도 있다고 한다.

그런데 세상 사람은 몰라도 하나님 믿는 사람까지 그러는 것은 좀 아니지 않나. 명품 가방 가진다고 명품 인생이 되는 것이 아니지 않은가. 겉모습을 명품으로 치장하고 다니는 것보단, 내면에 명품 실력, 명품 인격을 갖추는 것이 훨씬 더 중요하다. 무엇보다, 명품 믿음을 가져야 그게 진짜 명품 인생이 아니겠는가.

움켜쥐는 욕심, 흘려보내는 믿음

소유가 주는 위험성에 대해서 자꾸 이야기하면, 그것을 또 다른 극단으로 해석해서 "진짜 크리스천답게 살려면 다 팔아버리고 가난하게 사는 것이 좋지 않냐?"라고 할 수도 있다. 사실 교회 역사를 보면 원래 부잣집 아들이었으면서도 의도적으로 자신의 모든 재산을 팔아버리고 수도자의 삶을 살았던 성 프란시스 같은 분들도 있다.

그러나 모든 크리스천이 다 그렇게 살 수는 없다. 그런 특별한 수도사적인 삶은 하나의 특별한 사명이요, 은사라고도 할 수 있다. 문제는 돈 자체가 아니라, 그 뒤에 숨어 있는 욕심(greed)이다. 움켜쥐고 쌓는 것은 욕심이요, 흘려보내는 것은 믿음이다. 우리는 욕심이 아닌 믿음의 재물관을 가져야 한다.

예수님은 "너희를 위하여 보물을 하늘에 쌓아 두라"(마 6:20)라고 하셨다. 이 땅에 살면서 우리는 모두 주어진 환경에서 돈과 재산을 갖게 되어 있고, 그것은 죽을 때 싸 들고 갈 수 없으므로 반드시 이 땅에서 누군가를 위해, 뭔가를 위해 써야 한다.

한국 돈은 한국 안에서만 통용된다. 미국에 가면 달러로, 일본으로 가면 엔화로 바꿔야 한다. 마찬가지로 이 땅의 재물은 이 땅에서만 유효한 것이고, 우리가 언젠가 하늘나라로 가면 하늘나라 화폐로 바꿔가야 한다.

하늘나라 화폐란 무엇인가? 그것은 사람들이다. "보물을 하늘에 쌓아 두라"라는 말은 사람에게 투자하란 뜻일 거다. 사람의 영혼을 구원하고, 사람을 돕고 치유하는 데 투자하라는 말이다.

성경을 읽어보면 하나님은 우리의 소유 자체를 탓하시는 것이 아니라, 소수의 사람이 지나치게 소유를 독점하고, 다른 이들과 나누지 않는 이기적인 행위를 탓하심을 볼 수 있다.

소유가 문제가 아니라, 나누지 않는 것이 문제다. 다른 힘든 형제들을 돕지 않는 것이 문제인 것이다.

> 누가 이 세상의 재물을 가지고 형제의 궁핍함을 보고도 도와 줄 마음을 닫으면
> 하나님의 사랑이 어찌 그 속에 거하겠느냐 요일 3:17

아주 충격적인 말씀이다. 마르틴 루터가 말한 대로, "당신의 지갑이 회개하지 않으면 당신은 진정으로 회개한 것이 아니다"란 말이다. 우리는 이 세상 살 동안 하나님의 자녀로서 양자택일해야 한다.

세상에서 부자가 되기를 원하는가, 하나님나라에서 부자 되기를 원하는가? 선택하라!

축제의 삶을 살되 나눔을 기억하라

히브리 사람들이 가장 즐겨 쓰는 인사말은 '샬롬'(Shalom)이었다. '평화, 평강'을 뜻하는 말이다. 이것은 전쟁이 없는 것, 혹은 단순한 심적 안정만을 의미한 것이 아니다. 샬롬은 하나님이 원하시는 이상적인 공동체, 가장 힘없고 보잘것없는 존재들도 부족함 없이 채워지고 돌봄을 받는 그런 따뜻한 나눔의 공동체를 향한 소망이었다. 모든 하나님의 자녀들이 필요가 메마르지 않게 풍성히 채워져서 감사함과 기쁨이 넘치는 그런 공동체 말이다.

신명기 14장에 보면 아주 재미있는 이야기가 나온다. 1년에 한 번씩 모든 이스라엘 백성들에게 십일조에 해당하는 가축과 재산과 돈 등을 다 들고 예루살렘에 와서 바치라는 명령이다. 그런데 이 엄청난 물건들은 대외봉사 프로그램이나, 선교나, 교회 건물이나, 어떤 위대한 사회적 이슈를 위해 쓰이지 않았다. 이 엄청난 물건들은 놀랍게도 이스라엘 국가 전체가 함께 즐기는 축제를 위한 것이었다.

이들이 가져온 재물은 불로소득으로 얻은 것이 아니요, 모두가 정직하게 땀 흘려 일해서 얻은 것이요, 하나님이 거기에 축복하셔서 얻게 된 것이었다. 그러한 재물로 펼치는 이 축제를 통해서 춤과 찬양이 넘쳐났고, 이스라엘의 모든 사람은 신분과 지위 고하를 막론하고 다 초청되었다. 가난한 사람, 병든 사람, 배운 자와 못 배운 자들이 모두 한데 어울려 며칠 동안 축제의 기쁨을 만끽했다.

하나님은 하나님의 백성들이 하나님의 은혜를 기뻐하며 축제를 열고,

파티를 열면서 춤추기를 원하신다. 이것은 우리가 다가올 하늘나라의 기쁨을 미리 이 땅에서나마 조금이나마 맛보게 하기 위함이다. 그러므로 우리는 크리스천이라고 해서 지루하고 근엄하고 딱딱한 종교적 둘레 안에 자신을 가둬놓고 살 필요가 없다.

아름다운 곳을 여행하고, 좋은 뮤지컬을 보고 손뼉 치고, 성도들이 풍성한 식탁을 차려놓고 함께 즐겁게 교제하는 것들에 대해 '죄책감'을 느낄 필요가 없다는 말이다.

하지만 기억할 것은 이 엄청난 국가적 대축제에도 분명한 선이 그어져 있었다.

> 매 삼 년 끝에 그 해 소산의 십분의 일을 다 내어 네 성읍에 저축하여 너희 중에 분깃이나 기업이 없는 레위인과 네 성중에 거류하는 객과 및 고아와 과부들이 와서 먹고 배부르게 하라 그리하면 네 하나님 여호와께서 네 손으로 하는 범사에 네게 복을 주시리라 신명기 14:28,29

즉, 우리는 하나님이 우리에게 주신 것들을 기쁘고 풍성하게 누릴 수 있다. 그러나 동시에 우리보다 힘든 이웃들에게 의도적이고 겸손한 나눔을 실천해야 하는 것이다. 즉, 하나님은 그의 백성이 삶을 즐기기를 원하신다. 그러나 다른 이들의 고통을 요구하는 정도의 무절제한 즐김은 아니다. 주신 것들을 풍성하게 누리라. 그러나 반드시 나눔을 실천하면서 누려라.

하나님은 모든 이들의 하나님이심을 기억하라

우리는 물질 문제를 가지고 정말 다급하고 힘들다는 생각에 하나님에게 자주 기도한다. 물론 얼마나 힘들면 그러겠는가? 그러나 중요한 것은 하나님이 모든 이들의 하나님이심을 기억하는 것이다.

현재 우리가 살고 있는 세계의 현실은 이렇다. 유엔식량농업기구에 따르면 2020년 세계 기아 인구는 8억 1천만 명에 달한다고 한다. 세계 인구 열 명 중 한 명이 굶주리고 있다는 것이다. 월드비전의 보고서에 따르면 기아로 전 세계에서 1분에 11명이 사망하고 있는데, 이는 코로나19로 인한 사망자보다 더 많은 숫자다. 유니세프에 따르면 매년 어린이 100만 명이 영양실조로 목숨을 잃고 있으며, 분쟁 등으로 난민이 된 아이들은 제대로 된 교육을 받지 못하고 있다.

개발도상국에서는 매년 25만에서 50만 명의 어린이들이 비타민 A 부족으로 시력을 잃어가고 있다(미국에서는 매년 86만 건의 낙태가 시행되고 있다고 추산되고, 한국도 세계 낙태율 1위를 고수할 정도로 매해 엄청나게 많은 생명이 태어나기도 전에 사라지고 있는데, 지구 저편에서는 엄마들이 굶주림에 지쳐 죽어가는 아이들의 모습을 매일 바라봐야만 한다).

이미 괜찮은 차를 갖고 있는데도 더 고급 차로 바꿔 달라는 우리의 기도를 듣고 계신 하나님은 지구 저편에서 당장 내일 먹을 것이 없어 굶어가는 자식들을 먹일 하루 식량을 위해 기도하고 있는 사람의 기도도 들으시는 분임을 명심하자.

물론, 그렇다고 하나님이 우리 현재의 물질적인 필요(그것이 욕심이 아니고 진실하게 필요한 것이라면)를 간과하신다는 것은 아니다. 주님은 항상 우리의 기도를 들어주셔서 필요를 채워주신다. 그러나 하루에 한 번쯤은 지구 저편에 있는 우리가 아직 만나본 적도 없는 형제자매들의 힘든 상황도 생각해보는 것이 어떨까?

그렇게 하면 우리가 가진 대부분의 물질적 고민이 배부른 고민임을 알 수 있다. 하나님의 마음은 아버지의 마음이다. 그는 지구상의 모든 사람을 자녀로 품고 항상 그들의 사정을 챙기시는 분이다. 부모가 되면 항상 똑똑하고 능력 있어 자기 앞가림 잘하는 애는 자랑스럽고, 몸이 약하거나 공부를 못해 늘 뒤처지는 애는 안쓰러운 법이다. 그러므로 아버지가 가장 기뻐하시는 일은 많이 받은 형제가 그렇지 못한 형제에게 흘려보내 주는 일이다. 그리고 하나님이 기뻐하시는 바로 그 일을 할 때 우리 가슴에는 세상 그 어떤 것과도 바꿀 수 없는 기쁨이 흘러 들어온다.

아마 누군가는 "나는 남에게 나눠줄 만큼 풍족하지 않아"라고 말할지도 모른다. 그러나, 그렇지 않다. 우리 삶을 단순하게 하고, 불필요한 충동구매를 좀 줄이면 다들 조금씩은 나눠줄 것들이 있다. 브랜드 커피 몇 잔 사 먹을 돈이면 형편이 어려운 아이 한두 명은 도울 수 있다.

이제 TV 홈쇼핑으로 충동구매 하는 습관을 그만두자. 괜히 남의 눈을 의식해서 세련되어 보이려고 필요하지도 않은데 새 물건으로 자꾸 바꾸는 습관도 그만하자. 아직 쓸만한 것들을 너무 쉽게 함부로 버리는 습관도 절제하자. 잘사는 나라들이 버리는 쓰레기로 인해 지구 환경이 얼마나 파괴되고 있는지 아는가.

어떤 사람은 그래도 우리가 소비해야 경제가 활발히 돌아간다고 한다. 그 말도 옳다. 또 오래 쓰고 자주 쓸 물건이면 가격이 좀 있어도 품질 좋은 것을 사는 것이 장기적으로 볼 때 더 낫지 않냐는 말도 옳다. 그러나 오늘날 우리 사회의 과소비 현상은 그런 수준을 넘어선 지 오래다. 대부분 남의 눈을 의식해서 필요하지도 않은 고가 물건들을 충동구매 하는 경우가 너무 많다.

우리에게 주신 물질적 풍요는 우리보다 힘든 하나님의 자녀들과 나누라고 주신 것이다. 물이 흐르지 않으면 썩어버리듯이, 축복도 나누지 않으면 썩어버릴 것이다.

물질의 복을 받은 크리스천의 자세

물질의 복을 받은 크리스천들이 조심해야 할 것이 세 가지가 있다.

하나는 자신의 힘만으로 성공했다고 생각해서 복의 근원 되신 하나님께 감사하지 않는 것이다. 이런 사람은 돈이 조금만 있어도 교만해지고 없는 사람들 함부로 무시한다.

둘째는 돈이 자신을 영원히 지켜줄 것이라고 착각하는 것이다. 그러나 돈은 있다가도 없어지고, 없다가도 있을 수 있는 바람 같은 것이다.

셋째는 자기 돈이니까 자기를 위해서 마음대로 써도 된다고 생각하는 것이다. 내가 일해서 번 돈이라고 해도 내 돈이 아니고, 하나님이 잠시 맡겨두신 돈이다. 기본적인 의식주 문제를 해결한 후에는 하나님 뜻에 맞게 써야 한다.

돈을 인생의 목표로 삼지 말아야 하는 것은 그것이 결코 우리 영혼에 만족을 줄 수 없기 때문이다. 역사상 최고의 부자였던 솔로몬이 내린 결론도 '헛되고 헛되도다'였다. 돈의 허무함을 알고, 돈을 섬기는 것이 아니라 돈을 다스리는 인생을 살아야 한다.

석유 사업으로 크게 성공한 존 D. 록펠러(John Davison Rockefeller)는 미국 역사상 최고의 부자로 꼽히는 인물이다. 19세기 중반에 태어난 그는 33세에 백만장자가 되었고, 43세에 미국에서 가장 큰 회사를 가졌으며, 53세에는 그 당시 기준으로 이미 억만장자가 되어 세계 최고의 부호가 되었다.

그러나 성공의 정점에서 그는 그만 '알로피셔'(alopecia)라는 병에 걸려 머리카락과 눈썹이 빠지고 온몸이 말라갔다. 1년 이상 살기 어렵다는 진단을 받고 그는 극도의 허무감에 빠졌다.

'이렇게 사업이 잘되어 하루에 백만 불씩 버는 세계 최고의 부자가 된들 이제 1년도 못 사는데 무슨 의미가 있는가.'

이런 생각에 그는 밤새 괴로워했다. 그러나 그 괴로움은 오래가지 않았다. "돈은 아무것도 아니구나! 하나님께서 모든 것의 모든 것이 되신다!"라고 외치며 기도하기 시작했다. 기도와 함께 새벽을 맞이한 그의 인생은 달라졌다. 그때까지만 해도 형식적으로 교회에 다니던 록펠러는 진실로 눈물을 흘리며 기도하고 찬송했다.

그 뒤, 록펠러는 얼마 남지 않은 자신의 인생을 하나님이 기뻐하시는 일을 하며 살기로 결심한다. 뉴욕에 리버사이드교회를 건축하였고, 록펠러 재단을 만들어서 돈이 없어서 치료받지 못하는 가난한 병자들을 위해 자기 재산을 기부했다.

그러자 그에게 놀라운 일이 일어났다. 밥도 잘 먹고, 잠도 잘 자며 병세가 급속도로 호전되었다. 그래서 55세를 넘기기 어려울 것이라는 의사의 진단에도 불구하고 그때부터 43년을 더 살고, 98세의 나이에 세상을 떠나게 된다.

그때까지 그는 수많은 사회구제사업 등을 하면서 건강하고 활기찬 삶을 살았다.

주린 자에게 네 심정이 동하며 괴로워하는 자의 심정을 만족하게 하면 네 빛이 흑암 중에서 떠올라 네 어둠이 낮과 같이 될 것이며 사 58:10

오! 이런 축복받는 비결이!

다른 사람을 도우면 하나님께서 우리의 어둠을 낮같이 바꿔주시고 빛나는 인생으로 만들어주신다고 한다. 록펠러의 인생이 그것을 증명하지 않았는가. 우리도 꼭 이대로 순종하여 이런 복을 누려보자.

먼저 그의 나라와 그의 의를 구하는 것

그런즉 너희는 먼저 그의 나라와 그의 의를 구하라 그리하면 이 모든 것을 너희
에게 더하시리라 마 6:33

"먼저 그의 나라와 그의 의를 구하라"라는 것은 하늘 아버지의 마음
을 품는 것이다. 하늘 아버지는 항상 연약하고 부족한 자녀들에게 마음
이 가 계신다. 그래서 우리가 아버지의 마음을 알아 힘이 닿는 대로 연
약한 자들을 도우면 하나님께서 우리의 창고를 채우실 것이다.

너희 중에 분깃이나 기업이 없는 레위인과 네 성중에 거류하는 객과 및 고아와
과부들이 와서 먹고 배부르게 하라 그리하면 네 하나님 여호와께서 네 손으로 하
는 범사에 네게 복을 주시리라 신 14:29

이 말씀은 우리 교회에서 이루어지는 긍휼 사역인 '러브 미니스트리'
의 핵심 주제 구절이다. 교회 창립 초창기부터 지난 12년 동안, 추수감
사절 헌금 전액을 매해 종자돈으로 하여 미자립교회와 선교단체, 선교
사님들, 교회 안팎의 병들고 가난하고 연약한 이웃들을 돕는 러브 미니
스트리 사역을 발전시켜 왔다. 하나님께서는 이로 인해 우리 교회가 단
한 번도 재정적으로 어려움이 없이 풍성하게 부흥할 수 있도록 도와주
셨다.

주사기에 물이 들어가면 그 안에 공기가 밀려나듯이, '먼저 그 나라와 그의 의를 구하게' 되면 우리 안에 '세상 나라'를 구하는 마음들이 밀려난다. 우리 맘에 하나님의 비전이 가득 차게 되면 세상 욕심이 밀려나게 되고, 베푸는 마음이 가득 차게 되면 인색한 마음이 밀려나게 된다.

초대교회 때는 선교하기 전에 구제가 있었다. 누가 시켜서 강압한 게 아니라, 하나님의 성령이 충만하니까 자연스럽게 형제 사랑이 생긴 거다. 구제는 받은 은혜의 열매다. 구제는 우월한 자의 입장에서 던져주는 값싼 동정이 아니다. 하나님의 은혜가 내 안에 넘쳐남으로 인해 자연스럽게 생기는 형제 사랑이다.

거창하게 크게 시작하라는 게 아니다. 바로 지금 자기에게 주어진 환경에서, 자기가 할 수 있는 일부터 조그맣게 시작하면 된다. 남이 하니까 나도 해야 한다는 강박관념이나 죄책감으로 해선 안 된다. 우리 각자에게 주신 은사가 다르듯이 섬겨야 할 사람들이 다 다르다. 내 앞에 놓인 사람들, 내게 이상한 영적 감동이 가장 자연스럽게 느껴지는 이들부터 시작하면 된다.

돈은 움켜쥐고 쌓아두고 있으면 오히려 우리 인생을 망치는 독이 된다. 그러나 함께 나눌 때 우리의 가슴에는 형언키 힘든 하늘의 기쁨과 따뜻함이 넘쳐난다. 돈을 사랑하는 욕심은 우리 영혼을 병들게 한다. 욕심의 무서운 파워를 꺾는 길은 사랑의 나눔뿐이다.

신약성경에서 가장 많이 나오는 동사가 '(하나님이) 사랑하다'이고, 그 다음이 '준다'이다. 사랑하면 끝없이 뭔가를 나눠주고 싶은 것이다. 우릴 사랑해서 주고, 또 주다가 나중엔 자기 아들의 목숨까지 내어주신 하나님. 그 하나님의 마음으로 우리는 살아가야 한다. 그것이 광야 같은 인생길을 살아가는 성도들의 마땅한 삶의 자세다.

chapter 11

광야를 건너려면 낙타가 되라

✦ 빌립보서 4장 11-13절

11 내가 궁핍하므로 말하는 것이 아니니라 어떠한 형편에든지 나는 자족하기를 배웠
노니 12 나는 비천에 처할 줄도 알고 풍부에 처할 줄도 알아 모든 일 곧 배부름과 배
고픔과 풍부와 궁핍에도 처할 줄 아는 일체의 비결을 배웠노라 13 내게 능력 주시는
자 안에서 내가 모든 것을 할 수 있느니라

사막을 건너는 배, 낙타의 특징

가만히 서 있기도 힘든 뜨거운 사막에서 이동하는 일은 큰 숙제다. 자동차 바퀴는 모래에 파묻히기 쉽고, 말은 더위를 견디지 못한다. 그럼에도 사막을 지날 수 있는 유일한 이동 수단이 있으니 그것이 바로 낙타이다. 그래서 낙타를 가리켜 '사막을 건너는 배'라고들 부른다. 아기 예수를 경배하러 온 동방박사들도 낙타를 타고 왔을 것이다. 낙타의 체형 구조를 잘 살펴보면 하나님께서 사막을 횡단할 수 있도록 기가 막히게 창조하셨음을 알 수 있다.

첫째, 낙타는 많은 물과 영양분을 저장할 수 있다. 낙타의 등에는 지방으로 이루어진 혹이 있는데, 이 지방을 분해해 영양소와 수분을 얻는다. 또, 낙타는 한 번에 약 50리터 이상의 물을 마신다. 우리가 흔히 마시는 500밀리리터 생수병으로 계산하면 100개가 넘는 엄청난 양의 물을 한 번에 마시는 것이다. 이로 인해 낙타는 긴 시간 동안 수분을 섭취하지 않아도 체내에 저장된 수분을 통해 살아남을 수 있다(보통 낙타는 30일 정도까지 물을 안 마셔도 버틴다고 한다).

둘째, 낙타의 발과 다리가 아주 특별하다. 사막의 모래는 바닷가의 모래와 달리 아주 고와서 발이 푹푹 빠진다. 경사가 조금이라도 있으면 무릎까지 빠져 걷기가 힘들다. 그러나 낙타의 발은 접시처럼 널찍해서 사뿐히 모래 위를 걸을 수 있을 뿐 아니라 두꺼운 각질로 덮여 있어서 뜨거운 모래로부터 화상을 입지 않는다. 또한 긴 다리로 인해 뜨거운 모래로부터 거리를 둔다. 사막의 한여름 낮의 모랫바닥 온도는 60,70도인데, 긴 다리로 그 열기에서 몸을 최대한 올려 살아남을 수 있다.

셋째, 낙타는 사막의 극심한 일교차와 모래바람으로부터 자신을 보호하는 체형이다. 낙타 머리의 넓적한 뼈가 눈 둘레를 덮어 햇빛 가리개 역할을 하며, 짙은 속눈썹이 두 겹으로 되어 있어서 모래바람을 막아준

다. 또, 낙타는 코에 근육이 있어서 모래바람이 불 때 마음대로 코를 열었다 닫았다 할 수 있으며, 귀에 털이 있어서 모래바람이 불 때 귀로 모래가 안 들어간다. 게다가 낙타의 털과 두꺼운 가죽은 단열효과가 뛰어난 섬유라서 낮의 더위와 밤의 추위를 잘 이겨낸다.

결론적으로, 낙타가 준비되어 있으면 사막도 건널 수 있다. 우리는 자꾸 환경 탓을 하는데, 내가 준비되어 있으면 나쁜 환경도 극복할 수 있다. 환경을 탓하는 사람은 늘 상처받는다. 그러나 준비된 사람은 상처를 극복한다. 주님께서는 환경이 문제가 아니라 환경에 휘둘리는 내가 문제라고 하신다. 그래서 믿음으로 환경을 정복하는 자가 되라고 하신다.

믿음으로 환경을 정복하라

이 사실을 염두에 두고 빌립보서 4장 11,12절을 찬찬히 읽어보자.

내가 궁핍하므로 말하는 것이 아니니라 어떠한 형편에든지 나는 자족하기를 배웠노니 나는 비천에 처할 줄도 알고 풍부에 처할 줄도 알아 모든 일 곧 배부름과 배고픔과 풍부와 궁핍에도 처할 줄 아는 일체의 비결을 배웠노라 빌 4:11,12

바울은 날 때부터 부자 상인의 아들로 태어나 최고의 엘리트 교육을 받고 자라난 소위 금수저다. 그러나 예수님의 복음을 전하는 사도가 된

후, 로마 제국 전역을 다니면서 복음을 전할 때 굶고 매 맞고 감옥에 갇히고 배가 파선 당하는 고생을 수도 없이 많이 했다. 지역 교회들의 헌금으로 간신히 생활하기도 하고, 그물 깁는 일을 하면서 생활하기도 했다. 그야말로 인생의 극과 극을 다 경험해본 사람이다.

그래서 바울은 풍요와 비천함이 우리 인생살이에선 항상 밀물과 썰물처럼 교차하며 찾아온다는 것을 이야기한다. 우리가 인생을 살면서 정말 어려운 형편의 비천한 시즌을 지날 때도 있고, 성공하고 잘나가는 풍요의 시즌을 지날 때도 있다. 어려울 때 믿음을 유지하는 것도 힘들지만, 풍요로울 때 믿음을 유지하는 것도 또 다른 차원에서 힘들다. 그러나 하나님께서는 이 모든 상황 속에서 우리가 승리하는 믿음을 가지고 살기를 원하신다.

비천한 시즌을 지날 때

바울은 먼저 '내가 비천에 처할 줄을 안다'라고 했다. 누구나 인생을 살다 보면 너무나 힘든 위기와 고난의 때를 지날 때가 있다. 부부간에 문제일 수도 있고, 자식 문제일 수도 있으며, 경제적인 문제일 수도 있고, 건강의 문제일 수도 있다. 회사나 사업 문제일 수도 있다. 이럴 때 보통 사람 같으면 근심 걱정으로 잠 못 이루며 하루하루 살 수 있다. 불평과 원망이 튀어나오거나, 낙심하고 비참한 마음으로 기가 죽을 수 있다. 자꾸 문제를 회피하며 도망가버리려고 할 수도 있다.

정면으로 맞서라

그러나 이렇게 힘들 때일수록 문제로부터 도망가지 말고 오히려 담대히 문제를 직면해야 한다. 낙타는 강렬한 태양을 피하지 않고 오히려 태양 쪽으로 머리를 향한다고 한다. 그렇게 하면 몸에 머리 그림자가 생겨 그만큼 더위를 견디게 한다는 것이다. 베두인같이 사막에 사는 사람들은 절대 짧은 옷을 입지 않고, 오히려 모자를 쓰고 온몸을 가린다. 이렇게 하면 더울 것 같지만 오히려 태양 빛을 가려 그림자가 생기면 더 시원한 것이다. 그래서 낙타도 서 있을 때 태양을 피하지 않고 바라보는 것이다.

당당하게 정공법으로 고난을 돌파하라. 시험이 두려우면 공부해버려라. 어두움이 두려우면 불을 켜버려라. 문제는 두려워 도망가는 자에게 더 무섭게 달려든다. 절대 문제에 등을 보이지 말고, 정면으로 맞서보라.

할 수 있는 노력을 하라

또한 이 상황 속에서도 내가 할 수 있는 노력을 해야 한다. 내 앞의 문이 닫혔다고 해서 모든 문이 다 닫힌 것은 아니다. 하나님은 우리가 시험당할 때도 피할 길을 내시는 분이라고 했다. 어려우면 어려운 대로 하나님이 열어주시는 새로운 길이 있을 것이기에 절망하지 말고, 새로운 돌파구를 도전해야 한다.

빌립보서는 바울의 옥중서신, 즉 감옥에 있을 때 쓴 편지다. 펄펄 뛰는 열정으로 로마 제국 곳곳을 다니면서 교회를 세우고 복음을 전하던 바울이 감옥에 갇혀 아무것도 못 하게 되니까 얼마나 답답했겠는가. 그러나 바울은 이 막막한 현실을 개탄하는 대신 자신의 지식과 영성을 쏟아부어 각 교회에 보내는 목회 서신들을 집필했다. 덕분에 그 당시 초대교회뿐 아니라 오늘날에 이르기까지 전 세계 성도들의 신앙을 다져주는 소중한 영성 교과서들이 신약성경에 포함된 것이다.

내가 섬기는 교회도 처음 코로나 사태가 터지고 전격적으로 비대면 예배 체제로 전환되면서 모이는 것이 어려워졌을 때 참으로 난감했다. 그러나 손 놓고 앉아 있을 수만은 없었다. 먼저 뉴젠 주일학교 학생들을 위한 온라인 영상 콘텐츠를 최선을 다해 매주 만들었다. 그랬더니 아이들뿐 아니라 부모님들도 함께하는 가정예배 도구가 되었다. 또한, 중국이나 해외 선교지 주일학교에서도 함께 사용할 수 있는 선교의 도구가 되었다. 코로나로 인해 갑자기 국내에 많이 들어오게 된 선교사님들과 함께 오래전 내가 집필했던 《기독교 에센스》(CES) 교재도 여러 언어로 번역할 수 있었다. 이렇듯 하나님께서 코로나로 어려운 때에도 우리가 새로운 일을 할 수 있도록 기적같이 역사하셨다.

"내게 능력 주시는 자 안에서 내가 모든 것을 할 수 있느니라"라는 말씀을 자세히 묵상해보라. 중요한 것은 '나는 모든 것을 할 수 있다'와 '내게 능력 주시는 자 안에서'라는 말의 결합이다. 하나님의 능력은 자기는 아무 일 안 하고 손 놓고 있는 자에게 오는 게 아니다. 오히려 일어나서 문제와 맞싸우며 열심히 땀 흘리는 사람에게 하늘의 도우심도 임한다.

하나님의 사람이 상황을 회피하거나 맞서 싸우려 하지 않는다면 능력은 필요하지 않다. 하나님께서 특별한 능력을 부어주시는 때는, 사람이 자기가 할 수 있는 최선을 다하고 기진하여 쓰러졌을 때다. 그리스도께서는 우리의 능력이 충분치 않을 때 개입하신다. 그것을 체험으로 아는 하나님의 종들은 믿음을 가지고 도전한다.

오늘날 우리가 누리는 많은 문명의 이기들이 모두 전쟁이라는 불안한 시기에 개발된 것임을 아는가? 예를 들어, 선글라스는 1차 세계대전 때 조종사들이 햇빛에 눈이 부셔서 만든 안경이다. 통조림은 나폴레옹이 전쟁 때 군인들이 오랜 기간 저장해놓고 먹을 수 있도록 만든 것이다. 컴퓨터도 2차 대전 때 영국군이 독일군의 암호기 에니그마의 암호체계를 풀기 위해 개발하면서 시작된 것이다. 인터넷, GPS, 드론 같은 것들도 다 전쟁통에 개발되었다. 평화로운 시기에는 이러한 발명과 개발이 더디게 이뤄진다. 그러나 전쟁의 소용돌이 속에서 국가가 흥망성쇠의 기로에 있을 때, 사람들은 나라를 지키기 위해 필사적으로 연구하고 개발한다. 이것이 문명을 획기적으로 발전시킨다.

이처럼 고난은 새로운 삶을 창조하기 위한 동력이 된다. 현재 처한 어려움만 탓하지 말고 새로운 돌파구를 고민하고 공부해보라.

믿음의 3종 세트를 실천하라

그리고 어려운 시즌을 이겨내는 방법은 무엇보다도 믿음의 3종 세트를 실천하는 것이다.

항상 기뻐하라 쉬지 말고 기도하라 범사에 감사하라 이것이 그리스도 예수 안에
서 너희를 향하신 하나님의 뜻이니라 살전 5:16-18

항상 기뻐하고, 쉬지 말고 기도하고, 범사에 감사하는 것. 나는 이것
을 고난의 시간을 이겨내는 믿음의 태도 3종 세트라고 부르고 싶다.

첫째, 항상 기뻐하라.

예수님 안 믿는 사람들도 좋은 일이 생기면 기뻐한다. 그런데 '항상'이
라는 말은 좋은 날이건 힘든 날이건 상관없이, 상황을 초월해서 기뻐하
라는 것이다. 항상 기뻐할 수 있으려면 모든 상황 속에 숨겨진 우리가 모
르는 하나님의 축복을 봐야 한다. 하나님은 우리를 사랑하시고 실수가
없으시다. 그러므로 힘든 상황 속에서도 믿음의 눈으로 하나님의 선한
뜻이 있음을 보라는 것이다. 그래야 고난 가운데서도 기뻐할 수 있다.

힘들 때도 기뻐할 수 있는 것은 우리 안에 성령의 능력이 있기 때문이
다. 세상은 항상 현실이 진흙탕처럼 힘들다고 생각하게 만든다. 그러
나, 우리 안에 계신 성령께서는 그 진흙 속에 숨겨놓으신 하나님의 진주
를 보게 한다. 그러니까, 항상 기뻐할 수 있다.

둘째, 쉬지 말고 기도하라.

야고보서에 보면 "너희 중에 고난 당하는 자가 있느냐 그는 기도할
것이요"(약 5:13)라고 했다. 고난은 하나님께서 우리에게 진짜 기도를
가르쳐주는 기도 학교다. 모든 기도의 용사들은 다 고난의 광야에서 기
도를 배웠다. 특히, 바울은 '쉬지 말고 기도하라'라고 가르친다. 어떤 상

황 속에서도, 항상 기뻐할 수 있는 유일한 비결은 쉬지 말고 기도하는 것이다. 걱정과 근심으로부터 자유할 수 있는 길도 쉬지 말고 기도하는 것이다.

'쉬지 말고 기도하라'라는 말은 기도에 충분한 시간을 투자해야 함을 뜻한다. 광야에 들어가면 도시에 있을 때보다 시간이 많아진다. 그 시간을 기도에 온전히 바치면 된다. 내가 아는 분도 억울한 누명을 쓰고 감옥에 들어가서, 할 일이 없으니까 성경 읽고 기도하는 시간을 많이 갖게 되었다. 거기서 기도의 용사가 되었다.

우리가 쉬지 말고 기도하면 하나님을 많이 생각하게 된다. 문제를 아예 생각하지 않을 수는 없겠지만, 기도의 사람은 문제보다 하나님을 더 많이 생각하게 된다. 그러면 하나님 안에서 문제를 보게 되니, 문제 때문에 마음이 압박받지 않고, 매사에 긍정적으로 생각하게 된다. 생각이 긍정적으로 되면 말도 긍정적으로 하게 된다. 인생을 보고 세상을 보는 눈이 달라지고, 사람을 대하는 태도가 달라진다. 모든 상황 속에서 기뻐하고 감사하는 마음이 생길 것이다.

셋째, 범사에 감사하라.

하나님의 사람은 인생 날씨가 흐리고 어두울 때도 감사한다. 직장에서 억울하게 좌천되었을 때도, 사업이 안 될 때도, 건강이 안 좋아졌을 때도 감사한다. 모든 상황이 하나님의 섭리 가운데 있음을 믿기 때문이며, 감사하는 자에게 주시는 축복을 믿기 때문이다.

시편 100편에 4절에 보면 '감사함으로 그의 문에 들어간다'라고 했다. 그의 문은 하늘 문이다. 축복의 문, 기적의 문이다. 하늘 문을 여는 암호는 감사이다. 불평과 원망을 아무리 해도 하늘 문은 열리지 않는다. 이스라엘 백성들이 광야 후반기 바짝 말라버린 브엘 우물에서 어떻게 오아시스 물이 터지게 했는지 기억하는가. 하나님 앞에서 감사 찬양함으로였다. 감사할 수 없을 만큼 어렵고 힘들 때일수록 우리는 감사를 입술로 선포해야 한다. 감사는 아직 이뤄지지 않은 미래의 기적을 신속히 끌어당겨 온다. 지금 우리 인생에서 힘들고 원망과 불평하고 싶은 모든 제목을 감사의 제목으로 바꿔보라.

영국의 위대한 설교자였던 스펄전 목사님은 이렇게 말했다.

"하나님께서는 촛불에 감사하는 자에게 등불을 주시고, 등불에 감사하는 자에게는 달빛을 주시고, 달빛에 감사하는 자에게는 태양 빛을 주시고, 태양 빛에 감사하는 자에게는 천국의 광명을 주신다."

감사하는 자는 갈수록 더 큰 축복을 받는다.

'항상 기뻐하고, 쉬지 말고 기도하고, 범사에 감사하는 것' 이 세 가지는 한 패키지로 묶어서 생각해야 한다. 하나를 하면 다른 두 개도 하게 된다. 상황이 힘들 때 우리의 옛사람은 자연스럽게 불평하고 원망한다. 그러나 우리가 결단하고 그런 마음을 떨쳐버린 뒤, 오히려 기뻐하고 계속 기도하며 감사하면 성령께서 기뻐하신다. 그러면 마귀가 떠난다. 특이한 신체 구조로 사막의 더위와 모래바람을 차단하는 낙타처럼, 항상 기뻐하고 기도하고 감사하는 사람에게는 세상의 독성들이 들어오지 못한다. 그런 사람에게는 하나님께서 하늘의 위로와 축복과 능력을 마음껏 부어주신다. 그러면 황무지가 변하여 옥토가 되는 역사도 일어난다.

풍요의 시즌을 지날 때

자, 그런데 인생의 어려운 시절을 지나는 것 이상으로 쉽지 않은 것이 풍요의 시즌을 잘 지나는 것이다. 얼핏 생각하면 '아니, 풍요의 시즌을 잘 보내는 것이 뭐가 어렵냐? 모든 상황이 좋으니 여유 있게 즐기면 되지'라고 생각할 수 있다. 그러나 결코 그렇지 않다. 바울은 '풍부에 처할 줄도 알아야 한다'라고 했다. 고난의 때에 건강한 믿음을 가졌던 사람이 오히려 풍요로워졌을 때 시험 들어서 무너지는 경우가 많다. 그래서 성경은 "선 줄로 생각하는 자는 넘어질까 조심하라"(고전 10:12)라고 경고한다.

교만과 나태를 조심하라

풍요의 시간에 조심해야 할 것이 두 가지가 있는데, 하나는 교만이요, 둘째는 나태함이다.

첫째로 교만을 조심해야 한다. 사람이 성공하게 되면 교만해지기 쉽다. 교만은 모든 관계를 파괴한다. 먼저 하나님과의 관계가 무너진다. 교만한 사람은 자기 힘으로 성공했다고 생각해서 감사가 없어지고, 자기 자랑이 심해진다. 아쉬운 게 없으니까 기도 생활, 예배 생활도 차가워진다.

교만하면 다른 사람들과의 관계도 무너진다. 자기가 남들보다 잘났다고 생각하니까 함부로 남을 무시하고 비판하고 가르치려 든다. 사람들이 다 자기를 섬겨주길 기대한다. 그러니까 사람들이 교만한 사람 주변에서 멀어져간다. 그러니 잘나갈 때일수록 스스로 살펴 겸손해야 한다. 교만을 깨는 방법은 나 자신이 아닌 하나님을 끊임없이 바라보고 예배하는 것이다.

둘째로 풍요의 시즌에 또 하나 주의해야 할 것은 성공에 도취하면 나태해져서 도전 정신을 잃는 것이다. 오래전 미국 플로리다 주의 한 해변에서 수많은 갈매기가 떼죽음을 당한 일이 있었다. 갈매기들의 죽음의 원인을 조사하던 조류학자들은 뜻밖의 이유에 깜짝 놀랐다. 그 해변에는 새우잡이 배들이 드나드는데 갈매기들은 고기를 잡지 않고 어부들이 그물을 털 때 땅에 떨어지는 새우들을 먹었다고 한다.

그런데 기후의 변화로 해류가 달라져 새우잡이 배들이 전부 남쪽으로 옮겨가게 되자 더 이상 새우를 먹을 수 없게 되어 갈매기들이 집단으로 굶어 죽고 만 것이다. 바다에 먹이가 될 수 있는 수많은 물고기가 있음에도 불구하고 공짜 새우 먹이에 익숙해져 있던 게으른 갈매기들은 먹이를 잡는 수고 대신 굶어 죽는 쪽을 택한 것이다. 공짜로 먹을 수 있었던 새우가 오히려 재앙이 된 것이다.

골프 천재 타이거 우즈가 한참 성공해서 유명해졌을 때, 농구천재 마이클 조던이 이렇게 조언했다고 한다.

"사람들이 아무리 널 칭찬해도 자만하지 말고 계속 열심히 연습해라."

그렇다. 성공에 도취하여 나태해지지 말고 깨어서 계속 노력해야 한다. 나는 13년 전, 창립 멤버들과 함께 처음 새로운교회를 개척했을 때나 지금이나 변함없이 모든 설교에 최선을 다하고, 목회에 최선을 다하기 위해 애쓴다. 새벽기도 때 강단 앞에 무릎 꿇고 기도하는 자리는 항상 초심을 유지하도록 일깨워준다. 우리의 부족함을 늘 돌아보려 하고, 초심을 유지하며 성도 한 사람 한 사람 목양하는 데 정성을 쏟으려고 한다.

약한 자를 격려하고 섬기라

또한 풍요의 시즌에는 약한 자를 격려하고 섬겨야 한다. 지난 2022 베이징 동계올림픽에서 화제가 된 감동적인 장면이 하나 있었다. 눈 속에서 15킬로미터나 스키를 신고 달려야 하는 힘든 경기, 남자 크로스컨트리 스키 결승에서 핀란드의 리보 니스카넨 선수가 우승하여 금메달을 목에 걸었다. 그러나 진짜 감동은 그다음부터였다. 그는 1등으로 테이프를 끊은 뒤, 영하 8도의 추운 날씨 속에서도 20분 정도 더 결승선에 남아 있으면서 들어오는 선수들을 격려했다. 특히, 니스카넨이 꼴찌로 경기를 마친 콜롬비아의 카를로스 퀸타나 선수를 격려하는 사진은 전 세계인들의 가슴에 깊은 감동을 심었다. 니스카넨은 "올림픽 무대에선 모든 선수가 온 힘을 쏟아붓는다. 순위와 관계없이 서로를 존중해야 한다"라고 했다. 니스카넨의 말과 행동은 진정한 올림픽 챔피언이 어떤 사람인가를 우리에게 보여주었다.

풍요의 시즌을 지날 때 우리에게 힘이 있다. 돈이 있고, 권력이나 지식, 명예와 인기가 주어진다. 하나님께서 주신 그 힘은 영향력이다. 우리로 하여금 축복의 통로가 되라고 주신 것이다. 그 힘을 가지고 우리는 약한 자들을 격려하고 섬겨야 한다. 힘 있는 자의 말 한마디, 행동 하나는 파급효과가 크다. 풍요의 시즌에 우리는 예수님의 손과 발이 되어 세상을 치유해야 한다. 다른 사람들이 살아날 수 있도록, 회복할 수 있도록, 성공할 수 있도록 도와야 한다.

흉년을 대비하라

풍요한 시즌에 우리는 흉년을 대비해야 한다. 무대에 올라갈 때가 있으면 내려올 때가 있듯이, 풍요의 시즌은 영원하지 않고 언젠가는 힘든 시즌이 다시 오게 되어 있다. 그때를 미리 준비해두어야 한다. 서두에 말했듯이, 낙타는 오아시스를 만나면 충분히 물을 마셔서 몸에 비축해둔다. 그래서 뜨거운 사막을 몇 주일 걸어가도 끄떡없는 것이다. 풍요의 시즌에 우리도 그렇게 해야 한다. 요셉이 국무총리가 되어서 한 일은 7년의 풍년 동안 다가올 7년의 흉년을 이겨낼 수 있도록 매해 20퍼센트의 예산을 저축해둔 것이었다. 그로 인해 자기뿐 아니라 애굽과 열방의 백성들을 다 살려냈다. 풍요의 때에 흥청망청하지 말고 우리는 미래를 준비해야 한다.

한결같은 믿음으로 살아내라

2017년에 방영된 KBS 〈다큐 공감〉프로그램에서 나는 미국 메릴랜드 주지사의 한국인 부인 유미 호건(한국명 김유미) 여사의 이야기 편을 보고 깊이 감동받았다. 메릴랜드 주는 처음 미국에 이주한 유럽인들이 정착한 역사적인 곳이다. 미연방 국회의사당과 인접해 있으며 나사의 주요 우주 연구소를 비롯한 여러 연방정부 핵심 기관들이 운집한, 문화와 산업의 중요한 지역이다.

이곳은 전통적으로 민주당 강세 지역이었는데, 그녀의 남편 래리 호건은 정치 초년생이고 공화당 후보이면서도, 모두의 예상을 뒤엎고 이곳에서 주지사로 당선되어 큰 화제를 일으켰다. 미국 언론들은 이 놀라운 승리의 첫 번째 비결로 아내 김유미의 내조를 꼽았다. 래리 호건 본인도 "아내가 아니었다면 주지사 당선은 불가능했을 것"이라고 말했다. 그녀는 선거 기간 동안 주 전역을 돌아다니면서 아시아계, 중남미계 등 모든 소수 민족의 표를 쓸어왔다.

그뿐 아니었다. 주지사가 된 뒤, 래리 호건은 민주, 공화 양당의 인재를 골고루 등용하며, 발로 뛰는 탁월한 행정 능력으로 양당의 신뢰를 얻었다. 래리 호건이 처음 주지사가 되었을 때 메릴랜드 주의 경제 순위는 미국 50개 주 가운데 49위였는데, 그가 주지사가 된 지 3년 만에 11위로 급성장했다. 이로 인해 주민 지지율 70퍼센트를 넘나들며 재선에 성공하는 등, 미국 전체에서 가장 인기 있는 주지사가 되었고, 차기 미국 대통령 후보로 거론될 정도다.

여기에도 아내 김유미 여사의 역할이 컸다. 그녀의 남편은 주지사가 된 지 6개월 만에 암에 걸렸다는 충격적인 진단을 받는다. 그러나, 김유미 여사는 헌신적으로 남편의 병실을 지키면서 기도하고 돌봤다. 그리고 남편 대신 주 전역을 다니면서 가난한 사람, 부한 사람 상관없이 골고루 지역 주민들을 살피면서 주지사 업무를 대행하다시피 했다. 보통 항암치료를 하면 토하게 되고 음식을 잘 안 먹으려 한다. 그러나 김유미는 남편에게 음식을 잘 먹이고, 항상 "당신은 살 수 있다. 하나님께서 살려주실 것이다"라는 긍정적인 응원을 계속해주었다. 래리 호건 주지사는 반년 만에 기적적으로 100퍼센트 완치되어 주지사 업무에 복귀했다.

김유미 여사는 인종과 경제, 교육 수준 상관없이 모든 주민을 부지런히 찾아가서 섬긴다. 특히 가난하고 소외된 이민자들, 장애인들, 예술인들에게 특별한 사랑을 베풀고, 여성 문제에 대해서 관심을 많이 가지고 돕는다. 음식 솜씨가 좋고 부지런한 그녀는 주지사 관저에서 직접 한국 음식을 만들어 직원들도 먹이고 손님들도 따뜻하게 접대하여 모든 사람에게 감동을 준다. 그래서 남편의 정적들도 "그녀는 미국과 메릴랜드주에 보내준 귀한 선물"이라고 극찬한다.

그러나 화려해 보이는 김유미 여사의 오늘이 있기까지는 고난의 시절이 있었다. 스무 살의 나이로 이민 간 그녀는 래리 호건과 결혼하기 전 첫 번째 결혼에 실패하고, 세 명의 딸을 둔 싱글맘이었다. 이민 초기 생활이 너무 어려워 단돈 2달러가 없어서 위층 아주머니에게 빌려야 할 때도 있었다. 하지만 그럴 때도 절대 '죽겠다'라는 말을 써본 적이 없다고 한다. 항상 불평하지 않고 감사하면서 살았다. 절대 없는 시늉을 안 했다. 그래서 남들은 그녀가 부자인 줄 알았다고 한다.

김유미 여사는 음식점에서, 슈퍼에서 일하며 세 딸을 키웠다. 투잡, 쓰리잡을 뛰면서도 아이들한테는 불쌍한 모습 안 보여주려고 했다. 명품 옷을 사 본 적이 없고, 하루 두 시간도 못 자고 일을 다닌 적도 많았다고 한다. 일하고 오면 너무 피곤한데, 새벽 4시에 일어나 식당 일을 가야 했다. 어떨 때는 운전하는데 너무 졸려서 무릎을 꼬집으며 '아, 주님 저 졸리면 안 됩니다. 졸음 운전해서 차 사고 나면 죽습니다'라면서 온 적도 많았다고 했다.

그러면서도 항상 기뻐했고, 쉬지 않고 기도했고, 범사에 감사했다. '아이들을 위해서라면 이게 무슨 고생이겠는가'라고 생각했다. 그녀는 그때부터 지금까지 항상 딸들에게 "하나님의 축복이 함께 하길"이라며 기도해준다. "엄마가 뒤에서 늘 기도할게"라고 항상 말해준다.

힘든 시절부터 지금까지 그녀는 지역 교포 교회를 성실히 출석하고 있다. 어려울 때 교회 식구들이 가족처럼 그녀를 많이 위로해주었고 힘이 되어주었다고 한다. 그녀의 교회 친구들은 이렇게 말한다.

"김유미 씨는 힘들었던 시절에도 기죽지 않고 단정했어요. 카키 바지 하나 입고 블라우스 하나 입어도 항상 깨끗했어요. 그리고 얼굴도 항상 깨끗하고 단정했습니다. 가난했어도 내면이 강하고 정직했어요. 본인의 삶이 그렇게 반듯하니까 저렇게 아름다운 제2의 인생을 (하나님이) 허락하셨다고 우리 교인들 다 그렇게 생각했어요."

세 딸이 어느 정도 성장한 뒤에야 김유미 여사는 자신이 하고 싶었던 미술 공부를 시작했고 미대 교수가 되었다. 그리고 전시회에 그림을 보러 온 지금의 남편 래리 호건(그 당시는 부동산업을 하고 있었음)과 운명적 만남을 갖게 되었다고 한다. 래리 호건 주지사는 아내를 평가할 때 '내면과 외면이 다 아름다운 사람이며, 못살 때나 잘살 때나 한결같이 긍정적이고 감사함이 가득한 믿음의 사람'이라고 평가한다. 김유미 여사의 인생 다큐멘터리를 보면서 풍요의 시즌과 고난의 시즌을 한결같은 믿음으로 살아낸 낙타 같은 사람이라는 생각이 들었다.

하나님의 사람은 언제든 의연하다

하나님을 모르는 세상 사람들은 상황에 따라서 완전히 변한다. 형편이 어려워 동네 식당에서 국밥을 먹을 때는 기가 죽어서 비참해지고, 풍요해져서 고급 호텔에서 식사할 때는 너무 오만해져서 허세를 부린다. 그러나 하나님을 믿는 사람들은 환경이 어떻게 변하든 상관없이 소탈하고 의연하다. 동네 식당에서 국밥을 먹을 때나 호텔 뷔페를 먹을 때나 감사하고 겸손하다. 고난 가운데서도 은혜가 있음을 알고 감사하며, 풍요로울 때도 위기가 있다는 것을 알아 조심한다. 잘나가는 사람들 앞에서도 비굴하지 않으며, 가난하고 약한 자들을 대할 때도 무례하지 않으며 따뜻하다. 바로 예수님을 닮은 사람들이다.

광야 같은 인생길을 걸어가면서 풍요의 때도 있고, 흉년의 때도 있을 것이다. 그때 우리는 낙타 같은 균형을 잡자. 어려울 때도 기죽지 말고, 잘될 때도 교만해선 안 된다. 항상 기뻐하고, 쉬지 말고 기도하며, 범사에 감사하며 살아야 한다. 어떤 상황이 와도 의연하게 이 길을 걸어가자. 무엇보다 그렇게 사는 믿음의 형제자매들이 모인 교회 공동체에 속해 있음이 얼마나 큰 축복인가. 한 CCM 찬양 가사처럼 우리는 '무명하나 유명한 자요, 죽음의 위기 속에도 참 생명 가진 이들이다. 근심하나 기뻐하며, 가난하나 다른 이를 부요케 하는 사람들'이다. 그게 바로 하나님의 자녀들이다.

우리 모두 함께 격려하며 이 길을 가자.

chapter 12

광야의 시험에서 승리하라

*누가복음 4장 1-13절

1 예수께서 성령의 충만함을 입어 요단 강에서 돌아오사 광야에서 사십 일 동안 성령에게 이끌리시며 2 마귀에게 시험을 받으시더라 이 모든 날에 아무 것도 잡수시지 아니하시니 날 수가 다하매 주리신지라 3 마귀가 이르되 네가 만일 하나님의 아들이어든 이 돌들에게 명하여 떡이 되게 하라 4 예수께서 대답하시되 기록된 바 사람이 떡으로만 살 것이 아니라 하였느니라 5 마귀가 또 예수를 이끌고 올라가서 순식간에 천하 만국을 보이며 6 이르되 이 모든 권위와 그 영광을 내가 네게 주리라 이것은 내게 넘겨 준 것이므로 내가 원하는 자에게 주노라 7 그러므로 네가 만일 내게 절하면 다 네 것이 되리라 8 예수께서 대답하여 이르시되 기록된 바 주 너의 하나님께 경배하고 다만 그를 섬기라 하였느니라 9 또 이끌고 예루살렘으로 가서 성전 꼭대기에 세우고 이르되 네가 만일 하나님의 아들이어든 여기서 뛰어내리라 10 기록되었으되 하나님이 너를 위하여 그 사자들을 명하사 너를 지키게 하시리라 하였고 11 또한 그들이 손으로 너를 받들어 네 발이 돌에 부딪치지 않게 하시리라 하였느니라 12 예수께서 대답하여 이르시되 주 너의 하나님을 시험하지 말라 하였느니라 13 마귀가 모든 시험을 다 한 후에 얼마 동안 떠나니라

광야 시험에서 승리하기 위해 예수님의 모범을 따르라

사람마다 겪는 광야의 성질은 다 다르고, 거기서 체험한 은혜의 경험
도 다 다르다. 나도 개인적으로 인생의 크고 작은 광야의 시간을 통과
하면서 받은 특별한 은혜의 간증들이 있고, 그것이 이 책을 쓰는 데 큰
밑거름이 되었다. 광야 같은 인생길을 지나는 많은 사람에게 이 책을 통
해 하나님께서 따뜻한 은혜와 위로를 주실 것을 나는 믿는다. 광야는
힘든 시간이지만 광야에서만 체험할 수 있는 은혜가 있기에 아름다운 것
이다.

광야는 수많은 영적 시험들이 있는 곳인데, 이 시험들을 잘 이기면 하
늘의 상급을 받는다. 이 시험들을 잘 이길 수 있는 길은 우리의 대장 되
신 예수님의 모범을 따르는 것이다.

예수께서 성령의 충만함을 입어 요단 강에서 돌아오사 광야에서 사십 일 동안 성

령에게 이끌리시며 눅 4:1

여기 보면 이 한 절에 '성령'이라는 말이 두 번 연거푸 나온다. 우리가 주목해야 할 사실은, 성령께서 예수님을 바로 요단강에서 광야로 이끄셨다는 것이다.

요단강은 풍성한 곳인데, 광야는 아무것도 없는 황량한 곳이다. 그런데 성령께서 예수님을 요단강에서 광야로, 최고의 자리에서 최악의 자리로 갑자기 옮겨버리신 것이다. 도대체 왜일까?

마귀에게 시험을 받으시더라 이 모든 날에 아무것도 잡수시지 아니하시니 날 수가 다하매 주리신지라 눅 4:2

성령께서 예수님을 광야로 이끌어가신 목적은 마귀에게 시험받기 위해서였다. 보통 우리가 마귀의 시험을 받을 때는 뭘 잘못해서 그런 것으로 생각하기 쉽다. 그런데 하나님의 아들이신 예수님께서 뭘 잘못하셨을 리가 없다. 오히려 여기에 보니까 성령께서 의도적으로 예수님을 시험받게 이끄셨다고 했다. 예수님은 우선순위가 정확하신 분이시고, 의미 없는 일로 시간 낭비하시는 분이 아니시다. 그런 예수님께서 공생애를 시작하는 초입에, 그러니까 이 땅에서 그 어떤 설교나 사역을 하시기 전에, 마귀에게 시험부터 받으셨다. 여기에는 분명한 영적 의도가 있으신 것이다.

오래전 마귀는 에덴동산에서 첫째 아담을 유혹하여 죄짓게 해서 온 인류를 사망의 길로 인도했었다. 이제 둘째 아담이신 예수께서 그 패배를 승리로 바꾸시기 위해서 오셨다. 예수님 이름의 뜻이 '자기 백성을 죄에서 구원할 자'이시기 때문이다. 예수님의 공생애를 시작하기에 앞서, 마귀의 시험을 단번에 무너뜨림으로써 십자가에서 완성하실 완전한 승리의 서막을 여신 것이다. 이를 위해서 예수께서 "마귀, 너 나와! 네가 첫 번째 아담을 시험에서 무너뜨려서 사람들을 죄의 노예로 만들었지? 이제 나하고 한번 붙어보자. 너를 잡고 사람들을 죄에서 자유케 하기 위하여 내가 온 거야"라고 하신 것이다. 그리고 광야에서 마귀와 일전을 벌이신 것이다.

그러므로 이 본문은 단순히 예수께서 세 가지 유혹을 극복하신 것을 다루는 것이 아니다. 눈에 보이지 않는 영적 전쟁의 판도를 바꿀 거대한 영적 승리의 서막이다.

첫 번째 시험 - 돌들에게 명하여 떡이 되게 하라

마귀가 이르되 네가 만일 하나님의 아들이어든 이 돌들에게 명하여 떡이 되게 하라 눅 4:3

"이 돌들에게 명하여 떡이 되게 하라"라는 말은 '하나님을 이용해서 당장 너의 육체적 필요를 채워라!'라는 말과 같다. 사탄은 우리가 가장 약할 때 그 약점을 치고 들어온다. 지금 예수님은 40일 동안 금식하신 상태다. 배부른 사람에겐 아무리 떡 이야기를 해봐야 아무 소용없다.

그러나 배고픈 사람은 다르다. 3일만 굶으면 흰 쌀밥 이야기만 해도 군침이 돌게 되어 있다. 지금 예수님은 몹시 굶주리셨기 때문에 당연히 떡 이야기만 해도 군침이 도셨을 것이다.

바로 그때, 마귀는 예수님에게 떡 이야기를 했다. 예수님이 가장 시장하실 때, 마귀는 하나님의 능력을 예수님의 허기를 채우는 데 사용하라고 유혹했다. 먹고사는 물질 문제만큼 사람을 약하게 만드는 게 없다. 오죽했으면 마귀가 던진 첫 번째 시험이 그것이겠는가. 알면서도 당하는 게 물질 문제, 돈 문제다. 돈 문제로 시험 들면 사람들이 너무 쉽게 쓰러진다.

예수님이 누구신가. 하늘에서 만나도 내리시는 하나님의 아들이시다. 예수님이 원한다면 돌을 떡으로 만드는 일은 일도 아니었다. 그러나 예수님은 자신에게 주어진 능력이 거리의 마술사처럼 그렇게 저급하게 쓰라고 주어진 것이 아님을 잘 알고 있었다. 힘이 있다고 함부로 써도 되는 게 아니다. 내가 아무리 급하고 절실하다 해도 마찬가지다.

교활한 마귀는 이 유혹을 통해 하나님과 예수님의 관계를 이간질하려 들었다.

"네가 만일 하나님의 아들이어든."

예수님이 진짜 하나님의 아들인지 의심하는 게 아니고, 네가 하나님의 아들이니까 그에 걸맞은 대우를 받으라는 것이다. 즉, "이 땅의 왕자들도 호의호식하며 사는데, 너는 하늘과 땅을 다스리시는 하나님의 아들 아니냐. 근데, 왜 이 고생을 하고 있느냐. 하나님의 아들이면 당연히 이 정도는 누릴 자격이 있지 않으냐"라는 것이다.

오늘날, 우리에게도 이런 유혹이 쉴 새 없이 온다.

"너 하나님의 자녀라며? 그런데 왜 이렇게 빠듯하게 사니? 너도 세상 복 좀 받아야 하지 않느냐. 네가 그동안 그만큼 헌금했는데, 당장 사업이 잘되어야 하지 않느냐? 네가 목사로, 장로로, 주일학교 교사로 교회 일을 그렇게 열심히 했는데 하나님께서 너한테 이 정도는 세상적으로 보상해주셔야 하지 않느냐."

그러나 지금 당장 눈에 보이는 축복을 하나님의 사랑과 연결하면 시험이 든다. 하나님이 눈에 보이는 축복을 잠시 우리에게 허락하지 않으신다고 해서 그걸로 하나님의 사랑을 의심하면 안 된다.

첫 번째 시험을 이기신 예수님의 모범

예수님은 이 시험을 어떻게 이기셨는가?

예수께서 대답하시되 기록된 바 사람이 떡으로만 살 것이 아니라 하였느니라 눅 4:4

이 말씀은 신명기 8장 3절의 말씀을 인용하신 것인데, 여기서 말하는 떡은 그냥 떡이 아니고, 광야에서 이스라엘 백성들에게 하나님이 내려주신 만나이다.

이는 첫째, 하나님의 백성들의 먹고사는 문제는 반드시 하나님이 하나님의 방법으로 책임져주신다는 메시지다.

둘째, 그러나 하늘에서 내려온 만나라 할지라도 그것이 사람이 진정 의지해야 할 것은 아니다. "사람이 떡으로만 사는 것이 아니요"라는 말씀에서, 예수님은 우리에게 물질이 필요하다는 사실 자체를 부인하시는 게 아니다. 그러면 "사람이 떡으로 사는 것이 아니요"라고 하셨을 것이다. 하지만 주님은 "떡으로만 사는 것이 아니요"라고 하셨다.

주님은 육체를 입은 인간들이 이 세상에서 살아가는 데 떡도 필요함을 알고 계신다. 문제는 물질을 절대화시키는 것이다. 물질적 축복에 취해서 믿음이 식어버린 사람들이 너무 많다. 육의 굶주림을 채우는 떡은 영혼의 굶주림을 채우는 말씀 안에서만 축복이 된다.

셋째, 우선순위가 중요하다. 눈에 보이는 물질의 축복은 하나님의 말씀에 기초가 된 뒤에 와야 참 축복이 된다. "사람이 떡으로만 살 것이 아니요 하나님의 입으로부터 나오는 모든 말씀으로 살 것이라"(마 4:4)에서, '말씀'은 전체 기록된 말씀의 일반용어인 로고스(logos)가 아니라 개인적이고, 구체적으로 내 삶을 파고들어 나의 자아를 다듬고 변화시키는 레마(rhema)의 말씀이다.

삼시세끼 밥 먹는 것 이상으로 중요한 것은 매일 하나님의 말씀을 먹는 것이다. 영양가 있는 음식을 항상 충분히 섭취해야 육체가 건강해지듯이, 영양가 있는 말씀을 항상 충분히 섭취해야 나의 영혼이 건강해진다. 그래야, 하나님의 뜻대로 살 수 있는 능력이 생긴다. 그리고 나서 육체의 떡을 먹어야 영육 간에 강건하게 되는 것이다.

말씀 없이 떡만 구하면 우리는 짐승과 다름없이 황폐한 존재가 된다. 역사를 보면, 하나님 없이 돈만 추구하는 개인이나 가정, 국가들은 예외 없이 비참하게 망했다. 눈에 보이는 떡은 보이지 않는 말씀의 떡 안에서만 진짜 축복이 된다. 그리고 말씀을 먹어서 영적으로 강해지면 육체적인 필요도 하나님이 반드시 채워주신다. 그러니, 무엇보다도 말씀 충만하길 바란다. 영적 우선순위를 분명하게 세우고 살면, 지금은 가난하고 힘들어도 반드시 하나님의 은혜가 임할 것이다. 절대 이 순서를 뒤집으면 안 된다.

넷째, 주님은 하나님을 우리에게 떡 가져다주는 종으로 격하시키려는 마귀의 의도를 꾸짖으신 것이다. 하나님은 우리의 필요를 위해서 그렇게 도깨비방망이처럼 휘두르는 도구가 아니다.

배가 고플 때 하나님께 기도하면 하나님께서 우리의 필요를 채우실 것을 믿어야지, 왜 마귀가 가르쳐준 방법처럼 돌을 떡으로 만드는 마술 쇼를 해야 하는가? 거기에 흔들리는 것 자체가 이미 마귀가 짜놓은 판에 휘말리는 것이다.

두 번째 시험 - 내게 절하라 다 네 것이 되리라

마귀는 첫 번째 시험에서 실패한다 하더라도 포기하지 않고 재차 공격한다. 그러므로 오늘 마귀의 시험을 이겼다고 해서 안심하고 경계를 늦추어선 안 된다. 그러므로 우리는 마귀와 계속해서 싸워 이길 수 있는 능력을 구해야지, 마귀가 이제 좀 그만 와줬으면 하는 바람은 갖지 않는 게 좋다.

그러나 두려워할 필요가 전혀 없다. '괜히 긁어 부스럼 만든다'라고 하는데, 어리석은 마귀도 괜히 공격할 때마다 오히려 주님에게 패해서 더 큰 피해를 본다. 우리 교회도 지나온 여정을 돌이켜보면 마귀의 시험을 당할 때 오히려 더 단결해서 기도하고 하나가 되어 더 뜨거워지고 더 크게 부흥하는 역사가 있었다. 그러니, 영적 시험을 나쁘게만 생각할 필요 없다. 반격해서 승리하면 오히려 도약의 기회가 된다.

자, 하지만 마귀는 같은 수법을 두 번 쓰지 않는다. 이번에 마귀는 예수님을 아주 높은 곳으로 데려간다.

마귀가 또 예수를 이끌고 올라가서 순식간에 천하만국을 보이며 이르되 이 모든 권위와 그 영광을 내가 네게 주리라 이것은 내게 넘겨 준 것이므로 내가 원하는 자에게 주노라 그러므로 네가 만일 내게 절하면 다 네 것이 되리라 눅 4:5-7

이것은 괜한 허풍이 아니다. 사탄은 지금 세상의 '공중 권세 잡은 자'이므로 이 세상에서 한 인간을 정상의 자리에 올려놓을 수 있는 힘이 있다(정치, 경제, 예술 등). 아돌프 히틀러의 연설을 들으면 남녀노소, 배운 사람, 못 배운 사람 할 것 없이 가슴에서 피가 끓었다고 한다. 마귀가 군중을 사로잡는 어떤 무서운 힘을 그에게 준 것이다. 마귀는 그렇게 잠시 세상에서 성공할 수 있는 힘을 줄 수 있다(그렇다고 세상에서 성공한 사람이 다 사탄의 힘을 빌렸다고 보면 안 된다).

문제는 우리가 세상에서 성공하려는 생각에 너무 사로잡혀 있다면, 하나님도 성공의 방편으로 이용하려들 수 있다는 거다. 그러면 오히려 마귀에게 이용당할 수 있다. 하나님의 자녀들이 그렇게 세상적 야심에 사로잡혀 있다면, 성령께서 슬퍼하시고 침묵하신다. 성령님이 축복하시지 않는 세상적 성공의 사다리는 올라갈 때마다 조금씩 알 수 없는 허무와 불안감을 느끼게 할 것이다.

마귀가 예수님에게 '순식간에 천하만국을 보여줬다'라는 부분을 주목하라. 우리는 인스턴트 문화, 스피드 시대에 살고 있다. 뭐든지 순식간에 해치우고 싶어 한다. 운전도, 성공도, 승리도, 사랑도, 부흥도 다 **빠**르게 이루고 싶어 한다. 단숨에 해치우는 그 맛을 느끼고 싶어 한다. 마귀는 우리의 그 심성을 너무나 잘 알고 있다. 그래서 우리에게 하나님나라를 이루는 '지름길'을 제공하려 하고 있다. 첫 번째 시험이 '돌이 변하여 떡이 되게 하라'도 먹고사는 문제를 빨리 해결하라는 유혹이었다. 마귀는 하나님이 약속한 것보다 더 좋은 것을, 하나님이 약속한 것보다 더 **빠**른 방법으로 주겠다고 유혹한다.

'하나님의 아들로서 너는 거기에 걸맞은 궁전, 군대, 돈, 사람들이 필요할 거야. 그래야 하나님의 일을 할 텐데, 갈릴리 촌놈인 제자들을 데리고 유대의 한 마을, 한 마을 다녀서 어느 세월에 그 거대한 하나님의 일을 다 완성하겠냐는 것'이다.

사탄은 특히, 여기서 예수의 십자가를 막으려고 하는 것이다. 십자가를 지지 않고도 빠르고 편하게 하나님나라를 이루게 해주겠다는 것이다. 그러니, 한 번만 자기에게 절하라는 것이다. 그러면 간단히 천하만국의 권위와 영광을 네 손에 쥐여주겠다는 것이다. 아주 합리적이고 매력적인 제안이다.

많은 경우, 하나님의 말씀은 힘든 대가를 요구하고, 시간이 걸린다. 그러나 사탄의 논리는 아주 합리적이고, 빠르고, 효율적이다. 자기에게 머리 숙이면 당장 눈에 보이는 결과를 얻게 해주겠다는 것이다. 세상을 휘어잡을 힘을 고난 없이 주겠다는 것이다.

물론 이것은 새빨간 거짓말이다. 진리는 언제나 대가를 치러야 한다. 고난 없이 되는 것은 없다. 십자가를 통과하지 않고는 부활의 기쁨을 맛볼 수가 없다.

그러나 사탄은 항상 부드러운 껍질 속에 무서운 독을 숨기고 우릴 속인다. 에덴에서 사탄은 하와에게 "선악과를 먹으면 정녕 하나님과 같이 될 것"이라고 속였다. 그러나 결과는 정반대였다. 반대로, 하나님의 길은 처음엔 힘들고 어려워 보여도 항상 영광으로 인도한다.

두 번째 시험을 이기신 예수님의 모범

예수께서 대답하여 이르시되 기록된 바 주 너의 하나님께 경배하고 다만 그를 섬
기라 하였느니라 눅 4:8

여기서 '경배'라는 말은 '예배'(worship)하라는 말이다. 영적 전쟁에
서 승리의 비결은 예배이다. 반대로, 예배가 약해지면 영적 저항력을 상
실한다. 그렇게 되면, 항상 십자가를 피하고 지름길로 가라는 사탄의
달콤한 목소리에 귀를 기울이게 되어 있다. 마귀는 자기에게 절하면 순
식간에 세상의 성공을 주겠다고 했다. 여기서 '절하라'는 것은 잠깐 고
개 꾸벅하고 말라는 게 아니다. 마귀도 우리의 예배를 받길 원하는 것이
다. 마귀는 하나님이 우리의 예배를 받으시는 것을 그렇게 질투하기 때
문이다.

우리가 하나님을 예배하지 않으면 자기도 모르게 마귀를 예배하게 된
다. 성경 읽을 시간에 성경을 읽지 않고, 기도해야 할 시간에 기도하지
않으면 반드시 무언가 딴짓을 하게 되고, 세상을 생각하게 된다. 그러면
세상을 장악하고 있는 마귀에게 장악당한다. 마귀에게 시험 드는 사람
들을 보면 다 예배가 허물어진 틈에 당했다.

어렵고 힘들어도 하나님을 제대로 예배한 사람은 마귀의 유혹에 쉽게
흔들리지 않는다. 자기에게 주어진 사명의 자리를 함부로 떠나지 않는
다. 그리고 하나님의 일을 세상적 방법으로 조급하게 이루려고 하지 않

는다. 느리고 힘들다고 해도, 하나님의 방법으로, 하나님의 타이밍에 따른다. 그래서 예수님은 그 험한 십자가 길을 택하셨다. 안 그래도 예수님은 아버지로부터 천하만국의 모든 권세와 영광을 다 받으실 것이다. 그러나, 십자가를 통해서 받으실 것이다.

세 번째 시험 – 하나님의 아들이어든 뛰어내리라

사탄은 이번엔 무대를 삭막한 광야에서 '거룩한 성전 꼭대기'로 옮긴다.

또 이끌고 예루살렘으로 가서 성전 꼭대기에 세우고 이르되 네가 만일 하나님의
아들이어든 여기서 뛰어내리라 눅 4:9

마귀가 예수님에게 던진 세 가지 시험 중 두 가지가 다 높은 곳에서 이루어졌다는 사실을 주목하라. 사람들은 다 뜨고 싶어 하고, 높아지고 싶어 한다. 그러나 높은 곳이 실은 영적으로 가장 위험한 곳이다. 돈 벌었을 때, 높은 자리에 올랐을 때 정말 조심하라. 건물의 위층일수록 불어오는 바람이 세어지듯이 높은 곳은 더 거세고 교활한 마귀의 공격이 몰려오는 곳이다. 교회 안에서도 마찬가지다. 집사, 장로, 순장, 전도사, 목사가 될 때 더 강도 높은 마귀의 공격을 각오해야 한다.

마귀의 세 번째 시험은 눈에 보이는 기적을 일으켜서 스타가 되라는

것이었다. 여기에 언급된 성전 꼭대기는 기드론 골짜기 위 150미터 정도의 까마득한 높이이다. 거기서 뛰어내릴 때, 천사들이 와서 슈퍼맨처럼 구해냄을 만민들 앞에서 보여줌으로써 스타가 되라는 것이다. 성전 꼭대기에서 뛰어내려서 사람들에게 내가 누구인지를 한 번 화끈하게 보여주라는 것이다.

두 번째 시험이 세상에서 성공하는 힘을 주겠다는 것이었다면, 세 번째 시험은 세상의 인기와 명예를 주겠다는 것이다. 그것을 얻기 위해서는 네가 사람들에게 뭔가를 보여줘야 한다는 것이다. 그것이 마귀가 장악하고 있는 이 세상의 방식이다.

왜 사람들이 그토록 무리해가면서까지 좋은 옷, 좋은 차, 좋은 집, 좋은 학벌을 가지려고 하는가? 그것들을 사용해서 다른 이들에게 '나 이런 사람이야'라고 자신을 과시하고 싶은 것이다. 아니, 과시는 아니더라도 무시당하고 싶지 않은 것이다. 이 세상은 당장 눈에 보이는 것들을 가지고 서로를 판단하게 되어 있기 때문이다.

두 번째 시험에서 예수님은 말씀으로 사탄을 물리치셨는데, 이번엔 거꾸로 사탄이 말씀을 가지고 공격해온다.

기록되었으되 하나님이 너를 위하여 그 사자들을 명하사 너를 지키게 하시리라 하였고 또한 그들이 손으로 너를 받들어 네 발이 돌에 부딪치지 않게 하시리라 하였느니라 눅 4:10,11

여기서 '기록되었으되'는 마귀가 구약성경을 인용한 것인데, 거짓말이 아니라 실제 구약성경에 그런 말씀이 있다.

그가 너를 위하여 그의 천사들을 명령하사 네 모든 길에서 너를 지키게 하심이라 그들이 그들의 손으로 너를 붙들어 발이 돌에 부딪히지 아니하게 하리로다
시 91:11,12

사탄도 말씀을 지식적으로는 아주 잘 알고 있다. 그러나 말씀을 부분적으로 교묘하게 편집해서 사용한다. 이 말씀의 전체 문맥을 살펴보면 의미가 다르다.

특히, 마귀가 인용했던 시편 91편 말씀에서 14절을 보면, "하나님이 이르시되 그가 나를 사랑한즉 내가 그를 건지리라 그가 내 이름을 안즉 내가 그를 높이리라"라고 되어 있다. 하나님은 아무나 건지시는 것이 아니고 '하나님을 사랑하는 사람, 하나님의 이름을 아는 사람'을 건지신다. 이는 하나님과 아주 친한 사람, 늘 하나님과 동행하는 사람일 것이다. 그런 사람이 성전 높은 데서 뛰어내려 하나님을 이용해서 스타가 되려 하겠는가?

이렇게 마귀는 말씀 전체를 보지 않고 자기에게 필요한 부분만을 편집해서 확대해석한다. 이단들도 마찬가지다. 얼핏 들으면 논리가 그럴듯하다. 그러나 조금만 깊이 들어가 보면 거짓투성이다. 그래서 올바른 교리를 배워야 하는 것이며, 또 말씀의 전체 문맥을 볼 줄 알아야 한다.

세 번째 시험을 이기신 예수님의 모범

말씀을 자기 임의로 인용하여 주님을 시험하는 마귀에게 예수님도 말씀으로 답하셨다.

예수께서 대답하여 이르시되 주 너의 하나님을 시험하지 말라 하였느니라 눅 4:12

이것은 신명기 6장 16절 말씀을 인용하신 것이다. '하나님을 시험한다'라는 것은 무슨 뜻인가?

그것은 첫째, 하나님을 이용해서 내가 스타가 되려고 해서는 안 된다는 것이다. 하나님은 우리의 주인이시지 종이 아니다. 하나님이 명령하시면 성전 꼭대기가 아니라 더 높은 곳에서도 뛰어내리겠지만, 하나님의 명령도 아니고 내 멋대로 뛰어내리면서 하나님더러 나를 받들어 달라고 하는 것은 하나님을 주인이 아니라 종 취급하는 것이다. 결코 있을 수 없는 일이다.

둘째, 마귀 너는 하나님의 영적 권위 아래 있는 존재이니 까불지 말라는 꾸짖음이다. 학생은 시험관의 권위 아래에 있다(그러니까 시험관이 내는 문제를 풀어야 하고, 채점 결과에도 순복해야 한다). 마귀는 마치 자신이 시험관이고 예수님이 자기가 내는 시험 문제를 풀어야 하는 학생인 것처럼 행동하는데, 이 설정 자체가 잘못되었다는 것이다. 하나님은 마귀의 시험을 풀어야 하는 분이 아니시다. 모든 이름 위에 뛰어나신 하나님은 마귀 위에 있는 권위이시며, 마귀를 심판하실 분이다. 그러니 주제넘은

짓 그만하고 당장 물러가라!

우리는 마귀가 짜놓은 프레임에 휘말려 들어가서 그가 내는 문제에 일일이 답해줄 필요가 없다. 마귀와 인간적 논리로 말싸움할 필요 없다. 마귀는 예수님의 이름의 권위를 선포함으로써 물리쳐야 한다. 예수님 보혈의 능력으로 우리를 덮고, 담대하게 마귀를 물리쳐야 한다. 마귀는 그런 영적 권위가 살아 있는 교회를 가장 두려워한다. 시험하고 공격하다가도 금방 패배하고 물러난다.

우리는 마귀의 끊임없는 시험을 끊임없이 물리치는 그런 강한 그리스도의 군대인 줄 믿는다.

예수님의 승리에서 배워야 할 교훈

예수님은 사역하시기 전에 먼저 영적 기선 제압을 하신다

서두에서 예수님이 광야에서 시험당하시도록 성령께서 이끄셨음을 강조했다. 즉, 예수님은 사탄에게 불의의 기습을 당하셔서 엉겁결에 영적 전쟁을 시작하신 게 아니다. 오히려 의도적으로 마귀를 전장으로 끌어내시고, 공격을 유도해내신 것이다.

전쟁에서는 기선 제압이 중요하다. 방심하고 있다가 적에게 먼저 당하고 나서야 전투를 시작하면 후에 이긴다 해도 너무 피해가 크다. 먼저 적을 공격해서 기선을 제압하고 절대적 우위를 점한 뒤 싸워야 한다. 다윗도 거대한 골리앗을 먼저 공격해서 승리했다. 성령께서도 예수님 공생

애 시작 초입에 예수님을 광야로 이끌어가셔서 마귀의 시험을 격파하게 하신 것이다.

광야의 세 가지 시험에서 예수님에게 대패한 마귀는 기가 눌려서, 예수님의 3년 공생애 내내 감히 예수님의 엄청난 설교와 기적의 사역을 막지 못했다. 이렇듯 무엇이든지 하나님의 일을 시작할 때 먼저 이렇게 영적으로 승리하고 들어가야 한다. '마귀가 오면 어떡하지'라고 걱정하지 말고 오히려 내가 먼저 선수를 쳐서 "마귀 너 나와"라면서 기도와 말씀으로 제압하라. 그래서 내가 가고자 하는 영역에서 마귀의 기세를 꺾어버려야 한다.

예수님은 광야에서 마귀에게 기습당하신 게 아니고 오히려 마귀를 공격하셔서 기선을 제압하셨다. 이것은 우리에게도 똑같이 하라고 가르쳐주신 것이다. 눈에 보이는 사역을 하기 전에 영적인 기선 제압을 하라고 가르쳐주신 것이다!

하나님의 일을 하려는 사람들에게는 항상 마귀의 시험이 올 것이니, 두려워 말고 담대하라고 하신다. 오히려 마귀에게 먼저 결투를 제안해서 그 기세를 꺾고 기선을 제압하라고 하신다.

말씀과 성령으로 충만해 있으라

적군이 공격해올 때 비로소 허둥지둥 전투복 입고, 무기 챙기면 너무 늦다. 정신 차리기도 전에 패배할 것이다. 영적 전쟁은 터지기 전에 이미 하나님의 전신 갑주를 입고 영적으로 준비가 되어 있어야 한다. 그런 맥락에서 우리는 예수께서 광야에서 이 세 가지 시험을 받으시기 직전에 요단강에서 어떤 일이 일어났던가를 주목해야 한다.

> 백성이 다 세례를 받을새 예수도 세례를 받으시고 기도하실 때에 하늘이 열리며
> 성령이 비둘기 같은 형체로 그의 위에 강림하시더니 하늘로부터 소리가 나기를
> 너는 내 사랑하는 아들이라 내가 너를 기뻐하노라 하시니라 눅 3:21,22

예수님은 공생애를 시작하시기 전에 요단강으로 가서서 세례 요한에게 세례를 받으셨다. 세례받으신 뒤에 기도하셨다. 그랬더니 하늘 문이 열렸고, 성령께서 그 위에 임하셨다.

물세례와 함께 성령세례가 임한 것이다. 인간의 몸을 입고 오신 예수님도 앞으로 다가올 공생애의 여러 가지 사역들을 위해 성령세례를 받으셔야 했다. 앞으로 3년의 공생애를 통하여 주님은 가시는 곳마다 귀신을 쫓아내고, 기적을 행하고, 병을 고치고, 말씀을 선포하여 사람들을 살리실 것이다. 성령의 능력이 아니고는 불가능한 일들이었다. 만약 인간의 몸을 입지 않았더라면 하나님의 아들이신 예수님에게는 이런 것이 필요치 않았을 것이다. 그러나 예수님은 인간의 몸을 입고 오셨기 때문에 그분 사역의 첫머리에 성령의 임재가 부어져서 성령의 능력으로 모든 사역을 감당하실 수 있게 된 것이다.

하나님의 아들이신 예수님도 인간의 육체를 입으셨을 때는 성령의 충

만함이 필요했다면, 하물며 연약한 우리야 두말할 필요가 없지 않겠는가? 우리가 성령의 도우심 없이 어찌 하나님의 일을 할 수 있겠는가. 성령의 능력 없이 어찌 우리가 한 사람이라도 변화시킬 수 있겠는가. 성령의 도우심 없이 어떻게 이 무서운 마귀의 공격을 물리칠 수 있겠는가. 그러니 우리는 항상 간절히 성령의 임재를 간구해야만 한다.

예수님 위에 성령이 임했을 때, 하늘 아버지의 말씀이 임했다.

"너는 내 사랑하는 아들이라 내가 너를 기뻐하노라."

성령님은 하나님의 말씀과 함께 임한다. 예수님은 하늘 아버지께서 자신을 '사랑하는 아들'이라고 선포하시는 말씀을 들으셨고, 또 '내가 너를 기뻐한다'라는 말씀을 들으셨다. 하늘 아버지의 말씀으로 인해 예수님 안에는 생명과 은혜가 가득 찼다. 그리고 마귀와 대적하셨다. 그러니 어찌 마귀가 이길 수 있었겠는가.

마귀의 시험은 교활했고 사납고 끈질겼다. 그러나 이미 예수님 안에는 성령이 충만하셨고, 하늘 아버지의 말씀이 충만하셨다. 그래서, 광야 시험에서 마귀의 간교한 말들이 예수님에겐 전혀 먹히지 않고 튕겨 나간 것이다. 우리도 예수님처럼 말씀 충만, 성령 충만하다면 어떤 영적 시험도 능히 승리할 수 있다.

말씀과 성령으로 충만해진 예수님은 40일 금식기도를 하시고 마귀의 시험을 당하셨다. 기도는 영적 전쟁을 위한 최고의 준비이다. 우리 생각에는 마귀와 큰 싸움을 하려면 잘 먹고 힘을 축적해야 할 것 같은데, 주님은 오히려 금식으로 육체가 약해진 상태에서 마귀와 대적하셨다. 오히려 육체적으로 약할 때, 영적으로 강하기 때문이다. 예수님은 금식기도로, 마귀의 시험을 이길 수 있는 영적 능력을 축적하셨다.

예수님은 하나님의 아들로서 초자연적인 힘을 쓰지 않으시고, 오직 기도와 말씀으로써 마귀의 시험을 이기셨다. 이것은 오늘도 동일한 시험을 사탄에게서 받는 수많은 믿음의 자녀들에게 영적 전쟁의 모범을 보여주시기 위함이다. 우리는 항상 기도하는 가운데, 성령의 불을 받는다. 기도와 성령으로 말씀의 검을 날카롭게 해야 한다. 그러면 우리도 주님처럼 승리할 수 있다. 그리고 나서 사역하면 큰 열매가 있을 것이다.

영적 싸움에서 승리하면 은혜와 능력이 주어진다

마태복음 4장 11절에 보면 "이에 마귀는 예수를 떠나고 천사들이 나아와서 수종드니라"라고 했다. 마귀와의 싸움에서 이기고 나니까 천사들이 나타났다. 천사들은 승리하신 예수님을 어루만지고 위로했을 것이다.

마귀와의 영적 전쟁은 쉽지 않다. 승리하고 나서도 탈진할 수 있다. 그때, 하나님께서 천군 천사를 보내셔서 우리를 격려하고 위로하신다. 그리고 우리에게 능력을 주셔서 기적과 부흥이 일어나게끔 하신다. 개인이나 교회가 영적 전쟁에서 승리하고 나면 그 뒤 하나님의 위로와 은혜와 임한다. 더 큰 부흥과 축복이 주어진다.

광야는 다른 것도 힘들지만, 마귀의 영적 시험이 극심해지는 때다. 그러나 그럴 때일수록 교회는 서로 사랑하고 격려하며, 기도로 하나가 되어야 한다.

코로나 시국으로 한국 교회는 너무나 많은 시험을 받아서 많이 흔들렸다. 그러나 우리는 다시 일어날 수 있다. 성령의 능력으로 교회가 깨어 일어나야 한다. 그래야, 이 나라도 산다.

chapter 13

영적 암흑지대를 조심하라

¹ 다윗이 그 마음에 생각하기를 내가 후일에는 사울의 손에 붙잡히리니 블레셋 사람들의 땅으로 피하여 들어가는 것이 좋으리로다 사울이 이스라엘 온 영토 내에서 다시 나를 찾다가 단념하리니 내가 그의 손에서 벗어나리라 하고 ² 다윗이 일어나 함께 있는 사람 육백 명과 더불어 가드 왕 마옥의 아들 아기스에게로 건너가니라 ³ 다윗과 그의 사람들이 저마다 가족을 거느리고 가드에서 아기스와 동거하였는데 다윗이 그의 두 아내 이스르엘 여자 아히노암과 나발의 아내였던 갈멜 여자 아비가일과 함께 하였더니 ⁴ 다윗이 가드에 도망한 것을 어떤 사람이 사울에게 전하매 사울이 다시는 그를 수색하지 아니하니라 ⁵ 다윗이 아기스에게 이르되 바라건대 내가 당신께 은혜를 입었다면 지방 성읍 가운데 한 곳을 내게 주어 내가 살게 하소서 당신의 종이 어찌 당신과 함께 왕도에 살리이까 하니 ⁶ 아기스가 그 날에 시글락을 그에게 주었으므로 시글락이 오늘까지 유다 왕에게 속하니라 ⁷ 다윗이 블레셋 사람들의 지방에 산 날 수는 일 년 사 개월이었더라 ⁸ 다윗과 그의 사람들이 올라가서 그술 사람과 기르스 사람과 아말렉 사람을 침노하였으니 그들은 옛적부터 술과 애굽 땅으로 지나가는 지방의 주민이라 ⁹ 다윗이 그 땅을 쳐서 남녀를 살려두지 아니하고 양과 소와 나귀와 낙타와 의복을 빼앗아 가지고 돌아와 아기스에게 이르매 ¹⁰ 아기스가 이르되 너희가 오늘은 누구를 침노하였느냐 하니 다윗이 이르되 유다 네겝과 여라무엘 사람의 네겝과 겐 사람의 네겝이니이다 하였더라 ¹¹ 다윗이 그 남녀를 살려서 가드로 데려가지 아니한 것은 그의 생각에 그들이 우리에게 대하여 이르기를 다윗이 행한 일이 이러하니라 하여 블레셋 사람들의 지방에 거주하는 동안에 이같이 행하는 습관이 있었다 할까 두려워함이었더라 ¹² 아기스가 다윗을 믿고 말하기를 다윗이 자기 백성 이스라엘에게 심히 미움을 받게 되었으니 그는 영원히 내 부하가 되리라고 생각하니라

영적 암흑지대

미국 본토를 가로지르는 대륙 횡단 열차길 코스 중간에는 '암흑지대'(dark territory)라고 하는 곳이 있다. 일단 기차가 이곳으로 들어가면 모든 라디오나 전자파 신호가 다 먹통이 되어버린다. 중앙통제본부에서도 기차의 위치나 상황을 제대로 파악하기가 어렵다. 중앙통제본부와 연락이 끊기기 때문에 위험한 일이 생겨도 지원 요청을 할 수도 없고, 안전 운항에 필요한 여러 정보를 받을 수도 없다. 그래서 기차가 암흑지대를 통과할 때 한없이 취약해진다.

오래전 이것을 주제로 한 할리우드 액션영화도 나왔는데, 기차가 '암흑지대'를 통과할 때 최첨단 장비로 무장한 테러리스트들이 기차를 장악하여 세계 주요 도시를 위성 레이저 무기로 공격하는 음모를 꾸민다는 줄거리다.

하나님의 사람이 광야 길을 가면서 정말 조심해야 할 것은 영적 암흑지대로 들어가지 않는 것이다. 광야는 육체가 힘든 곳이다. 그러기 때문에 오히려 영적으로는 깨어 있을 수 있고, 예배와 기도가 뜨겁게 살아날 수 있다. 하지만 그것은 광야 속에서도 믿음의 공동체에 속해서, 하나님의 은혜를 계속 공급받는 경우에만 해당한다.

그러나 광야가 힘들기 때문에 오히려 공동체를 떠나는 사람들이 있다. 믿음의 공동체를 떠나서 세상적 친구의 손을 잡고, 세상적 방법으로 살길을 찾아가는 것이다. 그러다 보면 예배를 등한시하게 되고, 영적으로 병들어서, 세상 사람과 비슷하게 말하고 행동하게 되어, 상황이 점점 더 힘들어지게 된다. 그것이 바로 광야 생활하다가 영적 암흑지대로 들어가는 것인데, 이런 상황이 터지면 정말 답이 없을 정도로 인생이 힘들어진다.

영적 암흑지대로 들어선 다윗

다윗의 광야 생활 후반부에 바로 그런 일이 있었다. 우리가 잘 아는 다윗 왕은 이십 대 젊은 시절에 10년을 사울 왕에게 쫓겨 광야 생활을 했다. 그런데 그 10년 광야 생활 후반부에 다윗은 사울 왕의 추격을 견디다 못해 국경을 넘어 적국 블레셋 땅으로 망명을 한다. 이것은 다윗이 광야 도피 생활을 시작한 지 거의 8년쯤 지난 시점에 일어난 일이다.

사실은 광야 생활 초기에도 다윗은 블레셋으로 잠시 도피했던 적이 한 번 있었다. 그러나 그때 결과가 좋지 않았었다. 당시 블레셋 왕과 신

하들의 의심을 풀기 위해서 미친 사람 행세까지 하면서 간신히 다시 도망쳐 돌아온 쓰라린 기억이 있다. 그런데도 8년이나 지난 지금 다시 한 번, 이번에는 처자식들과 부하들까지 수천 명에 달하는 식구들을 데리고 블레셋으로 망명하겠다는 것이다. 도대체 다윗은 왜 이런 결정을 하게 되었을까?

> 다윗이 그 마음에 생각하기를 내가 후일에는 사울의 손에 붙잡히리니 블레셋 사람들의 땅으로 피하여 들어가는 것이 좋으리로다 삼상 27:1

이 결정을 하기 직전에 다윗은 두 번째로 사울을 살려주었다. 광야 생활하는 동안 다윗은 두 번이나 사울을 죽일 기회가 있었는데도 사울을 죽이지 않았다. 하나님이 기름 부으신 자를 존중하는 좋은 결정이었지만, 그로 인해 괴로운 광야 생활이 계속 연장되었다.

다윗에게 두 번이나 목숨을 빚진 사울은 자신이 잘못했다고 하며 다윗에게 돌아오라고 했다. 그러나 다윗은 사울을 용서했지만 사울을 믿지 않았다. 사울에게 돌아가지 않았고, 사울의 부하로 하여금 사울의 칼만 도로 가져가게 했다. 사울은 군대를 철수시켰지만, 다윗은 조만간 사울이 다시 군대를 몰고 돌아올 것이라 짐작했다.

거기까지 생각한 것은 좋았는데, 문제는 다윗의 생각이 거기서 한 발짝 더 나가서 너무나 부정적으로 흘러버린 데 있었다. '내가 후일에는 사울의 손에 붙잡힐 것'이라는 생각을 했다. 영어 성경에 보면 'one of these days', 즉 '조만간, 얼마 못 가서' 사울에게 잡힐 것이라고 생각했다는 것이다.

다윗은 원래 이렇게 부정적인 사람이 아니었다. 그가 아직 십 대 소년이었을 때, 양 떼에게 달려드는 사자와 곰 같은 맹수들을 향해 물러나지 않고 싸워 이겼다. 또, 온 이스라엘이 두려워하던 골리앗을 보고도 그는 두려워하지 않았다. 하나님의 능력으로 승리할 것을 믿고 돌진했고, 그는 기적 같은 승리를 이뤘다. 그 뒤 이스라엘의 장군이 되어 블레셋과 치른 수많은 전투에서도 그는 단 한 번도 패하지 않았다. 그렇게 담대하던 다윗이었는데, 8년 가까이 계속되는 광야의 도망자 생활을 하면서 몸과 마음이 너무 많이 지쳤다.

또 은근히 하나님께 섭섭한 마음도 있었을 것이다. 지난 8년 동안 죄 없이 사울에게 쫓기면서도 두 번이나 사울을 용서했다. 자신을 배신한 십 사람들, 그일라 사람들에게도 보복하지 않고 용서했다. 어려움 가운데서도 그렇게 말씀대로 행하려고 노력했는데, 왜 상황은 좋아지지 않는가? 왜 하나님은 나의 선행에 대해 보상해주시지 않는가? 다윗은 낙심했고 지쳤다.

그러나 다윗은 지금까지 수많은 믿음의 사람들을 통해 하나님이 자신의 미래를 축복하신 말씀들을 기억했어야만 했다. 저 위대한 사무엘이 일찌감치 그를 기름 부으면서 하나님께서 이스라엘의 다음 왕으로 세우실 것이라고 했다. 사울의 아들 요나단도 다윗에게 말하기를 "언젠가는 여호와께서 너의 대적들을 지면에서 다 끊어버리실 것"이라고 했고, "내

아버지 사울의 손이 네게 미치지 못할 것이며, 너는 이스라엘의 왕이 될 것"이라고 했다. 이것은 요나단을 통해서 하나님이 하신 말씀이었다. 지혜로운 여인 아비게일을 통해서도 "여호와께서 내 주의 생명을 지키실 것이며, 내 주를 이스라엘의 지도자로 세우실 것"이라는 말씀을 주셨다. 심지어는 다윗을 죽이려 하는 사울의 입을 통해서도 "네가 큰일을 행하겠고 반드시 승리를 얻으리라"라는 예언의 말씀을 하나님께서 주셨다. 광야 생활하는 동안에도 이렇듯 하나님께서는 다윗의 미래가 승리요 축복임을 수없이 많은 사람의 입술을 통해서 확인해주셨다.

그뿐인가? 하나님께서는 그동안 다윗에게 말씀만 주신 것이 아니라 삶으로도 보여주셨다. 8년 가까운 세월 동안 사울의 추격부대가 유다 광야를 샅샅이 뒤지면서 추격하는데도 다윗을 잡지 못한 것은 100퍼센트 하나님의 은혜였다. 그일라 사람들, 십 사람들 같은 지역 주민들의 배신과 밀고가 있었는데도 소용이 없었다. 성지순례 때 현지에 가보면 다윗이 도망 다닌 엔게디 광야는 울창한 숲에 은폐물이 많은 곳도 아닌 사방이 탁 트인 허허 광야에 지하 동굴만 많았다. 도망 다니기 쉬운 곳이 아니었다.

그것도 홀몸도 아닌 수많은 부하와 그들의 식솔들까지 데리고 8년을 안 잡히고 살아남았다는 것은 하나님의 지키심이 아니고는 불가능한 일이었다. 그런데도 다윗은 '내가 곧 사울의 손에 잡혀 죽을 것 같다. 어떡하지. 뭔가 대책을 강구해야 한다'라는 부정적인 생각을 한다. 하나님께서 지금까지 소망의 말씀을 끊임없이 주셨고, 지금까지 수많은 위기 속에서도 죽지 않게 지켜주셨건만, 다윗은 하나님의 말씀과 증거들을 다 잊어버린 것 같다.

가만 보면 믿음 좋다는 하나님의 사람들도 인생이 힘들어지면 그간 배웠던 성경 말씀이나 영적 체험들을 까맣게 잊어버리고, 너무나 부정적으로 상황을 해석하는 경우가 있다. "난 다 틀렸어. 더 이상 소망이 안 보여. 여기까지가 끝인가 봐"라면서 땅이 꺼지게 한숨 쉬며 낙망한다. 지금 다윗이 그런 경우다.

그토록 절망하게 된 이유

다윗이 이렇게 부정적인 생각을 하게 된 원인, 두려움에 가득 차서 절망하게 된 원인이 무엇일까? 약속의 땅을 떠나 이방 땅으로 가겠다는 잘못된 결정을 하게 된 원인은 물론 오랜 광야 생활로 인해 몸과 마음이 지친 까닭이 컸다.

하지만 보다 결정적 원인은 고민만 하고 기도하지 않은 것이었다. 보통 다윗이 하나님 앞에 올바로 서 있을 때는 어떤 일을 결정하기 전에 '여호와께 물어 가로되'라는 말이 항상 등장한다. 그리고 나서 결정하고 나가면, 어떤 힘든 상황도, 아무리 무서운 적도 다 하나님께서 해결하시고 승리와 축복을 주셨다. 그러나 상황이 아무리 좋아도 다윗이 하나님께 묻지 않고 스스로 판단해서 밀어붙였을 때는 반드시 사고가 났다. 이번 경우도 그랬다.

믿음의 사람들이 인생의 중요한 결정에서 실수할 때 보면, 기도가 없다. 하나님의 사람이 기도보다 생각을 더 많이 하면 인생이 자꾸만 더 힘들게 꼬인다. 포기하지 말아야 할 때 포기하게 된다.

기도 없이 인간적인 고민만 밤새 거듭한 다윗이 내린 결론은 어이없이 부정적이었다. 이대로 가다 가는 조만간 사울에게 잡혀 죽고 말 것이다. 살길은 오직 하나, 이스라엘의 대적 블레셋 땅으로 도피하는 것뿐이었다. 늑대 피할 길을 찾다가 내린 결론이 호랑이 굴로 들어가겠다는 것이다. 블레셋 왕 아기스는 하나님을 모르고 우상 숭배하는 나라의 지도자였다. 그것도 이스라엘과 항상 적대관계에 있던 원수 나라의 지도자였지만, 그래도 지금 당장 사울의 칼날로부터 다윗을 지켜줄 것으로 생각했다.

그렇게 담대하던 믿음의 사람 다윗이지만, 광야 생활이 길어지면서 기도하지 않고 고민만 하다 보니까 사울에 대한 두려움이 계속 커졌다. 그래서 보이지 않는 하나님을 의지하기보다 보이는 사람, 블레셋 왕 아기스를 더 의지하기로 했다. 자신의 거취를 결정하는 데 있어서 다윗은 믿음으로 결정하지 않고 두려움으로 결정한다. 그리고 블레셋 땅으로 들어가기로 한 이 결정은 다윗이 생각지도 못한 새로운 폭풍 속으로 그를 몰아넣게 된다.

다윗이 초기 블레셋 정착에 성공하다

처음에는 다윗이 원하는 바를 이뤘다.

다윗이 가드에 도망한 것을 어떤 사람이 사울에게 전하매 사울이 다시는 그를 수
색하지 아니하니라 삼상 27:4

다윗이 블레셋 땅으로 넘어간 것을 알게 된 사울은 더 이상 다윗을 추
격하지 않고 돌아간다. 다윗은 8년이 넘은 광야 생활 만에 처음으로 사
울의 추격으로부터 자유로워질 수 있었다. 이제는 언제 사울의 추격대
가 들이닥칠까 싶어 밤에 잘 때도 긴장을 놓지 못하던 시절로부터 자유
할 수 있게 되었다. 이것만 놓고 보면 다윗의 의도대로 모든 것이 풀린
것 같다.

그러나 다윗이 누린 이 평안은 극히 일시적인, 결코 오래가지 못할 평
안이었다. 세상이 주는 평안은 결코 영원하지 못하다. 탕자도 아버지
의 집을 떠나 이국땅으로 가서 처음 한동안은 좋았다. 신나게 먹고 마시
면서 한껏 즐거움을 누렸다. 하지만 탕자의 행복은 결코 오래가지 못했
다. 물을 떠난 고기가 곧 고통받고 죽어가게 되는 것처럼 하나님의 품을
떠난 하나님의 사람은 얼마 가지 못해 생각지도 못한 고통을 겪게 된다.
다윗 또한 블레셋 땅으로 도피함으로써 사울의 위협으로부터는 자유롭
게 되었지만, 결코 긴장을 풀 수 없는 상황이었다.

다윗이 아기스에게 이르되 바라건대 내가 당신께 은혜를 입었다면 지방 성읍 가운데 한 곳을 내게 주어 내가 살게 하소서 당신의 종이 어찌 당신과 함께 왕도에 살리이까 하니 삼상 27:5

일단 블레셋 땅 안으로 망명해왔으니, 다윗은 어떻게든 아기스 왕의 환심을 사야 했다. 그러다 보니까 이스라엘의 대적인 블레셋 왕을 높이고 자기 자신은 '당신의 종'이라고까지 불렀다. 자기가 무찌르고 압도해야 할 적국의 왕을 이제 자기 주인으로 부르게 되었으니 얼마나 수치스런 일인가. 하나님의 사람이 당장 눈에 보이는 위기를 벗어나기 위해 세상의 힘을 빌리면 이렇게 된다.

다윗은 속으로 '내가 진심으로 아기스의 종이 되겠다는 것도 아니고 잠시 살아남기 위한 임시방편이다'라고 생각했을지 모른다. 그러나, 연기하다 보면 실제로 그렇게 된다더니, 그 후 계속된 블레셋 망명생활 동안 다윗은 아기스의 권위에 엎드리며 그를 높이는 언행을 한다. 블레셋적인 생각과 행동들을 하면서 자신도 모르게 그들을 닮아갔던 거다.

다윗은 아기스 왕에게 지방 성읍 하나를 자신에게 주어 거기 가서 살게 해달라고 요청한다. 아무래도 블레셋의 수도에서 왕과 가까이 있으면 오해와 충돌로 인해 관계가 깨질 수 있다는 것을 염려한 것 같다. 식솔들을 포함해서 3천 명 가까운 다윗의 식구들이 블레셋 수도 가드에 계속 머무를 경우, 안 그래도 다윗을 의심하는 블레셋 신하들과 불의의 충돌이 일어날지 몰랐다. 그래서 다윗은 될 수 있는 대로 아기스 왕으로부터 거리를 좀 두려 했다.

아기스가 그 날에 시글락을 그에게 주었으므로 시글락이 오늘까지 유다 왕에게
속하니라 삼상 27:6

아기스 왕도 비슷한 이유에서 다윗 일행을 수도인 가드로부터 좀 멀
리 떨어뜨려 놓을 필요를 느꼈다. 고민 끝에 가드로부터 남쪽으로 약
40킬로미터 정도 떨어진 곳, 이스라엘과의 국경 근처에 있는 변방 시글
락 성을 다윗에게 주었다. 아기스는 이스라엘의 적이 된 다윗의 군대를
이용해서 사울 군대의 침입을 방어하려 했던 것 같다. 결국 아기스 왕과
다윗은 서로를 이용하기로 한 것이다.

이렇게 해서 다윗 일행은 시글락 성을 거점으로 하여 잠시 숨을 돌릴
수 있게 되었다. 그리고, 희한하게도 다윗이 시글락에 있을 때 베냐민,
갓, 유다, 므낫세 지파에서 수많은 용사들이 사울의 폭정을 피해 다윗의
수하로 몰려들었다.

그때에 사람이 날마다 다윗에게로 돌아와서 돕고자 하매 큰 군대를 이루어 하나
님의 군대와 같았더라 대상 12:22

비록 망명 생활하는 중이었지만, 이렇게 새로운 부하들이 많이 생기
니까 다윗은 힘이 났을 것이다. 다윗은 자신의 처세술로 인해 안전한

도피처를 구했다고 생각했다. 이스라엘에서 많은 용사들도 이곳으로 모여드니까 자신감도 얻었다. 자신이 올바른 결정을 했다고 생각했을 것이다.

아마 '이게 다 하나님의 뜻이었구나'라면서 감사기도 드렸는지도 모른다. 그러나 이렇게 눈에 보이는 성공을 보고 하나님이 우리의 결정을 기뻐하신다고 속단해선 안 된다. 마귀도 우리의 영적 분별력을 흐트러 트리기 위해 잠시 세상적 성공을 줄 수 있기 때문이다.

우리도 다윗처럼, 기도 없이 우리의 세상적 지혜로 일을 해결해놓고 하나님의 뜻이었다고 자위하는 경우가 많다. 그리고 처음에는 당장 급한 불이 꺼지는 듯하여 자신이 잘했다고 생각할 수 있다. 그러나 착각에서 깨어나야 한다. 다윗이 착각에서 깨어나는 데는 그리 오랜 시간이 걸리지 않았다. 이 시글락은 안전한 곳이 아니었다. 얼마 후, 다윗과 부하들이 잠시 자리를 비운 사이 적의 습격으로 인해 큰 재앙을 겪게 되는 곳이 이 시글락이다.

다윗이 블레셋 사람들의 지방에 산 날 수는 일 년 사 개월이었더라 삼상 27:7

다윗은 골리앗을 비롯하여 수많은 블레셋 장수들과 병사들을 죽였던 사람이다. 블레셋에 다윗은 원수이다. 그런 다윗이 블레셋 땅에서 16개월이나 잘 지낼 수 있었다는 것은 무엇을 뜻하는가. 다윗이 철저하게 위선의 탈을 쓰고 블레셋 사람들의 비위를 맞추면서 블레셋 사람들처럼 살았음을 말해주는 것이다. 하나님의 사람이 살아남기 위해서 세상과 한 없이 타협해버린 것이다. 어둠을 밝혀야 할 빛이 어둠의 편이 되어버린 셈이다. 너무나 안타까운 일이다.

다윗이 살아남기 위해 괴물이 되다

시글락에서 다윗이 거느린 식구들이 계속 늘어난 것은 축복이기도 했지만, 엄청난 부담이기도 했다. 처음 데리고 갔던 6백 명의 부하들과 그 식솔들에다가 새로 합류한 수많은 용사까지, 수천 명이나 되는 식구들을 먹여 살려야 했다. 다윗은 군량미와 물자 확보를 위해 고심하다가, 무서운 결단을 내린다.

> 다윗과 그의 사람들이 올라가서 그술 사람과 기르스 사람과 아말렉 사람을 침노
> 하였으니 그들은 옛적부터 술과 애굽 땅으로 지나가는 지방의 주민이라 삼상 27:8

국경 지역의 그술, 기르스, 아말렉 부족들을 공격하여 약탈하기로 한다. 그들은 이스라엘과는 적대적인 관계에 있는 부족들이었지만, 블레셋과는 아무런 원한이 없는 부족들이었다. 다윗은 한편으로는 이스라엘의 원수를 갚으면서도 동시에 필요한 물자를 확보하려는 생각이었을 것이다. 다윗이 이 부족들을 공격하여 사람들은 다 죽이면서 짐승들을 노략질한 것은 이 전투의 목적이 100퍼센트 전리품 획득에 있었음을 암시한

다. 이로 미루어 아기스 왕은 다윗에게 전혀 군량미나 필요한 물자는 공급해주지 않았던 것 같다.

어쨌든 이렇게 국경 지방 마을들을 초토화시킨 뒤, 다윗이 바로 근거지인 시글락으로 돌아가지 않고 블레셋 왕 아기스에게 간 것은 지극히 세상적인, 정치적인 이유였다. 빼앗은 전리품 중에 상당 부분을 아기스 왕에게 상납하여 그의 환심을 사기 위해서였다. 그리고 세상에 비밀은 없다고 그가 전멸시킨 부족들에 대한 이야기가 어차피 아기스 왕에게 곧 알려질 것을 알았기에, 그럴 바에 자신이 직접 보고하기 위해 바로 아기스 왕을 찾았던 것이다.

10절에 보면 아기스는 "너희가 오늘은 누구를 침노하였느냐"라고 묻는다. 이로 미루어 보아 다윗은 국경 지역의 이런 침노 행위를 자주 하였고, 그때마다 아기스 왕에게 예물을 바쳤던 것을 알 수 있다. 그리고 왕에게 보고할 때는 실제 침략한 그술, 기르스, 아말렉 족속 대신 유다, 여라무엘, 겐 족을 쳤다고 거짓 보고했다. 다윗은 이처럼 자신이 이스라엘 민족이나 그들에게 우호적인 부족들을 공격했다고 거짓 보고함으로써, 아기스 왕으로 하여금 자신이 이스라엘과 원수 관계에 있다고 믿게 하려 했다. 앞에서 다윗은 자신이 아기스 왕의 '종'이라고 했는데, 실제 자신이 아기스 왕을 위해 충성하고 있다는 메시지를 주려 했던 것이다.

아무리 살아남기 위해 몸을 숙이는 것이라 해도 하나님이 기름 부으신 사람 다윗이 아무렇지도 않게 거짓말로 상대를 기만하는 것은 결코 옳지 못했다. 한 번 거짓말하기 시작하니까, 두 번 세 번 계속 거짓말을 해야만 살아남을 수 있었다. 진실한 사람 다윗이 거짓말을 계속하게 되었다. 진리를 말하는 사람은 항상 떳떳하고 당당한데 거짓을 말하는 사람은 항상 비밀이 많고 눈치를 보게 된다. 안타깝게도, 다윗이 그렇게 된 것이다.

게다가, 다윗은 거짓말만 하게 된 게 아니라, 잔혹해졌다.

> 다윗이 그 남녀를 살려서 가드로 데려가지 아니한 것은 그의 생각에 그들이 우리에게 대하여 이르기를 다윗이 행한 일이 이러하니라 하여 블레셋 사람들의 지방에 거주하는 동안에 이같이 행하는 습관이 있었다 할까 두려워함이었더라 삼상 27:11

당시 관습으로는 침략한 곳의 물자는 물론 백성들까지 잡아 와서 노예로 부리곤 했다. 그런데, 다윗은 한 명도 포로로 잡지 않고 다 전멸시켰다. 이는 자신의 행위에 대한 비밀을 유지하기 위해서였다. 만약 잡혀온 포로들이 그술, 기르스, 아말렉 등 이스라엘과는 적이었지만 블레셋과는 별문제가 없는 부족들이었음이 밝혀지면 자신의 거짓말이 아기스 왕에게 들통날 것이었다. 그래서 다윗은 후환을 없애기 위해 남녀노소할 것 없이 모두 죽여버렸다. 평소의 다윗이라고는 생각할 수 없는 잔혹함을 보였다. 이전에 우리가 알던 인자한 다윗이 아니다.

물론 그들은 이스라엘 사람들이 아니고 오히려 이스라엘과 대적 관계에 있던 부족들이기 때문에 상관없지 않느냐고 생각할 수 있다. 오히려 망명 생활 중에서도 '하나님의 백성을 대적하는 자들을 내가 심판하고 있으니 하나님의 일을 하는 것이 아닌가'라고 생각할 수도 있다. 그러나 이것은 다윗이 하나님의 명령에 따라 하는 전쟁이 아니었다. 그저 살아남는 데 필요한 물자들을 확보하는 것이 주목적인 약탈전이었다. 아무리 하나님을 대적하는 부족들이라 해도, 하나님은 쓸데없이 무자비한 살육을 장려하신 적이 없다.

그뿐 아니었다. 욕심 없던 다윗도 물질주의자가 되어 갔다. 처음에는 거느린 식솔들 먹여 살리기 위해 시작된 약탈이었다. 하지만 아기스 왕에게 진상품을 바치고도 남을 정도로 많은 물자를 확보하기에 이르렀다. 나중에는 다윗 자신도 다른 부족들에게 약탈당할 정도로 많은 물자를 갖게 되었다. 처음에는 먹고살 수만 있어도 족하다고 시작했던 도둑질이 하다 보니까 앞으로 두고두고 우리 모두 먹고살 수 있을 만큼 비축해두자는 식으로 바뀌었다. 돈 욕심 가지는 사람들이 처음부터 다 그렇지는 않다. 돈맛을 보고 나니까, 필요 이상으로 쌓아두게 되고, 서서히 나를 지켜줄 것은 돈밖에 없다는 생각으로 변해가는 것이다.

거짓말과 폭력과 물질주의 근성, 이것은 바로 하나님을 대적하는 영적 암흑지대 블레셋 사람들이 사는 방식이었다. '사람은 너무 쉽게 환경의 노예가 된다'라는 말이 있다. 하나님의 사람 다윗도 세상 문화의 대명사인 블레셋 땅에 와서 살아남으려 발버둥치다 보니까, 자기도 모르게 그 땅 사람들을 아주 빠르게 닮아갔다. 물론 지킬 박사와 하이드처럼 다윗은 살아남기 위해서 잠시 이중생활 하는 것뿐이라고 생각했을 것이다. '블레셋 사람인 척하는 것이지 진짜 블레셋 사람이 되겠다는 건 아니지 않은가'라며 자기합리화할 수 있다.

이는 다윗이 첫 단추를 잘못 끼웠기 때문에 계속 일어난 잘못이다. 상황이 힘들다고 약속의 땅을 버리고 블레셋 땅으로 망명한 것부터 잘못되었고, 블레셋 왕에게 이스라엘과 관련된 부족들을 공격한다고 거짓말한 것, 그리고 그 거짓말을 덮기 위해서 민간인들을 무자비하게 살상한 것도 잘못된 것이었다. 그것은 세상 사람이 하는 방법이지, 하나님의 사람이 하는 방법이 아니었다.

다윗이 도대체 왜 이렇게 변해 버렸을까? 하나님의 사람이 살기 위해서 기도 안 하고 이방 땅으로 도망가서, 그 사람들의 사는 방식에 자기도 오염되어 살았기 때문에 일어난 일이다. 다윗이 블레셋을 변화시킨 게 아니라 블레셋이 다윗을 변화시킨 것이다. 그런데, 다윗 본인만 그 사실을 모르고 있었다.

하지만 표면적으로는 일이 잘 풀렸다.

아기스가 다윗을 믿고 말하기를 다윗이 자기 백성 이스라엘에게 심히 미움을 받게 되었으니 그는 영원히 내 부하가 되리라고 생각하니라 삼상 27:12

다윗의 거짓말에 블레셋 왕 아기스는 깜박 속아 넘어갔다. 실제로 다윗이 자신의 조국 이스라엘 백성들과 그들에게 우호적인 종족들을 살해했기 때문에, 이제 동족들의 미움을 받아 영영 이스라엘로 돌아가지 못하고, 자기 부하가 될 수밖에 없다고 생각했다. 이로써 아기스 왕의 신뢰를 얻은 다윗은 당분간 블레셋 땅에서 안심하고 지낼 수 있었다.

다윗에게 닥친 새로운 위기

그러나 다윗은 곧 생각지도 못할 새로운 위기로 접어들게 된다. 얼마 후 벌어진 이스라엘과 블레셋의 대전쟁에 블레셋 군대로 싸워 달라는 요구를 받게 되는 것이다. 아기스는 다윗이 사울로부터 도피할 수 있는 피난처를 제공했지만, 그것은 다윗에게 그만큼 얻어낼 것이 있어서였다. 세상은 결코 아무 대가 없이 우리에게 선물을 주지 않는다. 조건 없는 사랑은 하나님 아버지만이 주시는 것이다.

선하던 다윗을 이렇게 거짓말 잘하고, 폭력적이고, 물질적으로 되게끔 유도한 것은 블레셋 왕 아기스였다. 그는 처음부터 다윗을 이용할 속셈으로 그의 망명을 허락했었다. 먼 국경지대 도시 시글락을 거처로 내어주고 보급 물자도 제대로 내어주지 않았다. 그것은 다윗에게 국경 지역 이스라엘 마을들을 약탈해서 자급자족하라는 압력이었다. 그러면서도 꼬박꼬박 다윗에게서 진상품을 받아 챙기며 "오늘은 어디를 침노했느냐"라고 물었다. 다윗이 "이스라엘이나 그들과 친한 부족들을 쳤다"라고 하면 좋아하면서 다윗을 칭찬해주었다. 그것은 '잘했다. 더 해라'라는 말이었다. 약탈자로 변한 다윗은 블레셋 왕의 총애를 받았지만, 그게 하나님의 사람으로서 좋은 일인가.

다윗은 망명 초기에 아기스 왕에게 "나는 당신의 종입니다"라고 말했다. 물론 진심으로 그렇게 생각한 것이 아니라 아기스 왕의 경계심을 풀고 그의 환심을 사기 위해서였다. 그러나 오직 하나님만을 주인으로 섬겨야 할 다윗이 결코 해서는 안 될 말이었다. 말의 힘이 얼마나 무서운가? 아기스는 다윗의 그 말을 빌미 삼아 다윗의 주인 노릇을 하려 했다. 다윗의 망명을 받아주어 사울의 추적으로부터는 보호해주었지만, 그 대신 아기스는 다윗을 끊임없이 자신을 위해 일하는 종으로 부려먹었다. 그러면서 블레셋식 가치관으로 살게끔 서서히 다윗을 유도했다. 조폭 두목이 갈 데 없는 가출청소년을 받아주면서 먹여주고 재워주고 입혀주는 이유가 무엇이겠는가? 결국 그를 범죄에 이용하기 위해서다.

우리가 누군가를 주인으로 부르고 그에게 신세를 졌으면 어떻게든 그의 환심을 사기 위해 노력해야 한다. 그러려면, 그가 좋아하는 일을 해야 한다. 그렇기 때문에 악한 주인을 섬기면 우리는 악한 일을 해야 하는 것이다. 아기스의 환심을 사기 위해서는 돈과 폭력과 거짓의 삶을 계속 살아야만 했다. 블레셋 땅에 들어가 하나님과의 교제가 끊긴 다윗은 속수무책으로 아기스의 악한 리더십에 휘둘렸다. 다윗은 잠시 살아남기 위해 자기가 아기스 왕을 이용한다고 생각했지만, 실은 아기스가 다윗을 이용하고 있었던 것이다.

약속의 땅을 떠난 대가

다윗은 사울의 추격을 피하는 길을 고민해보다가 약속의 땅을 떠나 블레셋 땅으로 망명하는 길을 택했다. '급하면 어디로든 도망 못 가겠느냐'라고 우리는 쉽게 생각할 수 있지만, 당시 시대 정황에서, 그리고 무엇보다 다윗이라는 사람에게 있어서 이스라엘 땅을 떠나 이방 민족의 땅으로 간다는 것은 대단히 심각한 결정이었다. 더구나 이스라엘을 떠나서 이스라엘의 대적 블레셋으로 간다는 것은 상상할 수 없는 일이었다.

이스라엘 사람들에게 있어서 약속의 땅은 단순한 땅이 아니었다. 하나님의 임재가 있는 예배의 자리, 택하신 백성들에게 주신 약속의 땅이었던 것이다. 그런 땅을 떠나 이방인의 땅으로 간다는 것은 저주받는 것이라 생각했다. 은혜의 보호막이 없어지는 것과 같다고 생각했다.

특히나 항상 하나님을 예배하던 예배자 다윗에게 약속의 땅이 갖는 의미는 컸다. 8년 전, 다윗은 간신들의 충동을 받은 사울의 추적으로 한때 약속의 땅인 이스라엘을 떠나 이방인들이 거하는 블레셋 땅으로 도피했었다. 거기에는 하나님을 예배할 성막이 없었고, 오히려 다른 우상 신들을 예배하는 자들 속에 섞여 살아야 했다.

다윗은 도망자로서 외롭고 배고픈 것보다, 하나님의 성막이 있는 땅에서 쫓겨나는 것을 견딜 수 없었다. 다윗은 거룩한 하나님의 임재가 있는 약속의 땅을 사랑했다. 그런데도, 두려움의 노예가 되니까 다윗 스스로 다시 한번 약속의 땅을 버리고 블레셋으로 도피한 것이다. 살기 위해서 어쩔 수 없다고 생각했다. 하지만 아무리 헤엄 잘 치는 물고기도 물 밖으로 튀어 나가면 인생이 괴로워지듯이, 그토록 뛰어나던 하나님의 사람도 약속의 땅을 벗어나면 인생이 잠깐 좋다가 바로 괴로워진다. 다윗의 블레셋 망명 생활이 그것을 증명한다.

사울의 칼날을 피하려면 어쩔 수 없는 일이었다고는 하나, 다윗의 블레셋 망명살이는 쉽지 않았다. 다윗은 살아남기 위해서 수단과 방법을 가리지 않았다. 블레셋 왕의 의심을 풀기 위해서 일부러 국경 지역의 부족들을 몰살시키고 와서는 마치 이스라엘을 공격한 것처럼 거짓말을 한다. 그렇게 해서 잠시 블레셋 왕의 신뢰를 얻기는 했으나, 안심하긴 일렀다. 다음 장 본문에는 블레셋 왕으로부터 이스라엘과의 큰 전쟁에 함께 출정해달라는 압박도 받는다.

얼마 후에는 다윗의 본거지 시글락이 아멜렉 족속의 습격을 받아 다윗 일행의 모든 가족과 재물이 다 약탈당하는 위기도 겪게 된다. 다윗이 살려고 도망간 블레셋 땅의 망명 생활은 그렇게 사건 사고의 연속으로 힘들었던 것이다. 하나님의 사람이 광야를 벗어나기 위해서, 기도 안 하고 세상적인 결정을 하면 처음에는 잠시 급한 불을 끈 듯 보이지만, 갈수록 상황이 이상하게 엉키기 시작한다.

아무리 힘들어도 은혜의 땅에 머물러라

사울에게 계속 쫓겨 다녀야 하는 유다 광야의 8년 세월은 분명 다윗에게 쉽지 않은 시간이었다. 그러나 우리가 하나님의 뜻 안에 있는 것이 확실하다면 마지막까지 인내하며 버텨내야 한다. 물론 고난의 시간이 길어지면 지치고 낙담하여 거의 다 와서 기도 줄을 놓기 쉽다. 마라톤을 할 때도 결승선을 얼마 남기지 않고 기권해버리는 선수들이 의외로 많다고 한다.

8년간을 잘 버티던 다윗이 그만 고난을 끝까지 견디지 못하고, 이제 광야 생활 끝이 얼마 남지 않았는데 블레셋 망명이라는 악수를 둔다. 지치고 힘들어서 그런 건 이해가 가지만, 만약 결정하기 전에 다윗이 간절히 기도했다면, 하나님께서는 다윗이 잘못된 결정을 하지 않도록 막아주시고, 다윗이 모르는 다른 길을 분명히 열어주셨을 것이다.

다윗이 기도해보지도 않고, 사울에 대한 두려움에 사로잡혀 도망간 블레셋은 결코 평안한 땅이 아니었다. 살기 위해 아기스 왕의 환심을 살려고 노력하다 보니, 다윗은 점점 블레셋 사람들이 사는 방식과 비슷하게 변해갔다. 끔찍한 민간인 학살과 약탈도 저지르게 되고, 거짓말도 아무렇지도 않게 하는 사람으로 변해갔다. 이것은 우리가 알던 다윗의 모습, 정직하고 은혜로운 다윗의 모습이 아니다. 어둠을 밝혀야 하는 빛이 어둠의 편이 되어버리면 더 이상 어둠을 밝힐 수가 없다.

사울을 피해 블레셋 땅으로 망명간 다윗은 서두에서 말한 영적 암흑지대(dark territory)로 들어간 것이다. 그곳은 하나님이 아닌 우상을 섬기는 땅이었다. 다윗은 거기 있으면서 자기도 모르게 예배의 영이 사그라들었다.

구약학자들은 다윗이 블레셋으로 망명하여 16개월을 보내는 이 기간에 단 한 개의 시편도 쓰지 않았음을 지적한다. 다윗이 거짓말로 아기스 왕의 환심을 사려 하던 당시, 다윗의 삶에는 기도와 찬양이 거의 없었다. 세상 왕의 눈치를 보다가 찬양의 사람 다윗의 찬양 샘이 닫혀버린 것이다. 여호와의 적들이 다스리는 땅에서, 하나님을 대적하는 블레셋 왕을 '나의 주'라고 부르면서, 다윗은 하나님을 제대로 찬양하고 예배할 수 없었다. 어둠의 권세는 어떻게든 우리 안에 예배의 열정을 죽이려 하기 때문에, 어둠의 권세가 다스리는 땅에서 제대로 예배하기는 정말 힘들다.

영적 암흑지대에 들어가서, 예배가 끊기니까 영성이 망가져 버렸다. 다윗은 잠깐 살기 위해서 블레셋으로 들어간 것뿐이라고 생각했겠지만 망명 생활은 생각보다 길어졌다. 그리고 그 기간 하나님의 사람 다윗이 블레셋 사람같이 변해갔다. 그 안에 있던 옛사람의 괴물이 마구 튀어나왔다. 하늘의 가치관이 아닌 세상적 가치관으로 살게 되었다. 다윗이 있음으로써 블레셋이 성화된 것이 아니라, 블레셋으로 인해 다윗이 세속화되었다. 그의 말과 행동에 블레셋의 체취가 계속해서 묻어났다. 거짓말, 살인, 약탈 등 살아남기 위해 수단과 방법을 가리지 않는 사람이 되었다. 이것은 정상이 아니다. 다윗은 정신 차리고 돌아와야 했다.

지금 이 글을 읽는 독자들 중에 혹시 광야 생활에 지쳐서, 사울을 피하느라고 은혜의 땅을 떠나셨던 분들이 있을지 모르겠다. 두려움에 사로잡혀 도피한 블레셋 땅이 영적 암흑지대다. 거기 있다 보니까 자신도 모르게 변했다. 교회를 떠나고, 믿음의 친구들을 떠나고, 기도의 자리, 예배의 자리를 등한시하기 시작했다. 그렇게 도피한 세상에서 사는 것이 처음에는 좋았지만, 갈수록 공허하고 피곤하고 불안하다. 주위 사람들과 전쟁하듯이 부딪치고, 말과 행동이 사나워졌다. 이건 우리의 본모습이 아니다. 다시 돌아와야 한다. 하나님은 당신을 기다리고 계신다.

사역의 자리는 우리가 반드시 있어야 할 은혜의 땅이다. 나는 하나님의 뜻이 있어서가 아닌 힘들어서 목회직을 버리고 세상 직장을 잡겠다며 떠난 목회자를 여럿 알고 있는데, 그 후 인생이 비참해졌다. 가정은 우리가 반드시 있어야 할 은혜의 땅이다. 힘들다고 함부로 가정을 버리고 행복의 유토피아를 찾아간 사람들은 반드시 후회한다. 교회도 우리가 반드시 지켜야 할 은혜의 땅이다. 힘들다고 함부로 교회를 떠나면 안 된다.

우리가 있어야 할 은혜의 땅을 떠나 머무르게 되는 곳은 눈에 보이기는 좋아 보이나, 영적 암흑지대다. 오래 있으면 영혼이 망가진다. 다윗 같은 성령의 사람도 블레셋 사람같이 변하는 것을 보라.

아무리 힘들어도 은혜의 땅을 지켜야지 블레셋으로 가면 안 된다. 이미 간 사람들, 지금이라도 늦지 않았으니 돌아오라. 하나님은 당신을 기다리고 계신다.

광야 같은 세상에서
유목민으로 살아가는 것

얼마 전 드라마로 제작된 뉴욕타임스 베스트셀러 소설 《파친코》
(Pachinko)를 유튜브에서 요약본으로 시청하고 많은 생각을 하게 되었
습니다. 그것은 일본에서 60여 년, 4대를 견뎌온 재일 교포 가족의 이야
기입니다.

20세기 초부터 여러 경로로 일본에 건너간 한국인 이주자들의 삶은
비참했습니다. 한국인은 일본에서 좋은 직업을 얻을 수 없었습니다. 한
국인은 가치 없는 인간이며, 더럽고 위험하고 천한 일에 적합하다고 여
겨졌습니다.

야쿠자가 되든가 파친코업에 종사하면 그 곤경에서 다소 벗어날 수
있었습니다. 야쿠자는 한국인을 받아주었고, 가난과 범죄 냄새가 나는
파친코업은 일본인이 기피했습니다. 일본인에게 한국인에 대한 이미지는
곧 파친코입니다.

소설《파친코》의 이민진 작가는 7세 때 미국으로 이민 가서 자란 재미교포 1.5세로, 이 소설은 영어로 쓰여 뉴욕타임스 베스트셀러 반열에 올랐습니다. 이민진 작가는 대학생 때 일본에서 사역했던 미국 개신교 선교사를 통해 일본에서 온갖 차별과 냉대를 받으면서 살아온 재일 한국인들의 이야기를 듣고 이들의 삶에 대해 관심을 두게 되었다고 합니다. 그들만큼은 아니었지만 이민진 작가 또한 미국에서 자라며 예일대학교와 조지타운대학교 로스쿨을 나오는 엘리트 인생을 살면서도 항상 백인들로부터 인종차별을 늘 받아왔기 때문에 남의 일같이 여겨지지 않았을 것입니다.

저도 열네 살 어린 나이에 가족과 함께 미국으로 이민 가서 20년 가까이 살았던 재미교포 출신입니다. 아버지는 개척 목회를 하셨고, 우리 가족 모두 투잡, 쓰리잡을 뛰면서 돈을 벌어야 하는 힘든 하루하루를 살았습니다. 영어를 익혀 학교생활에 적응하는 것도 쉽지 않았고, 어딜 가나 동양인에 대한 인종차별은 있었습니다. 낯설고 말이 통하지 않는 이국땅에서 살아가는 이민자의 삶이 얼마나 고달프고 힘든 것인지 너무나 잘 알고 있습니다. 이 책을 집필하면서 다시금 이민자 시절의 삶이 많이 생각났습니다.

유목민의 삶

지난겨울 교회에서 '뷰티풀 광야' 시리즈 설교를 할 때 성도들이 설교 메시지 전체의 톤에서 제 마음을 느꼈던 것 같습니다. 광야 시리즈 설교가 끝나갈 때쯤, 어떤 성도 한 분이 로비에서 제게 말을 걸어왔습니다.

"목사님, 광야 시리즈 설교를 들으면서 이민자로 살던 때 생각이 많이 났습니다."

저처럼 미국에 이민 가서 살다가 귀국했다는 나이 지긋한 집사님이 씩 웃으면서 덤덤하게 말을 이어갔습니다.

"맨손으로 미국에 가서 이 일 저 일 안 해본 일이 없습니다. 그런데 아무리 돈을 벌고, 아이를 좋은 대학에 보내고 해도, 동양인은 그 땅에서 영원한 이방인이더군요. 그래서 교포 교회 다닐 때도 자신의 고향 친척 아비 집을 떠난 아브라함의 이야기가 항상 찡하게 마음에 다가왔었어요. 그런데 이번에 목사님의 광야 시리즈 시작인 '광야를 건너려면 유목민이 되라'라는 메시지부터 제 가슴을 울렸어요. 한 주 한 주 메시지를 들으면서 확신하게 되었지요. '아, 성경은 이 땅에서 우리 성도들의 삶을 이민자의 삶의 패러다임으로 보는구나. 그렇게 봐야 성경의 모든 메시지를 제대로 이해할 수가 있구나' 이 생각을 했다니까요."

따뜻한 커피를 마시면서 그 집사님의 이야기를 듣던 저는 그 분의 말에 맞장구를 쳤습니다.

"예, 바로 그거네요. 성경은 이 땅에서 우리의 삶을 나그네 인생, 이민자의 인생으로 정의하고 있습니다. 만약 이 땅을 우리의 영원한 집으로 생각한다면 결코 성경을 제대로 이해할 수가 없고, 복음의 메시지와도 상반되는 것입니다. 잘 보셨어요."

본향을 기억하는 것

그 말을 하는데, 제 머릿속에 오래전 미국에서 살던 때 겪은 한 사건이 생각났습니다. 80년대 중반 미국 중서부 백인 지역의 한 조그만 마을에서 한밤중에 사건이 터졌습니다. 그 마을에 있는 어느 고등학교 운동장에서 한 한국 학생이 그때 막 북미주에 진출한 현대의 '엑셀'이라는 신형 자동차 지붕 위에 올라가, 스피커로 애국가를 쩌렁쩌렁 울리게 틀어놓고, 태극기를 마구 흔들어댄 것입니다. 너무나 놀란 마을 사람들과 경찰들이 다들 모여들었을 때, 그 한국 학생은 울면서 소리쳤습니다.

"이것 봐라. 한국 자동차다. 나를 낳아준 나라 한국은 이제 이렇게 좋은 자동차를 만들어서 미국에 수출할 만큼 좋은 나라다. 한국을 무시하지 마라."

미국에서 나고 자란 2세 한국계였던 이 학생은 백인 지역 마을에서 그동안 엄청난 인종차별을 당했었다고 합니다. 한국계라는 말만 하면, '한국 전쟁으로 폐허가 된 가난한 나라'라고 비웃음당하고, 툭하면 '너희 나라로 돌아가라'라는 말을 들었다고 합니다. 그렇게 쌓이고 쌓였던 이 가엾은 교포 청소년의 설움이 현대 엑셀의 미국 상륙과 함께 폭발한 것입니다. 그 교포 학생에게 있어서 한국은 과연 무엇이었을까요?

그 당시 저도 그 학생보다 몇 살 많은 교포 대학생이었는데 그 뉴스를 들으면서 동병상련의 심정으로 얼마나 울었는지 모릅니다. 지금은 미국에서 삼성과 LG, K-드라마, K-푸드, BTS를 모르는 사람이 없을 정도로 한국의 위상이 높아졌습니다. 하지만 그때만 해도 미국 사람들 대부분이 일본과 중국만 알아주고 "한국은 어디 있는 나라냐"라고 할 정도였습니다. 백인들은 아무리 친해져도 조금만 자기들보다 낫다 싶으면 괜히 한국을 무시하면서 인종차별을 하곤 해서, 교포들은 참으로 마음고생을 많이 했습니다.

모국은 어머니와 같은 것입니다. 19세기 말부터 지금까지 한국이 너무나 비참하게 어려웠던 시절, 8백만이 넘는 한국인들이 전 세계로 흩어져서 '코리안, 한궈런, 까레이스끼, 칸코쿠진, 꼬레아노'들이 되었습니다. '내 어머니가 나병환자라 해도 나는 내 어머니를 사랑하겠다'라던 어느 시인의 고백처럼, 한국이 헐벗고 가난했던 시절에도 이들 디아스포라 동포들은 모두 자신들의 나라 한국을 목숨처럼 사랑했습니다. 피눈

물 나게 고생해서 번 돈을 한국으로 보냈고, 한국에서 들려오는 작은 뉴스 하나에도 마음 졸였습니다. 누가 한국의 욕을 하면 불같이 일어나서 대들었습니다. 모국 대한민국은 그들에게 있어서 단순히 주민등록증 같은 서류만으로 담을 수 없는, 가슴속에 있는 뜨거운 피요 사랑이며, 노래요 꿈 같은 것이었습니다.

이스라엘은 전 세계에 흩어진 유대인 동포들에게 당당한 이중국적을 허락하면서, 내국인들과 똑같이 대우합니다. 어디에서 무엇을 하든, 어느 나라의 시민권을 따든 그들 마음의 어머니와도 같은 조국은 이스라엘임을 느끼게 해줍니다. 그것은 아마 이스라엘이 2천 년이 넘도록 전 세계를 떠도는 유목민 같은 삶을 살았기 때문인지도 모릅니다. 그들이 가장 자랑스럽게 생각하는 믿음의 조상 아브라함부터 나그네요 유목민이기 때문이었을까요?

죄는 인간을 망가뜨렸고, 지구 환경도 망가뜨렸습니다. 그래서 이 세상을 사는 것 자체가 모두 광야 길을 가는 것입니다. 아무리 세상이 발전하고, 아무리 잘살게 되어도 이 세상은 결코 안전한 곳이 아닙니다. 우울증, 불면증, 이혼율은 잘사는 나라들일수록 더 심각하고, 인종차별 범죄와 총기 난사 사건 같은 범죄도 세계에서 제일 잘산다는 미국에서 끊임없이 일어납니다.

광야 같은 세상에서 승리하는 길

세상은 광야이기 때문에 늘 어딘가 불편하고, 어딘가 불안하며, 어딘가 공허합니다. 예수님을 믿고 나서 그 세상의 부족한 2프로가 무엇인지 알게 됩니다. 이 세상은 우리의 영원한 집이 아닙니다. 우리에게는 돌아갈 영원한 하늘나라 본향이 있습니다.

베드로전서에 보면 성도들은 '거류민과 나그네와 같다'고 했습니다. 여기서 거류민은 '이방인'(foreigner)이라는 말이며, 나그네는 '낯선 땅에서 귀양살이하는 자'(exile)란 말입니다. 죄로 망가진 세상에서 사는 것도 힘든데, 세상 권세 잡은 자 마귀가 예수님 믿는 우리를 눈엣가시처럼 싫어합니다. 그러니 크리스천으로서 사는 것이 쉬울 수가 없습니다.

따라서 우리 모두 유목민의 마음으로 고난을 각오하고 하루하루를 행군해야 합니다. 우리는 서로를 사랑해야 하고, 항상 우리의 주인이신 예수님과 교제해야 합니다. 그래야 하늘의 힘으로 이 땅의 고난을 이겨내고 승리하는 삶을 살 수 있습니다.

예수님 안에 있을 때 우리는 광야 같은 이 세상 삶도 "뷰티풀하다"라고 고백할 수 있는 것입니다.

BEAUTIFUL
WILDERNESS

뷰티풀 광야

초판 1쇄 발행   2022년 9월 6일
초판 9쇄 발행   2024년 6월 24일

지은이   한홍

펴낸이   여진구
책임편집   이영주
편집   박소영 최현수 안수경 김도연 김아진 정아혜
책임디자인 조은혜 | 마영애 노지현 이하은
홍보 · 외서 진효지
마케팅   김상순 강성민   마케팅지원   최영배 정나영
제작   조영석 허병용   경영지원   김혜경 김경희

303비전성경암송학교 유니게과정
이슬비전도학교 / 303비전성경암송학교 / 303비전꿈나무장학회

펴낸곳   규장

주소 06770 서울시 서초구 매헌로 16길 20(양재2동) 규장선교센터
전화 02)578-0003   팩스 02)578-7332
이메일 kyujang0691@gmail.com   홈페이지 www.kyujang.com
페이스북 facebook.com/kyujangbook   인스타그램 instagram.com/kyujang_com
카카오스토리 story.kakao.com/kyujangbook
등록일 1978.8.14. 제1-22

ⓒ 저자와의 협약 아래 인지는 생략되었습니다.
이 출판물은 저작권법에 의해 보호를 받는 저작물이므로 무단 전재와 무단 복제를 할 수 없습니다.

책값 뒤표지에 있습니다.
ISBN 979-11-6504-356-8 03230

규 | 장 | 수 | 칙

1. 기도로 기획하고 기도로 제작한다.
2. 오직 그리스도의 성품을 사모하는 독자가 원하고 필요로 하는 책만을 출판한다.
3. 한 활자 한 문장에 온 정성을 쏟는다.
4. 성실과 정확을 생명으로 삼고 일한다.
5. 긍정적이며 적극적인 신앙과 신행일치에의 안내자의 사명을 다한다.
6. 충고와 조언을 항상 감사로 경청한다.
7. 지상목표는 문서선교에 있다.

하나님을 사랑하는 자 곧 그의 뜻대로 부르심을 입은 자들에게는 모든 것이 合力하여 善을 이루느니라(롬 8:28)

규장은 문서를 통해 복음전파와 신앙교육에 주력하는 국제적 출판사들의
협의체인 복음주의출판협회(E.C.P.A:Evangelical Christian Publishers
Association)의 출판정신에 동참하는 회원(Associate Member)입니다.

Member of the
Evangelical Christian
Publishers Association